Neue Mütter – neue Töchter

Neue Mütter – neue Töchter

Von der Kunst, über den
eigenen Schatten zu springen

VON PETRA OELKER

Ein Brigitte-Buch
im Mosaik Verlag

Petra Oelker, geboren 1947 im Emsland, arbeitete in verschiedenen Berufen. Bevor sie Journalistin wurde, war sie medizinisch-technische Assistentin, Jugend- und Altenfürsorgerin, Weinhändlerin und Dozentin in der Erwachsenenbildung. Nach sechs Jahren als Redakteurin, u. a. bei BRIGITTE und der *tageszeitung*, arbeitet sie heute als freie Journalistin und Buchautorin in Hamburg.

Herausgeberin: Anne Volk
Lektorat: Marita Heinz
Titelfoto: Lars Matzen
Gestaltung: Büro für Gestaltung, Dietmar Meyer, Friedhelm Ott
DTP: Karen Kollmetz
Produktion: Bernd Bartmann, Druckzentrale G + J
Druck: Clausen & Bosse, Leck

Printed in Germany, ISBN 3-576-10425-9

Inhalt

Für meine Eltern

Vorwort

Neue Mütter – neue Töchter? Als ich mit der Recherche zu diesem Buch begann, wußte ich, daß dieses Thema jede Frau betrifft. Denn wenn auch nicht jede Mutter ist, so ist doch jede eine Tochter. So wie ich. Ich wußte auch, daß sich das Verhältnis zwischen Müttern und Töchtern verändert hat, seit in den 70er Jahren die große Abrechnung mit den Müttern begann. Aber mir war nicht klar, in welch hohem Maße. Ich habe viele Interviews mit Müttern und Töchtern gemacht. Die meisten Mütter sind im Alter zwischen 45 und 55 Jahren. Sie gehören also zu der Generation von Frauen, die in ihrer Jugend begonnen hat, mit den bis dahin herrschenden Traditionen von Weiblichkeit zu brechen. Ihre Erziehung in den 50er und 60er Jahren, und besonders die zur Frau, hatte noch ganz unter dem Drill zu Gehorsam, Bescheidenheit und Anpassung gestanden. Als sie Ende der 60er und in den 70er Jahren Kinder bekamen, wollten sie die anders erziehen. Ganz besonders die Mädchen. Die Töchter sind nun erwachsen. In meinen (getrennt durchgeführten) Interviews mit jungen Frauen zwischen 17 und 27 und ihren Müttern erlebte ich wenig von dem alten Jammer und viel von einer neuen, kritischen, aber zugleich akzeptierenden, liebevollen Verbundenheit. Wenig enttäuschte Erwartungen und Schuldzuweisungen, dafür viel Solidarität und gegenseitige Achtung.

Natürlich gibt es nach wie vor schwierige und auch schreckliche Beziehungen zwischen Müttern und Töchtern. Aber Frauen lernten einander in den vergangenen 20 Jahren schätzen, sie sind erfolgreicher und selbstbewußter, und das vermitteln sie auch ihren Töchtern. Sie haben deshalb andere Töchter erzogen und ein entspannteres Verhältnis zu ihnen.

Sehe ich das nun alles zu positiv? Bin ich dabei, das alte Klischee weg- und ein neues herbeizuschreiben? Ich denke nicht. Ich bin Journalistin und keine Wissenschaftlerin, meine Befragungen können weder repräsentativ noch vollständig sein. Aber von neueren soziologischen Untersuchungen – insbesondere durch das Deutsche Jugendinstitut in München – fühle ich mich in meinen Thesen bestätigt.

Besonders wichtig war mir bei dieser Arbeit, der Frage nach der mütterlichen Schuld nachzuspüren, die die heutige Müttergeneration doppelt bewegt – als längst erwachsene Töchter und als Mütter.

Ich habe in den letzten Monaten sehr viel gelernt und erfahren und selbst noch manchen töchterlichen Ballast abgeworfen. Ich habe oft geflucht, mich auf dieses Thema mit all seiner automatisch eintretenden Erinnerungsflut eingelassen zu haben. Aber nun, da es fertiggeschrieben ist, bin ich sehr froh darüber. Ich hoffe, daß es denen, die ich zu diesem Thema befragt habe, genauso geht.

Ich danke allen meinen Interview-Partnerinnen, deren Namen und persönliche Daten ich, wie wir es verabredeten, anonymisiert habe, soweit sie nicht als Wissenschaftlerinnen befragt wurden. Ich danke auch meinen Schwestern und meiner Nichte, Freundinnen und Kolleginnen, die mich auf vielfältige Weise unermüdlich unterstützten, ganz besonders meiner Lektorin Marita Heinz. Die wichtigsten und undogmatischsten Anregungen für den neuen Blick auf die Mutter-Tochter-Beziehung verdanke ich der Sozialwissenschaftlerin, Paar- und Familientherapeutin Rosmarie Welter-Enderlin, Gründerin und Leiterin des Ausbildungsinstituts für Systemische Therapie und Beratung in Meilen bei Zürich/Schweiz. Ihre Erläuterungen und Kommentare durchziehen den Text wie ein roter Faden.

PETRA OELKER, IM JULI 1994

1. KAPITEL

Von der Kunst, über den eigenen Schatten zu springen

Warum Mütter heute stärkere Töchter haben

Ich erzog mich dazu, nicht zu erwarten, daß das Kind in irgendeiner Weise etwas Besonderes sein würde – nach meinen Vorstellungen. Ich war zutiefst davon überzeugt – und bin es heute noch –, daß dies der entscheidende Punkt ist, wenn man ein Kind zur Welt bringen möchte, das seine eigene, einmalige und klare Identität hat.

MARGARET MEAD
Brombeerblüten im Winter (1972)

Mütter und Töchter – ist darüber nicht schon genug geschrieben worden? Über das Leid und die ewigen Differenzen, über die Zähigkeit des mütterlichen Erbes, das jede Frau als Ballast in sich trägt. *Ich schau in den Spiegel und sehe meine Mutter* war vor 15 Jahren der Titel eines aufrüttelnden Buches.[1] Er wurde zum geflügelten Wort, das bedeutet: Wie schrecklich!! Warum eigentlich?

Warum ist die Beziehung zwischen Mutter und Tochter so schwierig? Und vor allem: Ist sie tatsächlich so schwierig?

Jugendliche haben heute allen Unkenrufen zum Trotz überwiegend ein gutes Verhältnis zu ihren Eltern. Nur eine Minderheit findet den Umgang mit Vater und Mutter sehr schwierig.

Ist das Jammern über die Beziehung zwischen Mutter und Tochter vielleicht nur eine schlechte alte Gewohnheit? Und: Sind tatsächlich die Mütter daran schuld?

Die große Auseinandersetzung mit den Müttern begann mit den 70er Jahren, vor fast einem Vierteljahrhundert also, als eine Generation junger Frauen sich aufmachte, die Hälfte der Welt für sich zu fordern. Mit der Studentenbewegung entwickelte sich auch die neue Frauenbewegung. Die Beschränkung des weiblichen Machtbereichs auf Kinder-Küche-Ehe-

1) Barbara Franck: Ich schau in den Spiegel und sehe meine Mutter – Gesprächsprotokolle mit Töchtern, Hamburg 1979

bett sollte endlich ein Ende haben. Frauen forderten gleiche Rechte – Pflichten hatten sie schon genug. Mit der Auseinandersetzung um den weiblichen Alltag in einer von Männern dominierten Welt, um Frauenrolle und Mädchenerziehung, begann auch die heftige Auseinandersetzung mit den Wunden der Kindheit. Die Töchter merkten, daß die Verwirklichung ihrer weiter gesteckten Lebensziele nicht nur an gesellschaftlichen Widerständen zu scheitern drohte. Auch eigene Verhaltens- und Reaktionsmuster bremsten sie beständig. Was theoretisch so einfach schien, war praktisch ein harter Kampf: Sie wollten anders sein als ihre Mütter, freier, selbstbewußter, mutiger, ehrlicher und streitbarer – und spürten doch in sich ständig die Fesseln der tief verinnerlichten mütterlichen Normen und Spielregeln. Sie ertappten sich dabei, beleidigt oder ängstlich zurückzustecken, wo offener Kampf notwendig war. Sie spürten die Tabus vor Lust und Erotik und fühlten sich schuldig und unwürdig, wenn sie nach vorne drängten. Und dann die Sache mit den Männern – denen räumten sie genau wie ihre Mütter unermüdlich hinterher, praktisch und emotional.

Die Mütter und ihre Erziehung zu Bescheidenheit und Selbstverleugnung, zu Anpassung und ewiger Harmonie, wurden von ihren Töchtern schuldig gesprochen. Sie wurden zwar auch als Opfer erkannt, aber das ging im allgemeinen Aufbruch ziemlich unter. Die Mütter waren schuld, und ihr Erbe mußte überwunden werden. Die Psychologie, nun Allgemeingut, lieferte die Bestätigung: Die frühkindlichen Erfahrungen prägen den Menschen ein Leben lang. Und die macht ein Säugling schließlich fast immer mit der Mutter. Stets wurde dabei nur der negative Teil des mütterlichen Erbes diagnostiziert: Probleme im Beruf, in der Partnerschaft, in der Sexualität, überhaupt mit der Lust am Leben – alles Mutters mieses Erbe.

Vor allem das quälende Gefühl von Schuld, das viele Frauen wie eine unsichtbare Fessel daran hindert, neue Wege zu gehen, Widerstand zu leisten und einen Platz in der ersten Reihe zu fordern, galt als mütterliche Mitgift. Es ist kein Zufall, daß gerade diese neue Frauengeneration in sich selbst ein unerschöpfliches Schuld-Reservoir vorfand.

Bis dahin waren die weiblichen Rollen und Werte von einer Generation zur nächsten relativ unverändert weitergegeben worden. Die Töchter hatten den Erwartungen der Mütter entsprochen: Sie heirateten, bekamen Kinder und erzogen die so, wie sie es gelernt und selbst erfahren hatten. Die Bestimmung der Frau blieb stets die Familie, die Erziehungsideale beschränkten sich über Jahrhunderte bis in unsere späten 60er Jahre hinein auf Disziplin und Gehorsam, Ordnung und Sauberkeit, für die Mädchen ergänzt um Sittsamkeit und Bescheidenheit.

Jede Genereration endeckt Neues und entwickelt andere Moden und Normen als die vorhergehende, jede Jugend gilt bei den Alten als der Anfang vom Ende von Sitte, Moral und fleißigem Vorwärtsstreben. Die Frauen aber, die nach dem Zweiten Weltkrieg geboren wurden, veränderten ihr Leben und ihre Ziele tatsächlich radikal. Sie wollten die Ehe *und* einen Beruf, wollten gleichberechtigt mit den Männern auch außerhalb der Familie die Welt gestalten und verändern. Als sie Kinder bekamen, wollten sie die ganz anders erziehen, als sie selbst erzogen worden waren. Vor allem die Mädchen sollten selbstbewußt und stark werden, mutig, unbescheiden – und frei von den sie selbst so hemmenden Schuldgefühlen.

Die Vorstellungen dieser jungen Frauen stellten also die Lebensziele und Werte ihrer Mütter sehr konkret in Frage. Wenn sie alles – oder doch zumindest vieles – anders machen wollten, bedeutete das: Ihre Mütter hatten vieles falsch gemacht. Das war nicht nur Anklage, das schien Verrat. Den Erwartungen der Mütter nicht zu entsprechen und die klassischen weiblichen Traditionen nicht fortzusetzen, war der Bruch eines Tabus. Denn erwarteten, erhofften sich diese Mütter von ihren Töchtern nicht die Bestätigung ihres Lebenswerkes durch (in ihrem Sinne) erfolgreiche, dankbare und zufriedene Kinder? Der Kampf gegen die Zwänge der traditionellen Frauenrolle bedeutete also zugleich, die Mutter zu enttäuschen und das abzulehnen, was für sie immer richtig gewesen war. Eine schwere Bürde für diese Töchter. Denn bei aller Kritik war da auch immer noch Liebe zu dieser Frau, die das Zentrum der

Kindheit war. Und außer der Strenge, Ungerechtigkeit und den Manipulationen, hatten sie von ihr ja auch Wärme, Verständnis und Geborgenheit erfahren.

So kam für sie noch ein neues Paket auf den immer schon großen Haufen der weiblichen Schuldgefühle – und zwar ein ganz besonders schweres.

Als eine der revolutionärsten Neuerungen unseres Jahrhunderts erweist sich für das Leben der Frauen (und so auch der Männer) die „Antibabypille". Sie kommt in Deutschland 1962 auf den Markt, ihre Wirkung zeigt sich spätestens 1969 im drastischen Sinken der Geburtenrate, im „Pillenknick". Zum erstenmal steht Frauen ein zuverlässiges Verhütungsmittel zur Verfügung. Sichere Verhütungsmittel sind inzwischen für uns so selbstverständlich, daß wir ihre Bedeutung leicht vergessen. Daß Mutterschaft nun planbar, daß sie auch zu verhindern ist, wirkt mächtig an der Veränderung gesellschaftlicher Entwicklungen mit. Eine junge Frau, die weiß, daß sie über den Zeitpunkt von Mutterschaft selbst entscheiden kann, die weiß, daß Lust und Sexualität ohne Angst vor den Folgen nicht mehr zwangsläufig auf die Ehe beschränkt sind, kann andere Lebenspläne machen. Ausbildung und Karriere werden leichter möglich. Dieses Bewußtsein verändert die Träume, Ziele und Entscheidungen von Mädchen und Frauen grundlegend. Nicht zuletzt nimmt es Männern ein Stückchen ihrer Macht über den weiblichen Körper und die Lebenspläne von Frauen.

Mit der Pille beginnt das, was fälschlich die sexuelle Befreiung genannt wird. Es dauert noch etliche Jahre, bis die Frauen begreifen, daß die Pille nicht bedeutet, ihr Körper müsse nun immer verfügbar sein. Früher war es leicht gewesen, sich der „ehelichen Pflicht" mit der Angst vor einen neuen Schwangerschaft zu entziehen. Frauen müssen nun erst lernen, ihre eigenen sexuellen Bedürfnisse und Wünsche selbstbewußt zu artikulieren und bei ihren Partnern durchzusetzen. Sie müssen erst lernen, daß sie nicht prüde sind, wenn sie nicht ständig ihre Schlafzimmertür öffnen wollen. Frauen müssen in diesen beiden Jahrzehnten ständig lernen. Und die Lektion Sexualität gehört zu den schwierigsten und konfliktreichsten.

Die Pille ändert nämlich blitzschnell moralische Einstellungen. Bei einer Umfrage der Zeitschrift *Twen* spricht sich 1962 die Mehrzahl der Befragten strikt für voreheliche Keuschheit aus. Ein Jahr später schon sind nur noch knapp 20 Prozent dieser Meinung, und ein Drittel der Befragten billigt es, wenn eine unverheiratete Frau Mutter wird. [2)] Ob sie es bei der eigenen Tochter oder Schwester auch akzeptieren würden, wird allerdings nicht gefragt.

Die neuen Ideale

Das ist nun mehr als 30 Jahre her. Viele Bücher sind geschrieben worden, viele der damaligen Töchter haben sich mit ihren Müttern auseinandergesetzt. Auf dem Papier, in mancher Therapiestunde und in der Realität. Ein langer, oft schmerzhafter Prozeß.

Sie sind heute selbst über vierzig, haben inzwischen Kinder erzogen – auch Töchter – oder auf Kinder verzichtet. Sie haben viele Bücher gelesen, zahllose Diskussionen geführt, sich mit Freundinnen gestritten, mit Partnern und Kollegen um mehr Gleichberechtigung gekämpft. Sie haben sich bemüht, stärkere, selbstbewußtere Frauen zu werden als ihre Mütter, die alten Zwänge an den diffusen Wurzeln aufzubrechen. Dieses Bemühen war oft harter Kampf – denn immer wieder hörten sie sich zu ihren Kindern Sätze sagen, von denen sie geschworen hatten, sie niemals über die Lippen zu bringen. Sätze wie „Mutti ist ganz traurig, wenn du deinen Teller nicht leer ißt" oder „Du wirst schon sehen, was Papa dazu heute abend sagt" oder „Du glaubst doch nicht, daß irgendwer mit dir spielt, wenn du diese kaputte alte Hose anziehst". Es gelang ihnen eben nicht, alles anders zu machen. Aber doch vieles. Und das war schwer genug.

In der Beziehung zwischen Mutter und Tochter gibt es natürlich auch heute noch enttäuschte Hoffnungen und Erwartungen, Konkurrenz, Liebe und Verbundenheit, Kampf um Nähe und Distanz und Mißverständnisse ohne Zahl. Aber die

2) Zitiert nach Ekkehard Bohm u. a.: Kulturspiegel des 20. Jahrhunderts – 1900 bis heute, Stuttgart 1987, S. 610

Töchter der 90er Jahre sind anders als ihre Mütter, die in den 50er und 60er Jahren Töchter waren. In keiner Zeit hat sich das Frauenbild so verändert wie in dieser einen Generation. Ihre Mütter waren die ersten, die durch die Pille zumindest theoretisch eine freie Entscheidung über ihre Fruchtbarkeit hatten. Die Paragraph-218-Diskussion förderte das Bewußsein, daß auch eine Frau ohne Kind eine vollwertige Frau ist. Obwohl die Aktivistinnen der Frauenbewegung stets nur eine Minderheit waren, holten sie doch für alle das Heimchen am Herd vom längst verstaubten Sockel. Das neue Ideal heißt: Kinder-Karriere-Kerle. Es bedeutet mehr Streß, aber auch mehr Entscheidungsfreiheit als je zuvor. Qualifizierte Berufsarbeit ist nun die häufig praktizierte Alternative zum Hausfauenalltag. Die Bestätigungen und Anregungen im Beruf und das selbstverdiente Geld schaffen Selbstbewußtsein und Unabhängigkeit. Der Ehemann als Monopolist für die Zukunftssicherung gilt nicht mehr.

Mädchen haben heute andere Vorbilder zur Verfügung als ihre Mütter. Die erlebten in der Öffentlichkeit nur Frauen, die dem engen Klischee der Adenauer-Zeit entsprachen: Brigitte Bardot, Peter's Conny oder Florence Nightingale – Sexgöttin, süßes Mädel oder selbstlose Helferin. Die Töchter heute können sich ganz selbstverständlich an erfolg- und einflußreichen Frauen in Kultur, Wissenschaft, Politik und Wirtschaft orientieren. Zwar sind die immer noch eine besonders kritisch betrachtete und gern diffamierte Minderheit – aber doch ein denkbares Modell für eine Lebensperspektive ohne falsche Bescheidenheit. Und ihre Mütter, das erste Vorbild, das jedes Mädchen hat, haben ihren Töchtern nicht nur andere Werte, sondern auch andere Verhaltensmuster vorgelebt, als sie selbst sie erfahren haben. Auch die Frauen, die zugunsten ihrer Familie auf eigene Berufstätigkeit verzichteten. Frauen sehen sich heute nicht mehr als lebenslange Mütter, sondern als Frauen, die ihre Kinder aufziehen, aber auch ein Recht auf Eigenleben jenseits von Mutterschaft haben. Das gibt auch ihren Töchtern mehr Freiheit und Spielraum in der Lebensplanung. Und erheblich weniger Grund für Schuldgefühle, wenn sie eigene Wege gehen. Natürlich haben auch heutige Mütter Erwartungen an die Töchter. Immer noch ist die erfolgreiche Tochter der Beweis für eine gute Mutter. Aber das, was eine erfolgreiche Tochter ist, hat heute sehr viel mehr Facetten als noch vor 20 Jahren.

Die grundlegendste Veränderung im Familienleben ist jedoch die Auflösung der Sprachlosigkeit, ohne die keine Veränderungen möglich wären. Ein partnerschaftlicher Erziehungsstil mit heftigen Debatten und Familienkonferenzen hat den widerspruchslosen Gehorsam und die blinde Akzeptanz einsamer elterlicher Entscheidungen in vielen Familien abgelöst. Das Familienleben ist dadurch nicht einfacher geworden. Vor allem die Pubertätskämpfe toben heftiger denn je. Aber nur, wo gekämpft und gestritten wird, wo Grenzen zwischen Eltern und Kindern ausgehandelt, erprobt und abgesteckt werden können, kann eine Beziehung entstehen, die auf Dauer mehr ist als Pflicht, Last, Schuld und quälende familiäre Verstrikkung.

Unsere Gesellschaft hat sich verändert: Frauen sind stolzer auf ihr Geschlecht, Männer werden (ein bißchen) weniger glorifiziert, Frauenfreundschaften haben einen hohen Wert bekommen – das verändert auch das Selbstbild der Töchter und macht sie stärker.

Die Mütter, die Töchter von einst, sind also über ihren Schatten gesprungen, über den Schatten ihrer Mutter und ihrer Erziehung. Familie prägt, und sie mag auch heute noch oft eine Falle sein. Aber die so oft zitierten Wiederholungszwänge, die uns dazu bringen, das selbst Erfahrene an die nächste Generation weiterzugeben, sind nur noch bedingt gültig. Menschen sind keine Automaten, sie können versuchen zu verstehen, was sie fesselt, und dagegen kämpfen.

Die jetzige Müttergeneration der 40- bis 50jährigen hat viel gekämpft. Sie hat allerdings auch so viele Informationen gehabt wie keine vor ihr. Sie hat mehr oder weniger hilfreiche Bücher gelesen, in mehr oder weniger hilfreichen Selbsterfahrungsgruppen oder Therapiestunden versucht, die alten Schatten loszuwerden. Viele haben dabei erfahren, daß ihre Mütter nicht die (einzige) Ursache für ihre Wunden und Kämpfe waren. Und daß also auch sie selbst nur begrenzt für das Wohl und Wehe ihrer Töchter verantwortlich sind. Daß der mütterliche Einfluß stark ist – aber nicht allmächtig.

Was dieses Buch will

Dieses Buch will den starken Einfluß der Mutter und ihrer Erziehung nicht leugnen. Es will weder ein neues Hohelied auf die „Mutter an sich" anstimmen, noch einen neuen Sockel für die moderne Frau mauern, die (angeblich) locker und leicht mit all dem Alltag zwischen Kind, Mann, Beruf und Haushalt jongliert. Es will vielmehr die Schuldzuweisung der letzten zwanzig Jahre in Frage stellen. Es will die Mär, daß Mütter und Töchter sich nicht verstehen (können), als Mär sichtbar machen. Es will vor allem die außerordentliche Veränderung im Verhältnis von Müttern und Töchtern aufzeigen, die in den letzten zwanzig Jahren nahezu unbemerkt stattgefunden hat, und die einen optimistischen Blick nach vorn ermöglicht.

Es wurde genug gejammert. Genug Schuld verteilt. Beides mag notwendig gewesen sein. Aber wir haben nun genug Luft abgelassen, um etwas gelassener zurückblicken zu können. Und das war gut, denn so können wir auch gelassener auf die Töchter blicken. Klagen und Schuldzuweisungen sind immer nur ein Ventil auf dem Wege zur Erkenntnis, auf Dauer jedoch eine dicke Mauer vor der Zukunft, sie versperren den Weg in ein selbstbewußteres, lustvolleres Leben.

Um unsere innere Freiheit zu erlangen, sollten wir uns mit unseren Müttern und ihren Traditionen aussöhnen. Denn Haß, Zorn, Enttäuschung und uralter Groll wirken wie ein Gummiband, das vielleicht ein bißchen ausleiert, aber niemals reißt. Alte Wunden und Konflikte binden fest. Versöhnung heißt nicht, daß wir unsere Mutter heiligsprechen müssen. Aber wir können sie aus ihrer Zeit und ihren individuellen Lebensbedingungen heraus verstehen lernen. Das ist der erste Schritt zur Versöhnung, die auch eine Lösung der klebrigen Familienfesseln bedeutet, damit wir sie nicht an die nächste Generation weitergeben (müssen) – ob als Mutter, Großmutter oder Tante, Freundin, Kollegin oder Vorgesetzte, Erzieherin oder Lehrerin –, wo immer und in welcher Funktion auch immer wir Frauen mit Kindern und Jugendlichen zu tun haben.

Damit ist zuallererst die Versöhnung der 40 – 50jährigen Töchter mit ihren Müttern gemeint, es gilt jedoch auch für die heutigen Mädchen und jungen Frauen. Kindheit ist immer ein Anpassungsprozeß. Der schließt weder Glück noch Geborgenheit aus – aber er schließt immer auch Verletzungen und Kämpfe mit ein. Wenn es uns gelingt, den Seifenoperntraum von der durch und durch glückseligen Kindheit loszuwerden, erscheint vieles, was wir als besonders verletzend und tragisch erinnern, vielleicht ein bißchen normaler – und damit weniger schmerzhaft.

Nun wissen Sie, was Sie in diesem Buch erwartet. Weil vielleicht nicht jede(r) ein Buch von vorne bis hinten lesen möchte, sind die einzelnen Kapitel so aufgebaut, daß Sie sie nicht unbedingt in der vorgegebenen Reihenfolge lesen müssen. Jedes kann auch für sich stehen. In der Ergänzung allerdings ergeben sie erst das ganze Bild.

Zum Vorsortieren hier ein Überblick, was sich hinter den Kapitel-Überschriften des Inhaltsverzeichnisses verbirgt:

Das 2. Kapitel *Meine Mutter lebt in mir – ist das eigentlich so schlimm?* erzählt von Frauen, die sich auf den Weg machten, die Welt zu erobern, und dabei die von den Müttern ererbten Normen und Verhaltensmuster als mächtige Blockade vor der Tür zu Glück und Erfolg fanden. Es endet mit dem Versuch, den alten Jammer aufzulösen, um die andere, die kraftvolle Seite des mütterlichen Erbes zu suchen. Es ist sehr persönlich geraten – es hat ja einen Grund, daß ich ausgerechnet ein Buch zu diesem Thema geschrieben habe.

Im 3. Kapitel *Weib sein heißt mütterlich sein* wird untersucht, wie und warum die Wissenschaft den Müttern die bedingungslose Liebe zu ihren Kindern als natürliche, stets verfügbare Gabe aufgebürdet hat. Es ist ziemlich lang geworden; nicht nur, weil eine Zeitreise durch die Kulturgeschichte immer sehr erhellend ist, sondern auch, weil die Mär vom mütterlichen Monopol auf die Kindererziehung auch heute noch die Grundlage für das Dilemma der Mutter-Tochter-Beziehung bildet.

Im 4. Kapitel *Alle Schuld den Müttern!* wird untersucht, wie Schuldgefühle entstehen und warum gerade Frauen sie sich so bereitwillig aufladen. Es kommt zu dem Schluß, daß Mütter wohl doch nicht mächtig genug sind, um alle Probleme ihrer Kinder zu verursachen.

Der erste Exkurs *„Jokastes Kinder" und das Begehren* ist ein Protest gegen die populäre Theorie der französischen Psychoanalytikerin Christiane Olivier, weil sie – wie ich finde – die alten Schuldzuweisungen mit großer Absolutheit neu konstruiert. Darin frage ich mich auch, warum Frauen diese Theorie so bereitwillig akzeptieren.

Im 5. Kapitel *Manchmal war es tierisch anstrengend* berichten Frauen aus der Müttergeneration von ihrer patriarchalischen Erziehung in den 50er und 60er Jahren, vom Wachsen eines neuen Frauenbewußtseins und davon, wie sie ihre Töchter gegen ihre eigenen Prägungen zu selbstbewußteren Frauen erzogen haben.

Den zweiten Exkurs bildet ein Interview mit der Schweizer Paar- und Familientherapeutin *Rosmarie Welter-Enderlin*. Darin geht es um die zentrale Frage, auf die alles hinausläuft: *Wie mache ich meine Tochter stark?* Die Gründerin und Leiterin des Ausbildungsinstituts für Systemische Therapie und Beratung in Meilen bei Zürich beantwortet und kommentiert auch in den anderen Kapiteln des Buches grundlegende Fragen zur Mutter-Tochter-Beziehung.

Kapitel 6 macht sich an die längst überfällige *Entrümpelung der Mutter-Kiste*. Es richtet sich vor allem an die „Nachkriegstöchter". Um die eigenen Erfahrungen und Prägungen nicht an die nächste Generation weiterzugeben, ist es notwendig, sich mit der eigenen Mutter zu versöhnen. Warum das so ist, und wie das vielleicht sogar mit glücklichem Ausgang geschehen kann, darum geht es in diesem Kapitel.

Im 7. Kapitel erklären (fast) erwachsene Töchter über ihre Mütter: *Im Prinzip glaub' ich nicht, daß ich ihr sehr ähnlich bin*. Anders als die Frauen aus der Generation ihrer Mütter erschrecken sie aber nicht, wenn sie doch Ähnlichkeiten entdecken, sondern versuchen selbstbewußt, sich das Beste herauszupicken. In diesem Kapitel ist auch einiges über die verflixte Ablösung von Mutter und Tochter zu lesen.

Das 8. Kapitel erzählt von der Lust und Last der berufstätigen Mutter, die eigentlich *Superwoman oder die achtarmige Göttin* sein müßte, um ihren aufreibenden Alltag zu bewältigen, und warum auch hier weniger mütterliche Schuldgefühle gut und hilfreich wären.

In der DDR war die voll berufstätige Mutter das offizielle Frauenideal. Der dritte Exkurs *Arbeit hat ja viele Komponenten* erzählt deshalb von Müttern in der DDR und den Zukunftsvorstellungen ihrer Töchter nach der „Wende". Die Entwicklung des Frauenbewußtseins war in der DDR anders als in der BRD. Dieser Exkurs gibt einen kleinen Einblick.

Im 9. Kapitel, *Sag' mir, wo die Väter sind,* geht es um die Lebensbedingungen, Probleme und Chancen alleinerziehender Mütter und ihrer Töchter und um die Neigung der Väter (auch in „vollständigen" Familien), sich von ihren Töchtern fernzuhalten. Es wird darin auch die Frage gestellt, ob und warum Töchter, die ohne Vater aufwachsen, schlechtere Startbedingungen fürs Leben haben.

Der vierte Exkurs *Alte Jungfern gibt es nicht mehr* kommt ganz ohne Fußnoten und wissenschaftliche Belege aus. Er enthält völlig unsachliche Gedanken über das Für und Wider der Mutterschaft aus der Sicht einer Kinderlosen, gehört im ICE zwischen Frankfurt am Main und Hamburg. Nicht mehr, aber auch nicht weniger.

Bleibt das letzte, das 10. Kapitel, *Das Glas ist schon halb voll.* Es ist ein Resümee über die Situation der Familie im allgemeinen und stellt die Frage, ob die Töchter, die Mütter der kommenden Generation, ihre Zukunftsvorstellungen verwirklichen können. Darin wird auch überlegt, ob diese Töchter die in den letzten Jahrzehnten mühsam erkämpften stärkeren Positionen der Frauen mangels feministischen Bewußtseins leichtfertig verspielen werden. Oder ob sie vielleicht andere Wege suchen und finden, um ihre Ziele zu erreichen.

II. KAPITEL

Meine Mutter lebt in mir – ist das eigentlich so schlimm?

Von Töchtern, die unter ihrem mütterlichen Erbe leiden

Gewiß ist, daß sie genau im Mittelpunkt dieser großen Kathedrale stand, die sich Kindheit nennt, und dort stand sie von Anfang an.

VIRGINIA WOOLF
Augenblicke (1940)

Sommer 1973. Ein ganz alltägliches Frühstück in der Wohngemeinschaftsküche. Ich schob den Teller zurück, fegte mit schnellen Bewegungen die Brötchenkrümel von der Tischkante in die hohle Hand, leerte sie schwungvoll auf den Teller – und erstarrte. Was tat ich da!? Dieses blöde Krümelauffegen mit der Hand – wie meine Mutter. Immer beendete sie ihr Frühstück so, und ich verabscheute dieses kleinbürgerlich-ordentliche Ritual.

Und da saß ich nun in meiner alten Jeans, das Plakat vom letzten Frauentag an der Wand, Rosa Luxemburg und Virginia Woolf im Kopf, alle BHs längst in der Mülltonne und ertappte mich bei dieser verräterischen Bewegung. Eine läppische Kleinigkeit, aber ein unwiderlegbarer Beweis, daß meine Mutter tief in mir steckte, daß ich ihr ähnlich war bis in so eine eilige Hausfrauen-Geste.

Dabei hatte ich schon mit 17 beschlossen, nie so zu werden wie sie. Wie sie war? Das wußte ich auch nicht so genau. Wahrscheinlich habe ich nie darüber nachgedacht. Meine Mutter war eben meine Mutter. Na, eben meine Mutter. Irgendwie lieb, irgendwie nett. Immer hilfsbereit. Aber auch irgendwie ... Wie war sie?

Ich jedenfalls wollte ganz anders leben. Nicht so angepaßt, nicht so unterdrückt, entfremdet in dieser engen Hausfrauenrolle. Nicht so eingeschnürt in längst überholte Konventionen. Ich wollte einen Beruf haben und ausüben, etwas Wichtiges tun, etwas Sinnvolles. Ich wollte die Welt sehen, nicht nur bis zum Gartenzaun. Und ich wollte mit daran arbeiten, daß diese Welt besser würde. Ich wollte nicht zu allem ja und amen sagen, nicht zu einem Ehemann und zu keiner Regierung. Ich wollte eben alles anders machen. Besser. Ich wollte selbstbestimmter leben. Und glücklicher werden.

Nicht, daß ich sie nicht geliebt hätte. Aber es war in jener Zeit, milde ausgedrückt, eine sehr ambivalente Liebe. Ich freute mich über ihre wöchentlichen Briefe aus der schwäbischen Kleinstadt, in der sie seit einigen Jahren lebte. Ich rief sie regelmäßig an, von Hamburg aus, der Traumstadt meiner Kindheit, in der ich studierte. Ich freute mich auch auf meine Besuche bei ihr. Weihnachten und immer in den Semesterferien, für drei oder vier Wochen. Immer wieder, jedesmal, freute ich mich darauf, fühlte ich diese heimliche Sehnsucht, endlich bei ihr anzukommen. Ich wollte bei ihr sitzen, mit ihr reden, ein paar schöne Ausflüge mit ihr machen. Ich wollte ihr nah sein. Und dann, bald nach meiner Ankunft, zeigte unsere Liebe jedesmal ihre düstere Seite. Sie wurde zur Qual.

Ein paar Tage hielt ich stets durch. Wir waren nett zueinander. Aber dann fühlte ich die Ungeduld, die Wut, die langsam in mir hochkroch, die ich im Zaum zu halten versuchte, wegzudrängen, einfach fortzuschicken. Es gab ja keinen Grund für meine Wut. War es denn wirklich so schlimm, daß sie auf meine Frage, worauf sie denn Lust habe, was wir denn unternehmen, essen, fernsehen oder sonst tun sollten, stets versuchte herauszubekommen, was ich wünschen könnte, um mir das dann als ihren Wunsch zu verkaufen? War es denn schlimm, daß sie immer behauptete, es gehe ihr gut, auch wenn wir beide wußten, daß sie sehr unter ihrer Herzkrankheit litt? War es denn schlimm, daß sie auf meine politischen Vorträge immer mit diesem „Ach, ich weiß nicht, Kind, man muß doch nicht immer ..." antwortete? Den Satz nie beendete, weil sie meine Meinung nicht teilen konnte, nie teilen würde, aber nicht in der Lage war, sich zu streiten? Weil sie Harmonie wollte, einfach schöne Tage mit ihrer jüngsten Tochter. Was war eigentlich so schlimm?

Das Schlimmste war, daß ich genau das nicht wußte. Ich fühlte, wie die Wut in mir hochkroch, ich hörte mich kurze patzige Antworten geben, hörte meinen harschen Ton, sah ihr erschrecktes Lächeln, immer versuchte sie alles mit diesem Lächeln zu retten, weil man doch am besten nett zueinander war, dann würde doch alles gut sein.

Aber es war nicht alles gut. Ich wurde immer wütender, konnte ihre liebevollen Umarmungen immer weniger ertragen – und haßte mich dafür. Wenn sie doch einmal wütend geworden wäre, mir einmal meine Unverschämtheiten zurückgegeben hätte, anstatt immer zu versuchen, sie mit einem wehmütigen, geradezu schmerzenden Lächeln und einer Umarmung zu neutralisieren. Zu ersticken.

Abends saß ich in meinem Zimmer, endlich geflohen hinter ein Buch, und haßte mich. Ich haßte mich, weil ich so wütend war, weil ich unfähig war, einfach nett und freundlich zu sein, die gute Tochter, die die gute Mutter liebt, ihr eine Freundin ist und eine freundliche Gesellschafterin. Ich wollte es so sehr. Nichts wollte ich bei diesen Besuchen mehr, als eine gute Tochter zu sein. Liebevoll, freundlich, souverän. Morgen, dachte ich immer, morgen hast du dich besser im Griff.

Aber immer wieder überfiel mich heiße Wut. Wenn sie Uneinigkeiten davonlächelte, anstatt zu kämpfen, oder wenn sie alte Kosenamen hervorkramte. Engelsgesicht zum Beispiel. War ich etwa ein Engel? Ich wollte kein Engel sein! Und ich sah auch nicht so aus! Ich war 25 Jahre alt, eine erwachsene Frau. Und überhaupt: Ich hatte nicht mal Locken! Meine Haare waren glatt und ziemlich dünn. So dünn, daß sie mir nie erlaubt hatte, Zöpfe zu haben. Zöpfe wie meine Schwestern und wie meine Freundin Elsbeth sie hatten. Zöpfe mit großen Schleifen. Deine Haare sind zu glatt und zu dünn, da halten Zöpfe nicht. Ich hätte so gerne Zöpfe gehabt, aber ich hatte immer nur diese doofe Prinz-Eisenherz-Frisur ...

Mit der Wut kam das quälende Gefühl der Schuld, machte neue Wut, neue Schuld ... Ohne die Liebe zueinander, die immer da war, wäre alles ganz einfach gewesen. Ohne diese zähe Liebe. Einfach mit ihr darüber sprechen? Wie?

Etwa so: „Mutti, ich möchte so gerne eine liebevolle Tochter sein, aber ich bin immer nur wütend auf dich. Ich weiß selbst nicht warum. Was sollen wir tun?“ Unmöglich! Wir redeten viel in diesen Jahren. Aber wir sprachen nicht miteinander. Ich habe es einfach nicht geschafft. Dafür war ich mir böse.

Aber war das nicht ihre Erziehung? Diese Sprachlosigkeit, dieses ewige Auf-die-Form-achten, dieses Vorausahnen, welche Frage an ein Tabu rühren könnte und deshalb die Frage gar nicht erst zulassen, geschweige denn stellen?

Wir haben die Zeit immer herumgekriegt. Und sie hat immer behauptet, es seien so schöne Tage mit mir. Ich konnte ihr das nie glauben. Wie konnte sie es schön finden mit so einer mürrischen, undankbaren Tochter? Hatte sie sich nicht zwei Jahrzehnte bemüht, mir Rücksicht und Höflichkeit beizubringen? War sie selbst nicht ein Muster an Rücksicht und Höflichkeit, an liebevoller Freundlichkeit?

Ich glaubte ihr nicht. Ich war sicher, daß sie froh war, wenn ich wieder abfuhr, auch wenn da immer tapfer überlächelte Tränen in ihren Augen waren. Und ich fühlte mich schuldig, weil ich sie seit dem Tod meines Vaters allein zurückließ. Ich hatte wieder versagt. Es war mir wieder nicht gelungen, sie glücklich zu machen.

Aber ich war nicht traurig. Ich war wütend.

Eigentlich lernte ich meine Mutter erst viele Jahre nach ihrem Tod kennen. Soweit eine Tochter ihre Mutter, vor allem eine Mutter dieser schweigsamen Nachkriegsgeneration, überhaupt kennenlernen kann. Meine Mutter, mit der ich mich heute, mit 47 Jahren und fast zwanzig Jahre nach ihrem Tod, tief verbunden fühle, für die ich eine innige und zugleich vorsichtige Liebe empfinde. Eine vorsichtige Liebe. Das klingt eigentümlich. Ist das Wesen der Liebe nicht gerade das Absolute? Ist alles andere nicht nur gelogen, nur vorgetäuscht, dieses Halbherzige, dieses ewige Wenn und Aber?

Vielleicht ist es das, was die Beziehung zwischen Mutter und Tochter oft so schwer gemacht hat, dieser lächerliche Irrtum. Wir haben gelernt, daß die Liebe, und ganz besonders die zwischen Mutter und Tochter, absolut sei. Sie sei da, man müsse darüber nicht reden. Sie sei etwas Natürliches. Böse Gefühle und Gedanken hätten da keinen Platz. Schon mit den Märchen haben wir gelernt, daß Mütter nur gut sind. Die bösen

Frauen im Märchen sind stets Stiefmütter, Hexen, die sich den Platz der guten, der gestorbenen Mutter erschlichen haben. Kaum ein Kind, daß nicht irgendwann einmal in konfliktreichen Zeiten zur Überzeugung gelangt, ein Stiefkind zu sein.

Aber ich war nun mal kein Stiefkind. Die Geschichte meiner Geburt, fast im Auto auf dem Weg ins Krankenhaus und tief in der Nacht, war zu oft und zu überzeugend erzählt worden. Und hatte meine Mutter nicht immer alles für mich und meine Schwestern und auch für meinen Vater getan? War sie nicht immer dagewesen? Hat sie nicht für uns geputzt, gekocht, gewaschen, hat sie nicht nachts, wenn wir schon schliefen, am Küchentisch für uns Kleider genäht, für alle drei aus dem gleichen Stoff? Den Garten umgegraben, Kirschen und Bohnen eingemacht, stundenlang Gelee gerührt und Vokabeln abgehört? Durchs Küchenfenster ein Marmeladenbrot hinausgereicht, wenn wir im Spiel zu beschäftigt waren, um zum Essen hereinzukommen? Als Kind hatte ich ihre Zärtlichkeit und ihre Fürsorge genossen, ihre unendliche Geduld mit Knetgummi oder Tusche auf dem besten Sessel, lehmverschmierten Stiefeln im Flur und Fröschen im Einmachglas. Aber da gab es auch ihren wortlos strafenden Blick, der alles Verbotene sah, den ich bis in meine Träume fürchtete.

Ich war stolz auf sie, auf diese hochgewachsene Dame, der selbst die allmächtigen Lehrer stets mit Respekt begegneten. Ich mochte ihr lautes Lachen, so gar nicht damenhaft. Und ihre tröstenden Umarmungen. Aber ich fürchtete diese kleine Bewegung der Mundwinkel, die unerwünschte Fragen und Widerworte in Lächerlichkeit und Sünde verwandelten.

Wer seine Mutter schlägt, dem wächst die Hand aus dem Grab. Das hatte die Lehrerin gesagt. Aus keinem Grab auf dem großen Dorffriedhof mit den duftenden Lebensbaum-Hecken wuchs eine Hand. Also waren alle Kinder lieb. Und ich?

Meine Mutter hatte unermüdlich versucht, auch aus meinen Schwestern und mir Damen zu machen. In bester Absicht, denn als Dame, davon war sie überzeugt, kommt eine Frau am besten durchs Leben. Es war ihr fast gelungen. Doch nun, mit Mitte zwanzig, war ich unterwegs in ein ganz anderes Leben.

Ihr Leben zwischen Waschküche und Gemüsegarten, zwischen Kinderzimmer und Ehebett, war mir wie ein Gefängnis erschienen.

Warum hatte sie nicht mehr aus sich, aus ihrem Leben gemacht? Warum war sie, die doch als junges „Mädchen aus gutem Hause" die halbe Welt gesehen hatte und sich auf jedem Parkett zu benehmen wußte, warum war sie als Hausfrau und Ehefrau in einem Dorf hängengeblieben? Damals, als der Krieg zu Ende war, hätte sie, die gebildet war und drei Sprachen wie ihre Muttersprache beherrschte, doch alle Möglichkeiten gehabt, der dörflichen Enge, dem Mief der kleinen Wohnküche zu entkommen.

Wenn, ja, wenn ich nicht gewesen wäre. War ich etwa schuld? 1947, als meine beiden älteren Schwestern schon „aus dem Gröbsten raus" waren, hätte sie gehen können. Es soll da Angebote gegeben haben, als Dolmetscherin. Aber dann kam ich, nicht gerade geplant, wie sie einmal lächelnd gesagt hatte, nicht gerade geplant. Dann kam ich. Und sie mußte bleiben.

Daß sie meinen Vater und dieses Leben geliebt haben könnte, daß ihr der Weg zurück in die weite, ungewisse Berufswelt in diesem Nachkriegs-Deutschland mit den neuen Spielregeln zu beängstigend gewesen sein könnte, daran habe ich damals nicht gedacht. Ich war schuld. Aber war sie nicht schuld, daß ich mich schuldig fühlte?

„Wir hätten euch so gerne mehr geboten", hatte sie bei einem meiner Besuche gesagt. „Klavierunterricht, Reisen, schönere Kleider, besseres Spielzeug. Aber es ging eben nicht. Damals." Sie hätte nie gesagt: „Dein Vater hat eben nie genug Geld verdient." Über Geld wurde nicht geredet, und irgendein Satz, der nach Kritik an meinem Vater hätte klingen können, kam ihr nie über die Lippen. Sie war loyal. Damals hielt ich das für feige. Ich verhielt mich auch oft feige.

Ich verstand ihr Bedauern, ihre Entschuldigungen nicht. Natürlich hätte ich gerne Klavierunterricht gehabt, aber sie hatte doch immer gesagt, dazu sei ich zu unmusikalisch. Und wir waren doch ganz zufrieden gewesen mit dem großen Garten, hinter dem Haus nichts als Felder, dem Bach und „unserem" Wäldchen, in dem wir vom Wipfel der höchsten Buche die ganze Welt im Blick hatten. Wir hatten kein Klavier, aber immer einen Hund. Ich spielte im Hof Zirkus, zwei Pfennig Eintritt für alle Nachbarn, und im Frühling packte sie mir ein Butterbrot ein, wenn mich mein kleiner Wandertrieb am Nachmittag über nasse Wiesen bis ins Nachbardorf marschieren ließ.

Ich wußte damals noch nichts von weiblichen Schuldgefühlen, von Müttern, die immer in der Überzeugung leben, den Anforderungen nicht zu entsprechen. Hätte ich es gewußt, wäre vielleicht vieles einfacher gewesen. Ich hätte zumindest gemerkt, daß wir etwas ganz Grundlegendes gemeinsam hatten: völlig überflüssige Schuldgefühle. Ich fühlte mich schuldig an ihrem engen Leben, an ihrem ständigen Kranksein. Sie fühlte sich schuldig, uns nicht den großbürgerlichen Wohlstand geboten zu haben, den sie in ihrer Kindheit erfahren hatte. Wir waren Mutter und Tochter, wir konnten nicht miteinander reden.

An jenem Morgen in der Wohngemeinschaftsküche, als ein paar Brötchenkrümel und eine kleine Handbewegung mir mit heißem Schrecken klarmachten, wie ähnlich ich ihr war, wußte ich das noch nicht. Aber an diesem Morgen begriff ich, daß ich nicht nur die gerade Nase, die langen Beine und die kurzsichtigen Augen von ihr geerbt hatte, sondern auch die kleine Bewegung in den Mundwinkeln, die fatale Neigung, mich mit einem alles erstickenden moralischen Rundumschlag einer Auseinandersetzung zu entziehen, beneidenswert leichtfertige Menschen als verantwortungslos abzuwerten. Genau wie sie konnte ich meine eigenen Wünsche nicht erkennen und schon gar nicht kundtun, wenn sie gegen die gerade herrschende Meinung verstießen, genau wie sie ... Alle meine Probleme kamen von ihr, wurzelten in ihrer Erziehung, in ihrem Vorbild, in ihren Fesseln, die sie an mich weitergegeben hatte.

Sie kann ja nichts dafür, mahnte mein Kopf, sie ist ja selbst so erzogen worden. Ein Opfer. Du darfst ihr nicht böse sein. Wer seine Mutter schlägt, dem wächst die Hand aus dem Grab. Aber ich wollte es schaffen. Wollte freier sein als sie, mich nicht unterbuttern, untermuttern lassen, mich nicht von unsinnigen Konventionen fesseln lassen, nicht in Krankheit flüchten müssen, nicht, nicht, nicht!

Immerhin hatte ich schon gelernt, die Füße auf den Tisch zu legen. Aber meine Mutter ließ mich nicht los. Oder ließ ich sie nicht los?

Im Laufe der Zeit lernte ich, daß mein Problem nicht exklusiv war, sondern daß es sich ganz im Gegenteil um ein echtes Allerweltsproblem handelte, um eine wahre Epidemie.

Rita zum Beispiel.

Rita, damals 24, goldene Locken, die kürzesten Röcke über den schönsten Beinen, klug, temperamentvoll und mit erlesenem Talent sowohl für Renovierungsarbeiten jeder Art als auch für die Kochkunst begabt. Die personifizierte Angstkonkurrentin jeder Frau auf Männersuche. Völlig unnötig: Rita war ein chronischer Single. Nicht freiwillig, nein, aber länger als vier Wochen hielt keine Liebe. Kein Wunder. Kaum verliebt, kaum über die Schwelle der Wohnung des neuen Freundes getreten, verwandelte sich die quirlige Rita in die akkurate Elisabeth. Elisabeth hieß Ritas Mutter.

Spätestens beim dritten Besuch begann Rita, Küche und Bad des neuen Freundes „in Ordnung“ zu bringen. „Geht doch schnell, tu' ich wirklich gern. Mach du nur schon den Wein auf“, sagte sie und wischte mit flinkem Schwung noch einmal über das glitzernde Waschbecken, wenn der Wohnungsbesitzer, der seine vertraute Wohnlichkeit schwinden sah und sich umgehend wieder wie 14 fühlte, diskret protestierte. Rita räumte. Rita kochte. Rita tat Zucker in fremde Kaffeetassen, rührte mit fürsorglichem Lächeln um. Rita war glücklich, wenn sie fremde Autos waschen und Männersocken stopfen durfte. Im Restaurant bestellte Rita „Was nimmst du denn?“.

Rita fand das bescheuert. Die Männer auch, jedenfalls die, in die sie sich verliebte. Die hatten die pfiffige Rita gewollt, die sie im Seminar oder in der Kneipe kennengelernt hatten, kein Kindermädchen. Wahrscheinlich gab es einige, die genau das ganz prima gefunden hätten. Aber denen ging Rita aus dem Weg. Die waren wie Hubert. So hieß Ritas Stiefvater.

Rita hatte ständig Beziehungs-Streß. Oder besser: Beziehungsende-Streß. Es sei eben schrecklich, sagte Rita, sobald ihr ein Mann wichtig werde, verfalle sie sofort in diese Ich-mach-das-schon-schnell-Rolle. Sogar ihre Stimme würde ganz piepsmäusig. Elisabeth sei auch für ihren Mann die perfekte Mutti gewesen. Der mußte nur beim Frühstück über den Tisch gucken, und schon hatte er Zucker und Milch in der Tasse. Umrühren inklusive. Rita haßte es zu sehen, wie ihre Mutter „sich zur Dienstmagd machte". Rita machte das nach. Leider führte das nicht mal zum gleichen Erfolg wie bei ihrer Mutter. Hubert, immer gut bedient, blieb. Rita saß bald wieder als Single in ihrer Wohngemeinschaft und versuchte zu begreifen. Die Sache mit dem Bad und der Küche, sogar mit der Autowascherei und den Socken, bekam sie bald in den Griff. Nichts als Konzentration, sagte sie. Aber das Gefühl, in der Nähe eines Mannes keine individuellen Bedürfnisse mehr zu haben, einfach nicht zu spüren, was sie selbst wollte, beschäftigte sie noch lange. Diese große Portion Mutter in ihr, die sie einfach nicht loswurde.

Kornelia hingegen spürte erst durch ihre Kinder, daß ihr ihre Mutter „wie ein Klotz am Bein, oder besser gesagt: an der Seele hängt". Bis dahin war die für sie „schon lange kein Problem mehr" gewesen. Irgendwann hatte sie sich innerlich von ihr verabschiedet, von ihrem Geschrei und Gejammer, davon, daß sie sich so oft von ihrer Tochter im Stich gelassen gefühlt hatte. Kornelia war zum Studium in eine andere Stadt gezogen und hatte den Kontakt auf ein Minimum töchterlicher Höflichkeit beschränkt. „Aber nun erlebe ich, daß ich meine Tochter manchmal so behandele, wie sie mich behandelt hat – abschätzig, verächtlich, ungeduldig. Ich höre mich die gleichen Sätze sagen, den gleichen Ton anschlagen: Ich führe kein Streitgespräch mit meiner Tochter, ich mache sie nieder. Und dann gibt es Situationen – das ist das Verrückteste –, da reagiere ich auf meine Tochter, als sei ich die Zehnjährige. Meine Tochter ist schlecht gelaunt, hat zu irgendwas keine Lust, und ich spüre von ihr nur Wut und Verachtung, gegen die ich hilflos bin. Dann stehen wir im Flur, Mutter und Tochter, ätzen uns an.

Sie ist wütend und verletzt, ich bin wütend und verletzt und schäme mich noch dazu – es ist ein einziges Gefühlschaos.“

Irgendwann begriff Kornelia, daß sie in solchen Momenten gar nicht ihre Tochter vor sich sah, gar nicht über deren Reaktionen so wütend war, sondern daß sie bei ihr diese ganze Qual mit ihrer Mutter noch einmal erlebte. „Meine Tochter bekommt all das ab, was ich mit meiner Mutter nicht klären konnte. Da bin ich nun über dreißig, und das alles holt mich ein. Im Kopf weiß ich das, ich hör' mir zu, seh' mir zu, ich weiß, es ist falsch, aber ich kann's nicht anders machen. In solchen Situationen mache ich meine Tocher zum Wurm, so wie ich mich von meiner Mutter oft zum Wurm gemacht gefühlt habe. Das will ich auf gar keinen Fall. Aber ihre Mechanismen stekken total in mir fest.“

Wilde Mädchen kommen überall hin

Wie meine Mutter. – Ich schaue in den Spiegel und sehe meine Mutter. Die Bestseller von Nancy Friday und Barbara Franck und eine ganze Reihe anderer Bücher zum gleichen Thema ließen (und lassen) zahllosen Frauen kalte Schauer über den Rücken laufen. Die 70er Jahre waren die große Zeit der Abrechnung mit den Müttern. Vermutlich ist auch früheren Generationen die Ähnlichkeit mit der Mutter aufgefallen, vermutlich haben auch in früheren Generationen Frauen unter ihr gelitten. Aber bis dahin war es Usus, der Mutter (und der Sohn dem Vater) in Rolle und Art zu folgen. Kein Thema, jedenfalls kein öffentliches, schon gar kein kollektives.

Mit den späten 60er Jahren begann die große Abrechnung mit der Elterngeneration. Nicht nur die Schuld des Nationalsozialismus und ihre Verdrängung wurden attackiert, sondern auch das autoritäre, verlogene und verfilzte patriarchalische System. Die Studentenbewegung wollte ein anderes Leben: nicht-autoritär, ohne Ausbeutung, gleichberechtigt und gerecht. Die Studentinnen wollten das auch – aber nach wie vor hielten die Männer Reden und Vorträge, die die Frauen sauber abgetippt hatten. Das Frauenproblem? Es würde sich von selbst erledigen, wenn erst mal die alten Strukturen abgeschafft wären. Aber die neue Frauenbewegung, die in diesen Jahren entstand, entstand mit Wut. Die jungen Frauen wollten ein anderes Frauenleben, als ihre Mütter es gelebt hatten. Sie wollten alles, jedenfalls fast alles, anders machen.

Äußerlich war das leicht. Kostüm und Rock mit Dior-Falte ließen sich leicht gegen Jeans, Latzhose und Schlabber-Kleid tauschen, akkurat gelegte Dauerwelle und Innenrolle leicht gegen raspelkurze Fransen und flatternde Hippi-Mähnen. Auch Miederhöschen und BHs landeten ohne große Probleme in der nächsten Mülltonne. Aber die inneren Strukturen, die kinderjahrelang verinnerlichten Normen und Botschaften, der ewige Kampf mit dem Selbstvertrauen und den weiblichen Pflichten waren nicht so einfach als Müll der Geschichte auszusortieren. Die Töchter der Nachkriegsmütter wollten frei sein, lustvoll leben, mutig, kreativ, kämpferisch und gleichberechtigt sein – aber die mütterliche Erziehung zu Bescheidenheit, Anpassung und kleinen damenhaften Schritten wurzelte tief.

Eine bis dahin beispiellose Auseinandersetzung mit den Müttern begann. Sie wurden als Opfer einer rücksichtslosen, selbstherrlichen Männer-Gesellschaft erkannt – aber auch als Täterinnen: Waren sie es nicht, die den weiblichen Mangel an Selbstvertrauen und das Übermaß an Schuldgefühlen an die Töchter weitergaben? Waren sie es nicht, die phantastische Kinderträume vom Fliegen und von der weiten Welt vor allem bei den Mädchen mit einem kühlen „Was ist das nur wieder für eine Idee, Kind ...“ vernichteten, die schlechte Zeugnisnoten tolerierten, wenn nur für „Betragen“ eine Eins dastand? Und waren nicht ihre perfekten Strategien, alles Körperliche zu tabuisieren oder durch strenge Blicke als schmutzig erscheinen zu lassen, schuld an der blöden Verklemmtheit? Waren sie nicht sogar als Rockerbräute brav auf dem Sozius sitzen geblieben anstatt den Lenker selbst in die Hände zu nehmen? Waren sie nicht überhaupt zuallererst Komplizinnen der Männer? Hatten sie je Kriege verhindert? Hatten Mütter nicht von jeher ihre gefallenen Söhne stolz beweint anstatt sie zu Pazifisten zu erziehen? Die jungen bewegten Frauen wollten das alles nicht. Das neue Motto hieß: „Brave Mädchen kommen in den Himmel. Wilde Mädchen kommen überall hin." Sie wollten überall hin! Im Weg waren die gesellschaftlichen Barrieren, die Frauen immer in den hinteren Reihen hielten. Daß Frauen nicht die richtigen Rezepte hatten, die Hindernisse fortzuräumen oder zu überspringen, daran war letztlich die Erziehung der Mütter schuld!

Diese Logik war – und ist – so folgerichtig wie falsch: Wenn Frauen so stark von ihren Müttern geprägt werden, wie ist es dann möglich, daß nur die schwierigen, die belastenden und bremsenden Eigenschaften von den Müttern „geerbt" werden?

Die Mutter als Klotz am Bein ist nur die eine Seite. Der Spiegel, in dem die Töchter ihre Mütter als erschreckendes, unangenehmes Selbstbildnis erkannten, war auf der einen Hälfte blind. Das gilt auch für die Gegenwart.

Bei der Begegnung mit uns selbst im Spiegelbild der Mutter spürten wir nur alle unsere negativen oder als negativ empfundenen Seiten. Nur die breiteten wir voreinander aus, beklagten und bemühten uns – mehr oder weniger – entschlossen, die Mutter-Altlasten loszuwerden. Obwohl wir unsere Mütter trotz alledem auch liebten, irgendwie, das war wohl die Natur und die lange Verbundenheit, Nabelschnur, man kennt das ja ... Trotzdem kam kaum eine auf die Idee, mal nach der anderen Seite der Erfahrungswelt zu suchen. Immer wurde ein Pferdefuß entdeckt, alles schien eine verborgene, unterdrückende Komponente zu haben. Wir stellen uns vor: Drei Frauen sitzen um einen Tisch – vielleicht 1974 – und versuchen, sich zu erinnern, welche schönen, positiven, hilfreichen Eigenschaften und Fähigkeiten sie von ihren Müttern „geerbt" haben.

A: Na gut, wir können es ja mal versuchen ...

B: Das sind wir ihnen schuldig!

C: Fang bloß nicht damit an. Meine ewigen Schuldgefühle verdanke ich ihr auch, die hab' ich eindeutig von ihr.

B: Ja, ganz schrecklich, das kenn' ich auch ...

A: Wir wollten doch ...

C: Ja, ja, die guten Eigenschaften, die sie uns mitgegeben haben. Also ich kann echt gut kochen. Das find ich praktisch, wirklich. Und mit Geld umgehen kann ich auch, kann ich nur von ihr haben. Mein Vater, der hat gern aus dem vollen gelebt, obwohl er wirklich nicht viel verdient hat. Meine Mutter war echt knauserig.

B: Aha. Knauserig bist du also.

C: (schweigt beleidigt)

A: Nee, so was nicht. Die emotionalen, also die seelischen Sachen, mehr die menschliche Seite, also ich weiß auch nicht, wie man das ausdrücken soll.

B: ...

A: Ich versuch's mal. Meine Mutter war immer sehr fürsorglich, das hat mir Sicherheit gegeben. Ich find's auch nett, wenn sie gegen Monatsende ein Freßpaket schickt oder 'n kleinen Geldschein ...

B: Sicherheit? Nett? Eine Fessel ist das! Keinen Schritt konnte man unbeobachtet tun, und immer schon im Oktober 'n Schal, peinlich war das! Und diese Pakete? Damit will sie dich doch nur an sich binden. Mit Dankbarkeit! Schrecklich!

A: Stimmt irgendwie, wahrscheinlich hast du recht. Also noch mal! (Überlegt lange.) Meine Mutter war echt solidarisch mit mir. Wenn ich was ausgefressen hatte, hat sie mir immer geholfen, es vor meinem Vater zu verheimlichen. Der war so eklig streng ...

C: Das finde ich gar nicht positiv! Dir vorzuleben, daß man rumtricksen muß! Typisch für diese Müttergeneration, diese unwürdigen weiblichen Tricks! Sie hätte sich lieber mit deinem Vater auseinandersetzen sollen. Wieso hat sie sich von dem eigentlich nicht getrennt, wenn der so ein Tyrann war?

B: Wirklich, das solltest du dir noch mal durch den Kopf gehen lassen. Du bist ja auch nicht immer offen in Konflikten ...

A: Du spinnst ja, ich bin sehr wohl offen in Konflikten, aber du bist so rechthaberisch. Überleg lieber mal, von wem ...

Es wurde viel überlegt – mit wenig Erfolg. Eine Mutter-Tochter-Beziehung ohne drückende Probleme schien vielen der Beweis für totale Verdrängung. Aber keine Frau hat nur schwache Seiten, fühlt nur Blockaden, Ängste und Einschränkungen. Die wurden ja nur deshalb so spürbar, weil viel Kraft und ein starker Wille uns vorwärts drängten. Diese Stärken jedoch wurden (und werden immer noch) dem väterlichen Erbe zugeschrieben. „Vatertöchter", so heißt es, sind die erfolgreichen Frauen, die einen zugewandten, aufbauenden Vater gehabt haben, einen, der an sie glaubte, der sich nicht, wie in der Regel üblich, in die Arbeitswelt entzog, der sie für voll nahm und förderte, wo immer es ging. Nun ist die Realität so, daß das nur sehr wenige Väter tun. Es gibt aber inzwischen gar nicht so wenige von diesen Frauen. Daran müssen wohl auch die Mütter mitgewirkt haben.

Und all die „weiblichen" Eigenschaften, die neuerdings im Management gefragt sind? Kooperationsbereitschaft, Empathie, Teamgeist, Phantasie, Organisationstalent, Engagement und Ausdauer, Mut zu neuen und unkonventionellen Wegen – sind nicht auch sie ein Teil oder zum Teil Erbe der Mütter?

Meine Mutter lebt in mir. Die jungen Frauen der siebziger Jahre haben das entschieden formuliert und als Problem empfunden. Als eine Last und als unbequemes Erbe. Aber niemand kommt ohne „Mitgift" auf die Welt, niemand wird erwachsen, ohne durch unzählige Einflüsse geformt zu werden. Unser Erbe ist ein Teil von uns. Viele Menschen gehen – zu allen Zeiten – verletzt aus ihren Familien hervor. Aber nur wenige werden so zerstört, daß sie als Erwachsene nicht in der Lage sind, ihre Wunden zu erkennen und Heilung zu suchen. Das bedeutet in der Regel eine schmerzhafte Wieder–Begegnung mit altem Leid, aber ermöglicht zugleich den Schritt aus festgefahrenem Jammer in die eigene Welt – als Erwachsene(r).

Die Familientherapeutin Rosmarie Welter-Enderlin hält nichts von dem Konzept des unausweichlichen Wiederholungszwanges des in der Kindheit Erfahrenen: „Es gibt sehr viele Möglichkeiten mit dem, was man mitbringt, umzugehen, etwas Neues daraus zu machen. Die Wiederholung ist kein zwangsläufiger Automatismus. Menschen sind dazu zu vielfältig. Natürlich gibt es Tendenzen, Ähnlichkeiten und als Zwang empfundene innere Kräfte und Gewohnheiten. Aber jeder Mensch ist anders und hat unterschiedliche Lernbedingungen, und wir können ja lernen, Belastendes zu verarbeiten und Reaktionsmuster, die uns behindern, abzulegen."

Daß viele Frauen sich so schwer mit dem Erbe ihrer Mütter versöhnen können, liegt nicht zuletzt daran, daß wir immer wieder auf den Mutter-Mythos hereinfallen. Keine andere gesellschaftliche Rolle wird von der Gesellschaft so geknetet und geformt, wie es gerade paßt, wie die der Mutter. Dabei ist der Kern des Mythos seit einigen Jahrhunderten gleich geblieben: Mütter sind von Natur aus gut, opferbereit und immer glücklich über ihre Mutterschaft. Sie tragen die Verantwortung für Charakter, Glück und Unglück ihrer Kinder. Wird ihr Kind zum erfolglosen, unglücklichen Erwachsenen, waren sie eine schlechte Mutter. Von Frauen, von ganz normalen Menschen also mit guten und schlechten, mit schwachen und starken Seiten, die enttäuscht oder zufrieden sind, gute oder schlechte Pädagoginnen, Köchinnen, Pflegerinnen, Putzfrauen oder Handwerkerinnen, wird immer noch fraglos erwartet, daß sie den Mutter-Mythos perfekt erfüllen. Leider erwarten es die meisten auch von sich selbst.

Wir haben Frauensolidarität geübt (und die Übung war und ist auch jetzt noch nicht leicht), wir haben den Wert von Frauenfreundschaften erkannt und die Lust am Frausein – auf den alten Mutter-Mythos fallen wir dennoch herein. Aber:

Wer eine perfekte Mutter, eine gute, nährende, gleichwohl freiheitgewährende Mythos-Mutter, die große Göttin der Legende, *sucht,* kann nur enttäuscht werden.

Wer eine perfekte Mutter, eine gute, nährende, gleichwohl freiheitgewährende Mythos-Mutter, die große Göttin der Legende, *sein will,* kann nur von sich selbst enttäuscht sein.

Zudem haben wir dabei vergessen, daß die großen Muttergöttinnen der Menschheitsgeschichte viele Seiten hatten. Sie waren nicht nur Herrinnen über Fruchtbarkeit, Leben und Tod. Ishtar, die babylonisch-assyrische Muttergöttin zum Beispiel, regierte nicht nur über Himmel und Unterwelt, sie war zugleich Göttin der Liebe, der Wollust, der Fruchtbarkeit – und des Krieges, an dem sie mit Pfeil und Bogen aktiv teilnahm.

III. KAPITEL

Weib sein heißt mütterlich sein

Vom Mythos der bedingungslosen Mutterliebe, und warum er so praktisch ist

Ein Baby zieht Liebe aus einer Mutter wie Lametta aus einer Wundertüte, und die Notwendigkeit dieser Liebe kann das Leben der Mutter ganz und gar verändern, sie so verzweifelt, unbeherrscht und impulsiv werden lassen wie ein wildes Tier.

FAY WELDON
Herzenswünsche (1987)

Das Kind schrie. Es saß in seinem Hochstuhl am Küchentisch und schrie. Es hielt einen Löffel in der Faust, schwenkte ihn zornig wie einen Dirigentenstab. Als sei es stolz auf die umgeworfene Tasse, den über den Tisch gespuckten Brei, stolz auf seine gellende Lautstärke, als spüre dieses kleine Bündel, ganze zehn Kilo schwer, seine Macht.

Es schrie nun schon seit zehn Minuten. Oder seit zwanzig? Sie wußte es nicht. Nichts konnte das Kind beruhigen. Sie hatte es herumgetragen, versucht, ein Lied zu singen, hatte es auf den weichen Teppich gesetzt, damit es herumkrabbeln konnte, aber es wollte zurück auf den Stuhl ...

Immer wieder hatte das Kind begonnen zu schreien, und das Geschrei wurde in ihren Ohren immer lauter, immer gellender. Wurde zur zornigen Anklage, zum empörten Befehl. Aber zu welchem Befehl, was wollte es?

Das Kind schrie, und es schien ihr, als wären Zeit und Raum in einem großen Wirbel, unmeßbar, unfühlbar, unkontrollierbar. Ihr Kopf dröhnte, und sie war so müde. Die Nacht war unruhig gewesen; die Zähne, mal wieder die Zähne. Schon die dritte Nacht. Ihr Mann zog sich dann die Decke über den Kopf. So war es verabredet. Er mußte fit sein für den Job, er brauchte seinen Schlaf. Am Wochenende würde er nachts aufstehen, aber manchmal schlief er so tief, daß er das Kind nicht hörte. Dann kümmerte sie sich, versuchte, wieder einzuschlafen und den Groll nicht zu spüren, der in den letzten Wochen tückisch und beharrlich gewachsen war. Es gab keinen Grund für den

Groll. Sie hatte doch alles. Einen liebevollen, erfolgreichen Mann, ein hübsches Haus mit Garten, zwei süße Kinder – das hatte sie sich immer gewünscht. Später, in ein paar Jahren, würde sie auch wieder in ihren Beruf zurückkehren. So war es geplant, und das war doch eine schöne Zukunft.

Das Kind schrie. Es kam ihr vor, als schreie es schon seit Jahren, schon immer, als habe es nie etwas anderes gegeben, als würde es nie etwas anderes geben. Entschlossen hob sie es aus dem Stuhl, um es anzuziehen. Der Große mußte aus dem Kindergarten geholt werden. Aber das Kind schrie, wehrte sich mit aller Kraft gegen die Kleider für die Fahrt in der Karre. Sie mußte sich beeilen, sonst würden die Kindergärtnerinnen wieder so streng gucken, wenn sie wieder zu spät kam, wieder die letzte Mutter war, die ihren Sohn abholte. Und wieder hatte sie nichts geschafft an diesem Vormittag. Wieder, wieder, wieder. Die endlose Wiederholung von Unzulänglichkeiten, von schiefgelaufenen Tagen, unruhigen Nächten, verklebten Breitöpfen, stinkenden Windeln und der immer viel zu schnell rennenden Uhr. Die Hemden lagen noch im Korb und sollten doch längst gebügelt sein. Die Fenster hatte sie putzen wollen, und auf dem Weg zum Kindergarten noch schnell zur Bank. Nun war für nichts mehr Zeit. Dann eben heute abend, wenn die Kinder im Bett waren ...

Das Kind schrie. Ich kann nicht mehr, dachte sie, heute kann ich nicht mehr. Und in ihrem Kopf, in ihrem ganzen Körper dehnte sich eine dunkle Blase, die ihr die Luft nahm. Die Ungeduld wandelte sich in heiße, in glühende Wut.

„Hör auf“, schrie sie, „hör endlich auf, du Scheißkind.“

Eine Vision stieg in ihr auf, sie würde dieses schreiende Bündel mit dem roten wutverzerrten Gesicht packen – es hatte doch keinen Grund zu schreien, sie tat doch alles, war doch immer da, immer geduldig –, sie würde es packen und schlagen. Mit der flachen Hand, immer wieder. Bis es aufhörte. Bis es still wurde. Sie würde ...

Dann saß sie auf dem Küchenstuhl, sah sich dabei zu, hörte sich schluchzen mit dieser Mischung von Zorn, Verzweiflung und Entsetzen. Vor allem Entsetzen: Sie war ja ein Untier, keine Mutter! Eine Mutter denkt so etwas nicht. Eine Mutter weiß immer, daß ein Kind ein schwaches Wesen ist, noch voller Unvernunft, gefangen zwischen seinem Drang, die Welt zu erobern und all seinen kindlichen Unfähigkeiten. Sie war ja selbst schuld, das Kind spürte nur ihre Ungeduld, die Abwehr und den Groll. Eine gute Mutter ...

„Mama", sagte das Kind, und klopfte ihr leicht mit dem klebrigen Löffel an den Kopf, „Mama".

In die Verzweiflung schlich sich Liebe ein, nicht wie ein warmes glückliches Gefühl, sondern schmerzend, mit erdrückendem Griff. Sie liebte dieses Kind doch so sehr, war so oft glücklich mit ihm. Wie konnte sie dann solche Gedanken haben, wie lange würde es dauern, bis sie die Gedanken in die Tat umsetzte? Mußte sie ihr Kind vor sich selbst schützen? Vielleicht war sie nicht nur eine schlechte Mutter, vielleicht wurde sie gerade verrückt.

Sie zog das Kind auf ihren Schoß, es lachte, zog fest an ihren Haaren. Sie genoß den Schmerz wie ein Buße für die große Schuld, für Niederlage und Versagen, für den Wunsch, einfach davonzulaufen, für den Moment, in dem sie zu schwach war, eine „gute Mutter" zu sein.

Eine gute Mutter.

Mutter und Kind dieser Geschichte haben keinen Namen. Oder besser: Sie haben viele Namen. Die meisten jungen Mütter erleben irgendwann eine solche Szene, und sie alle sind entsetzt über die Phantasien verzweifelter Notwehr. Erst in der letzten Zeit wagen Mütter, darüber zu sprechen. Bis dahin wurden solche „Ausfälle" verschwiegen, fraßen sich tief ein, schwelten auf dem unendlichen, ganz persönlichen Schuldkonto und mußten tausendmal wieder wettgemacht werden. Wie hätten sie darüber auch reden sollen? Welche Begründung hätten sie angeben sollen? Es war doch nur ein ganz normaler Tag. Vielleicht ein wenig hektischer als sonst, vielleicht hatte die kinderlose Freundin gerade den eigenen Traumjob bekommen oder war für ein halbes Jahr Abenteuerurlaub verschwunden. Vielleicht war auch einfach nur ein paar Tage alles schiefgegangen.

Hatte sie die Kinder und dieses Leben nicht selbst gewollt? Und bewältigten nicht unzählige Frauen tagtäglich mit Freude und höchstens ab und zu mit einem Seufzer über die lieben Quälgeister ihren Mutter-Alltag? Schafften es die anderen Mütter etwa nicht, im Notfall einfach mal fünf gerade sein zu lassen, die Fenster ungeputzt, die Hemden ungebügelt? Natürlich jammerte die eine oder die andere auch mal, aber niemand außer ihr entwickelte solche Haßgefühle, wenn auch nur für diesen kurzen verzweifelten Moment ...

Aber eine gute Mutter darf ihr Kind nicht hassen. Nie. Nicht eine Sekunde. Eine gute Mutter liebt ihr Kind immer. Sie darf ärgerlich sein, auch mal wütend. Aber sie ist und bleibt die selbstlose Hüterin ihres Kindes, verantwortlich für sein Wohlbefinden, verantwortlich für seine gesunde Entwicklung, für seinen Körper und für seine Seele. Eine Mutter, die ihr Kind ablehnt, ist eine schlechte Mutter, verantwortlich für alle Neurosen, Probleme und Niederlagen seines späteren Lebens. Mütter sind an allem schuld. Ob ihr Kind zu schüchtern ist oder zu aggressiv, zu dick oder zu dünn, ob es gerne lügt oder zu wenig Phantasie hat, ob es an Neurodermitis leidet oder wasserscheu ist – Mutter ist schuld.

Sie liebt ihr Kind aber doch, tut alles, ist der Inbegriff von Güte, Geduld und Zuverlässigkeit? Dann lehnt sie es eben unbewußt ab! In den letzten Jahren hat sich herumgesprochen, daß auch die beste Mutter nur ein Mensch ist: begrenzt in ihrer körperlichen und seelischen Belastbarkeit, ihrer Hingabefähigkeit und Geduld. Wir wissen, daß auch die tiefste Liebe ab und zu Pause hat. Wir haben gelernt, daß nicht alle Krankheiten ihre Ursache in zuviel oder zuwenig Liebe, zuviel oder zuwenig Strenge, zuviel oder zuwenig Beachtung haben.

Wir leben in einer aufgeklärten Gesellschaft. Wir wissen viel. Wissen ist gut – aber es hat auch eine tückische Kehrseite. Wer weiß, was richtig ist, ertappt sich ständig dabei, etwas falsch zu machen. Waren sie nicht beneidenswert, die mittelalterlichen Mütter, die nichts wußten vom Urvertrauen, Über-Ich und Ödipus-Komplex, vom Unbewußten, von Übertragung und all den gefährlichen Dingen, mit denen man einem Kind die schönsten Neurosen „anerziehen“ kann? Ein ketzerischer Gedanke. Aber was in den Büchern einfach und logisch klingt, erweist sich im Mutter-und-Kind-Alltag oft als unmöglich: Immer ehrlich sein, Sohn und Tochter als kleine Partner annehmen, ohne sie zu überfordern, mal fünf gerade sein lassen, lieber ein bißchen mit den Kindern herumtrödeln, als ein stets blitzender Haushalt. Und immer eine Portion Mutterliebe ...

Der Mythos von naturgegebener, immerwährender Mutterliebe, der Mythos von der guten und von der schlechten Mutter, sitzt tief und fest. Wir sind damit aufgewachsen. Lesebuchgeschichten, Märchen und nicht zuletzt die Madonna mit dem Kind, diese heilig leuchtende Gottesmutter mit ihrem Sohn, hat ungeachtet aller Abkehr von den Kirchen und blindem Glauben an ihre Lehren einen festen Platz in unserer Seele. Daß die Madonnen in den Kirchen dieser Welt meistens ziemlich leidend und resigniert von ihrem Sockel gucken, fällt uns kaum auf. Und die modernen Madonnen und Märchengestalten strahlen allabendlich per Werbespot und Fernsehserie in die Wohn- und Kinderzimmer.

Dabei ist die Geschichte von der unendlichen Mutterliebe noch gar nicht so alt. Die Liebe zwischen Mutter und Kind hat es natürlich immer gegeben, als die innigste und unauflöslichste Verbindung, die es zwischen zwei Menschen geben kann. Aber sie galt nicht immer als Selbstverständlichkeit, als naturgegebene Pflicht, an der die menschliche Qualität einer Frau gemessen wurde, wurde nicht immer als Voraussetzung für ein glückliches Kind und einen erfolgreichen, zufriedenen Erwachsenen gesehen. Denn nicht immer war eine gute Mutter eine selbstlose und bedingungslos liebende Mutter.

Stillen ist anstößig

Reisen wir ein wenig zurück, gar nicht weit, nur gute 200 Jahre. Anno 1780. Monsieur Lenoir, Polizeileutnant zu Paris, berichtet: Nur etwa tausend der 21 000 Kinder, die in der französischen Hauptstadt jährlich geboren und registriert werden, werden von ihren Müttern gestillt und betreut. Noch einmal tausend werden im (begüterten) Elternhaus von einer Amme genährt. Der große Rest erlebt seine ersten Jahre fern der Eltern in fremder Pflege, oft viele Meilen von Paris entfernt.[1)]

Wenn er sie überhaupt erlebt: Viele Kinder sterben früh. Weil die Kindersterblichkeit ohnedies hoch ist, weil die fremde Pflege um des Geldes willen geschieht, und offenbar selten mit Liebe und Fürsorglichkeit. Die Pflegemütter sind überwiegend arme Frauen, und wenn ihre Milch nicht für beide, für das eigene und das fremde Kind, reicht, bekommt der kleine zahlende Gast verwässerte Kuhmilch und eingeweichtes Brot. Wenn die Kinder überleben, so oft krank oder rachitisch verkrüppelt. Es ist die Regel, daß die Eltern sich nicht nach ihrem Kind erkundigen, bis es nach einigen Jahren wieder in die Familie zurückkehrt.

Ein Kind hat in diesen Zeiten kaum einen eigenen Wert, nur als Erbe von Titel oder Besitz. Es ist eines von vielen, sein Überleben sowieso ungewiß. Und oft auch gar nicht erwünscht, wie ein alter Text aus Bayern aus der Zeit um 1800 zeigt:

„Der Bauer freuet sich, wenn sein Weib ihm das erste Pfand der Liebe bringt, er freut sich auch noch beim zweiten und dritten, aber nicht auch so beim vierten. Da treten schon Sorgen an die Stelle der Freude. Er sieht alle nachgeborenen Kinder für feindliche Geschöpfe an, die ihm und seiner vorhandenen Familie das Brod vor dem Munde wegnehmen. Sogar das zärtlichste Mutterherz wird schon für das fünfte Kind gleichgültig, und jedem sechsten wünscht sie schon laut den Tod."[2)]
Die Damen des französischen, englischen und deutschen Adels und Großbürgertums haben keine Probleme mit dem Brot, sie lehnen es aus einem ganz anderem Grund ab, ihre Kinder zu versorgen: Stillen gilt als anstößig. Reiche Frauen übergeben das Neugeborene direkt nach der Geburt einer Amme, die in Großstädten häufig über ein „Ammen-Kontor" vermittelt wird. Die eigene Milch lassen sie sich von extra dazu bestellten Frauen aus den Brüsten saugen. Mutterschaft ist

1) Elisabeth Badinter: Die Mutterliebe – Geschichte eines Gefühls vom 17.Jahrhundert bis heute, München 1991, S. 9 f.
2) Zitiert nach Elisabeth Beck-Gernsheim: Vom Geburtenrückgang zur Neuen Mütterlichkeit? Frankfurt a. M. 1984, S. 21

zwar selbstverständlich und unvermeidbar, wegen der Biologie und der notwendigen Erben, aber, so Montesquieu, Schriftsteller und Staatstheoretiker der französischen Aufklärung: „Es ist bei uns Sitte, daß Vater und Mutter ihre Kinder nicht mehr erziehen, nicht mehr sehen, nicht mehr ernähren. Sie sind Objekte, die man vor aller Augen verbirgt, und eine Frau würde nicht mehr vornehm wirken, wenn sie den Anschein erweckte, sich darum zu sorgen." Nicht nur der Adel, auch das einfache Volk fühlt nach Montesquieus Beobachtung offenbar wenig Zärtlichkeit für seinen Nachwuchs: „Alles, was mit der Erziehung der Kinder, mit dem natürlichen Empfinden zusammenhängt, erscheint dem Volk als etwas Niedriges."[3)]

Dennoch ist eine Ehefrau, die keine Kinder gebiert, eine Versagerin. Uneheliche Mutterschaft dagegen wird in dieser Zeit schwer bestraft. Die ledigen Mütter werden auf dem „Hurenkarren" durch die ganze Stadt gefahren, an den Pranger gefesselt und schließlich des Landes verwiesen und ins Elend geschickt. Die Zahl der ausgesetzten Kinder ist überall in Europa immens. In den Waisenhäusern, wenn sie überhaupt unehelich Geborene aufnehmen, sterben die meisten Kinder wegen der unmenschlichen Lebensbedingungen schnell. Nicht nur in den Metropolen, sondern auch in kleinen Städten: „Von den 740 Kindern, die während der Zeit von 1763 bis 1781 im Kasseler Findelhaus aufgenommen wurden, waren Ende 1781 nur noch 88 am Leben, von denen lediglich 10 das 14. Lebensjahr erreichten."[4)] Frauen, die unter diesen Bedingungen ihre Kinder lieber töten, werden im 18. Jahrhundert nach der Folter ertränkt oder, als besondere Vergünstigung, enthauptet.

Frauen haben ihre eigenen Aufgaben in der Produktionsgemeinschaft Familie, im Haus und in den Ställen, bei der Arbeit auf dem Feld und im Garten, in der Werkstatt oder im Kontor. Mutterschaft ist nur eine dieser Aufgaben: die „Produktion" neuer Arbeitskräfte, eines Erben, auch einiger Töchter, die, geschickt verheiratet, zum Wohlstand der Familie beitragen kön-

3) Zitiert nach Badinter, S. 305
4) Stefan Winkle: Johann Friedrich Struensee – Arzt. Aufklärer. Staatsmann, Stuttgart 1983, S. 571

nen. Zugleich bedeuten Kinder die einzige Möglichkeit einer Alterssicherung. Kindererziehung findet nebenbei statt, nicht nur Mutter und Vater, sondern Mägde, Nachbarn, Verwandte, Gesellen oder wer auch immer zum Haus oder zur direkten Nachbarschaft gehört, ist Ansprechpartner für die Kinder. Über allem steht der Vater als absoluter Herrscher. Mutterschaft heißt vor allem die Verantwortung für Nahrung, Kleidung und vielleicht für die Frömmigkeit. Sie ist eine weibliche Aufgabe im großen Aufgabenkatalog, der dem Familienverband zu (über-)leben hilft. Mutterliebe bedeutet nicht, sich für die Kinder aufzuopfern, für ihr Seelenheil und ihr zukünftiges Glück verantwortlich zu sein. Das ist die Sache Gottes.

Kindheit hat noch keinen eigenen Wert. Sie währt ja auch nur kurz. Schon nach sechs bis acht Lebensjahren werden Kinder, die im Mittelalter noch als mehr oder weniger seelenlos galten, in die Erwachsenenwelt integriert und nehmen an der Familienarbeit teil. Der Adel schickt seine kleinen Söhne dann zur standesgemäßen Erziehung zu den Soldaten oder Priestern, die Töchter werden durch Gouvernanten oder im Kloster für eine lukrative Ehe oder das Leben hinter den hohen Mauern der heiligen Schwestern gedrillt.

Die Selbstbestimmung der Frau ist die Hingabe

Das Kind an sich, so die herrschende Meinung, ist schlecht. Augustinus, kirchlicher Vordenker, hatte schon im 4. Jahrhundert gesagt, es gebe keine kindliche Unschuld, und nur unerbittliche Strenge verhindere, daß aus von Natur bösen Kindern auch böse Erwachsene werden. Auch jetzt, im 18. Jahrhundert, gilt noch: Kinder müssen mit Strenge und mit Distanz, „durch leichte Ermahnungen, Züchtigungen und Tränen zur Furcht an(gehalten werden), auf daß Körper und Geist verbessert werden.“ [5)] Sicher gibt es auch in dieser Zeit, die sich so wenig kinderlieb zeigt, innige Liebe zwischen Mutter und Kind. Aber sie wird nicht erwartet und ist, sofern sie über Strenge

5) Zitiert nach Badinter, S. 38

hinausgeht, in der Öffentlichkeit einfach nicht in Mode.

Aber Moden sind wechselhaft, und das Empfinden und Verständnis dessen, was Menschen zu Menschen macht, entwickelt sich weiter. Und: Die Kindheit wird entdeckt. Gerade gegen Ende des 18. Jahrhunderts beginnen Frauen, sich selbst um ihre Kinder zu kümmern. Elisabeth Badinter berichtet ein Beispiel: „So beschlossen Frauen aus begüterten Kreisen von La Rochelle, aufgerüttelt durch ein Welle von Todesfällen, die ihre bei Bäuerinnen untergebrachten Kinder bedrohte, diese selbst zu stillen. Damit, daß sie es öffentlich taten, erregten sie Anstoß. Gleiches gilt für die Frauen von St. Malo, die nach 1780 begannen, ihre Babies zu stillen, weil bei den Pflegemüttern eine Syphilis-Epidemie grassierte. Es galt als moralisches Gebot und Ausdruck einer neuen mütterlichen Zuwendung, die Kinder am Leben zu erhalten."[6)]

Auch in Paris wird nun das Stillen nach und nach Mode. Vielleicht nicht zuletzt, weil Kinder, weil Menschen überhaupt eine Wertsteigerung erfahren. In Frankreich werden Mitte des 18. Jahrhunderts jährlich etwa 12 000 Kinder ausgesetzt. „Die meisten", so ein reicher Bürger namens Chamousset, „sterben, bevor sie ein Alter erreichen, in dem man einigen Nutzen aus ihnen ziehen könnte. Nicht ein Zehntel erreicht das Alter von 20 Jahren ..."[7)] Und davon würden die meisten zu Bettlern und Vagabunden. Wenn der Staat diese Kinder nun mit Kuhmilch aufzöge, und wenn auch nur 9 000 am Leben blieben, könne man sie als Fünf- oder Sechsjährige nach Louisiana exportieren und in den Pflanzungen beschäftigen, wo sie die Kosten ihrer Erziehung um ein Vielfaches wieder erarbeiten würden: „Mit diesem System wären unsere Kolonien nach dreißig Jahren um 200 000 Siedler reicher. Und in weniger als einem Jahrhundert hätte man ein Land bevölkert, das größer und fruchtbarer ist als Frankreich und das dessen Reichtümer beträchtlich steigern würde."[8)] Auch als Soldaten seien diese Kinder, „die keinen Vater kennen als das Vaterland", die nichts zu verlieren

6) Badinter, S. 161
7) Zitiert nach Badinter, S. 121 f.
8) Badinter, S. 121 f.

hätten, besonders gut zu verwenden, wenn man sie nur so erzöge, daß sie den Schrecken vor dem Tod verlören. Seine Idee bleibt eine Idee. Aber die Zeit ist im Umbruch.

Mit dem aufstrebenden Bürgertum bekommen Kinder neue Wichtigkeit. Sie werden gebraucht, um die sich über die Welt ausdehnenden Geschäfte der wohlhabenden Bürger und Händler familientreu zu verwalten, um durch kluge Ehen die Familienposition zu sichern und zu verbessern.

Mit dem Menschenbild wandeln sich auch die Erziehungsideale. Der Roman *Emile oder über die Erziehung* von Jean-Jacques Rousseau (1712-1778) setzt in Frankreich neue Maßstäbe, die sich schnell über ganz Europa verbreiten. Nach Rousseaus Ideal hat jeder Bürger das Recht auf Freiheit, Gleichheit und Selbstbestimmung, das er allerdings immer am Nutzen für die Gemeinschaft prüft. Das für ihn ideale natürliche Leben auf dem Land im Kreise der glücklichen Familie versteht unter Freiheit und Selbstbestimung der Frau deshalb ihr glückliches Einfügen in ihr natürliches Sein: Und das ist die fröhliche, hingebungsvolle Mutterschaft.

Die Natur, das Natürliche und Vernünftige haben in die Philosophie Einzug gehalten. Und damit auch die „natürliche" Mutter und ihre schwärmerische Liebe zum Kind. Sophie, Emiles Ehefrau und Rousseaus Frauen-Ideal, lebt mit Freuden ihre „weibliche Natur", die dazu gemacht ist, „dem Manne nachzugeben und sogar seine Ungerechtigkeiten zu ertragen", und „ihm zu gefallen und sich ihm zu unterwerfen." [9)] Sie ist gebildet, aber nicht zu sehr.

Ein weiblicher intellektueller Schöngeist gilt als Geißel des Mannes. Sie ist eben jene sanftmütige „Traummutter", die sich ganz auf ihre hausfraulichen Pflichten konzentriert, immer dem Manne untertan, dem natürlichen Oberhaupt der Familie. Das wird sie auch ihre Töchter lehren. Sanfte, hingebungsvolle Mutter, die ihre Kinder nach den ersten Jahren mit Freuden der strengeren Erziehung des Vaters unterwirft, dem sie eine untertänige, mit Freuden abhängige Ehefrau ist.

9) Badinter, S. 193

Sein Mutter-Ideal bleibt bis in unsere Zeit hinein Leitbild. Denn zur echten Mütterlichkeit gehört ja auch diese Quadratur des Kreises, die freudige Unterwerfung unter den als überlegen akzeptierten Mann – der gleichzeitig als großes Männerkind auch selbst in den Genuß ihrer als mütterlich deklarierten Eigenschaften kommt: Opferbereitschaft, Nachsicht, Vergebung, Versorgung, Unterhaltung.

Gegen Witz, Genieflug und Schwärmerei

Die Mutter ist nun also Hüterin des Hauses und ihrer Kinder. Die gute Tochter, der gute Sohn sind der Beweis für die gute Mutter. Auch die Liebe zwischen Mann und Frau wird zur ernstzunehmenden Angelegenheit. Die romantische Liebe. Sie ist natürlich keine neue Erfindung, aber mit dem Alltag und vor allem mit der Ehe hatte sie bisher wenig zu tun. Liebe entstand bis dahin, so erzählten es zumindest die Mütter ihren Töchtern, mit etwas Glück im Laufe der Ehejahre. Die Ehe war vor allem ein Vertrag, der allen Beteiligten Vorteile verschaffen sollte: lebenslange Versorgung, Vergrößerung von Besitz, Stärkung der familiären Arbeitskraft. Liebesgefühle zwischen jungen Menschen galten als Schwärmerei, die als solide Grundlage für eine Ehe nicht ausreichten (man hat ja gesehen, wie es Romeo und Julia ergangen ist) und eher nebensächlich waren.

Doch nun betritt das große Gefühl die Bühne. Gefühlige Rührstücke voll süßer Liebe und hingebungsvoller Entsagung werden in den Salons des Bürgertums begeistert gelesen und debattiert. Eine wahre Welle von Selbstmorden folgt auf die Veröffentlichung (1774) von Goethes dramatischem Briefroman *Die Leiden des jungen Werther*, dessen Titelheld aus unerfüllter Liebe zur tugendhaften Jungfrau Lotte, die mit mütterlicher Liebe für ihre jüngeren Geschwister sorgt (!), entsagend in den Tod geht.

Die Liebe zwischen Ehegatten ist nun hoffähig, und somit auch die Liebe zum gemeinsamen Kind. Und die Mutterliebe, die nun aus der Natur kommt, wird zur Selbstverständlichkeit. Wo die Natur, die weibliche Intuition nicht ausreichen, wollen

Ratgeber den Müttern helfen, ihre verantwortungsvolle Aufgabe bestmöglich zu verrichten. Nicht mehr allein die Kirche setzt Normen, die Wissenschaft blüht, und vor allem die Ärzte machen sich Gedanken darüber, wie Kinder am besten zu erziehen seien.

Christian Wilhelm Hufeland, königlicher Leibarzt in Weimar, schreibt 1799 den Bestseller *Guter Rath an Mütter über die wichtigsten Punkte der physischen Erziehung der Kinder in den ersten Jahren*. Eine angemessene körperliche Erziehung, so seine Überzeugung, bilde auch die Seelenkräfte. Seine „vorzüglichsten Mittel" sind „kaltes Waschen, lauwarme Bäder, tagtägliches Luftbad, Reinlichkeit". Das werde auch „Witz, Genieflug, erhitzte Einbildungskraft, Schwärmerei", die „bedenklichen Symptome einer kränklichen und ungleichen Seelenreizbarkeit"[10)] beim Kinde vertreiben.

Die Bücher setzen Maßstäbe für das Bürgertum; sie stricken mit an der neuen Verantwortung der Mütter. Denn nach und nach rücken sie ins Zentrum von Wickelstube und Kinderzimmer. Unterstützt von kompetentem ärztlichen Rat kann auch die wenig gebildete (oder mit Mütterlichkeit begabte) Mutter ihre Pflicht erfüllen.

Friedrich August von Ammon, königlich-sächsischer Leibarzt und berühmter Augenchirurg, schreibt 1827 in seinem Werk *Die ersten Mutterpflichten und die erste Kinderpflege. Zur Belehrung junger Frauen und Mütter:* „Pflegt die Mutter mit eigener Aufopferung ihr Kind, und überläßt die Abwartung nur im Nothfalle einer fremden Hand, so wird, wenn sie sich dabei einer vernünftigen gewählten ärztlichen Aufsicht mit ihrem Kinde anheimstellt, das Gedeihen ihres Kindes sie für tausend Opfer, für tausend Beschwerden süß und reichlich belohnen."

Aber: „Wehe dem Mutterherzen, welchem die Vollziehung dieser Pflicht nicht süß, nicht leicht wird, wehe der Mutter, die sich nicht in jedem Verlangen des Säuglings nach ihrem Busen, in dem sichtbaren Wachstum des Kindes, in dem Lächeln nach dem Genusse, in dem Suchen seiner Händchen für die Be-

10) Zitiert nach Yvonne Schütze: Die gute Mutter. Zur Geschichte des normativen Musters „Mutterliebe", Bielefeld 1986, S. 29

schwerden zehnfach belohnt fühlt. Was ist schöner als das Bild einer glücklichen Mutter. Liebe und Sitte und wahre Kindesliebe sind das Element des Weibes! Und jede Pflichterfüllung trägt ihren Lohn, wie jede Pflichtversäumnis ihre Strafe in sich selbst.“ [11)]

Wehe dem Mutterherzen!

Das 19. Jahrhundert, in der Rückschau immer wieder als das romantische, das biedermeierliche gepriesen, ist eine harte Zeit. Vor allem ist es die Zeit der Industrialisierung und damit einer tiefgreifenden Veränderung von Familienstrukturen. Der größere Teil des Volkes, die Armen, haben von der Fron auf den Landgütern und in den Manufakturen in den 12- bis 16-Stundentag der Fabriken übergewechselt. Kinderarbeit ist schon bei Sechsjährigen zum Überleben zahlloser Familien notwendig. Für selbstlose Mutterliebe, kluge Erziehung und gemütliches Familienglück bleibt nur wenig Zeit.

Sei sauber und ordentlich

Das Leben des Bürgertums verändert sich. Wohnen und Arbeit finden zunehmend an getrennten Orten statt. Der Hausherr verläßt das Wohnhaus, um zu arbeiten. Die Mutter bleibt bei den Kindern zurück. Mit der Arbeitswelt, in die sie bisher eingebunden war, hat sie immer weniger zu tun. Die Trennung von Männerwelt und Frauenwelt wird immer vollständiger. Mit wachsendem bürgerlichen Reichtum und immer besserer Versorgung mit fabrikgefertigten Waren verliert die Hausfrau an Funktion und Wichtigkeit. Bis dahin war sie Produzentin und Managerin für eine große Hausgemeinschaft gewesen, Aufseherin über Personal, Küche, Keller und Gemüsegarten. Die Erziehung der Kinder war nur ein Teil ihrer ansonsten eher produktiven und konkret sichtbaren Arbeit. Nun wird sie immer mehr zur Repräsentantin. Und immer mehr zur Mutter.

Die Mutterpflichten werden ihr hauptsächlicher Lebensinhalt (unter dem die Versorgung von Haus und Ehemann allerdings nicht leiden darf). Die gute Erziehung der Kinder, und

11) Zitiert nach Schütze, S. 30 f.

insbesondere die der gehorsamen und tugendhaften, der hübschen und fleißigen Tochter, werden zum Gradmesser für ihren Erfolg, für ihre Fähigkeiten, für ihre brave Pflichterfüllung. Mutterschaft wird zum Beruf.

Berufstätigkeit ist nur bei Arbeiterinnen, die das so verdiente Geld zum Überleben brauchen, akzeptiert. Für eine ehrbare Frau des Bürgertums ist sie unmöglich. Zwar gilt die Erkenntnis, daß die weibliche Schädelhöhle einfach zu klein für echte intellektuelle Leistungen sei, inzwischen als überholt, aber die Natur der Frau ist doch das Häusliche, Mütterliche. Und wer weiß, ob es nicht doch stimmt, daß zu vieles Denken die Eierstöcke verkümmern läßt und die Frau vermännlicht?!

Selbst in der nun entstehenden Frauenbewegung werden Ausbildung und Beruf nur für unverheiratete Frauen gefordert. Hedwig Dohm, fünffache Mutter und als kluge Querdenkerin unter den Frauenrechtlerinnen auch in den eigenen Reihen nicht immer wohlgelitten, fällt ein klares Urteil über den Mütter-Kult der Jahrhundertwende: „Die Mutterschaft erfreut sich augenblicklich einer immensen Wertschätzung. Die Folge ist, daß selbst kaltherzige Mütter und Frauen, die gar keine Kinder haben, Mutterenthusiasmus heucheln."

Aber: „Wer von der zähen, offiziellen Erheuchelung einer Gesellschaft, deren Mund von der Heiligkeit der Mutterschaft trieft, den Schleier ziehen will, mache die Prozeßakten der Ehescheidungen zu seinem Studium. Er wird eine erschütternde Tragik erleben. Mit Entsetzen wird er wahrnehmen, wie oft man erbarmungslos einer Mutter das Kind entreißt, um es aus formalen Gründen dem Vater zuzusprechen." [12)]

Hedwig Dohm findet mit ihrer radikalen Forderung „... volle Menschen wollen wir sein, und haben wollen wir alles, was des Menschen ist: Brot und Bildung, Arbeit und Freude" [13)], nach Genossenschaftsküchen, -wäschereien und durch qualifizierte Pädagoginnen geführte Kindergärten nicht einmal in der Frauenbewegung Unterstützung.

---

12) Hedwig Dohm: Die Mütterfrage. Beitrag zur Erziehungsfrage, Berlin 1903. Zitiert nach Schütze, S. 53 f.
13) Hedwig Dohm: Erziehung zum Stimmrecht der Frau, Berlin 1910. Zitiert nach Julia Meißner: Mehr Stolz, ihr Frauen! Düsseldorf 1987, S. 63

Sie ist eine Exotin. Die Frauen sind längst in ihre Rolle hineingewachsen, und die meisten wehren jede Verunsicherung entschieden ab.

„Ich, Madame Schulz, glaube von ganzem Herzen mit allen meinen Kräften an mich selbst und meine Küche, an meine Kinderstube und meinen Waschkessel, an meinen Trockenboden und meine Nähmaschine. Alles aber was darüber ist, ist vom Übel. Ich glaube, daß wenn der liebe Gott eine Frau hätte, sie gerade so sein müßte wie ich. Ich glaube, daß die Dienstmädchen eine nichtswürdige Rasse sind. Jede Frau aber, die meine Unfehlbarkeit anzuzweifeln wagt, die meinen Anschauungen entgegen ist, oder sich mit sogenannten Ideen befaßt, erkläre ich für eine sittenlose, verabscheuungswürdige Emanzipierte, für eine Ketzerin, die von Rechts wegen gespießt und mir zu süßem Duft gebraten werden müßte. Denn ich war, und bin und werde sein – eine deutsche Hausfrau."[14)]

Dieses schon 1873 von Hedwig Dohm geschriebene satirische „Glaubensbekenntnis" zeigt den ganzen Zorn einer klarsichtigen Frau. Sie hat, Jahrzehnte bevor PsychologInnen und SoziologInnen der zweiten Hälfte des 20. Jahrhunderts dies kritisierten, erkannt, daß Frauen in Ermangelung eines anderen gesellschaftlich möglichen Lebensinhaltes gezwungen sind, sich an ihre Rolle, und schlimmer, an ihre Kinder zu klammern, um durch sie zu leben.

Mutterliebe ist endgültig zum Machtmittel geworden – gegen die Frauen. Eine Frau, die gegen die Konvention aufbegehrt, gegen den Hausherren und ihre Rolle als geduldige und stets opferbereite Ehefrau und Mutter, läuft immer Gefahr, von ihren Kindern getrennt zu werden. Und zugleich als „unnatürlich", als unweiblich zu gelten. Und wie und wovon soll sie leben? Kaum eine hat ja eine Ausbildung. Und eine Frau, der man die Kinder weggenommen hat, wird niemand als Gouvernante oder Gesellschafterin beschäftigen. Nur eine gute Mutter mit guten Kindern ist auch eine gute Frau.

---

14) Zitiert nach Meißner, S. 83

Ratgeber, bis dahin vor allem in den Salons und Kinderstuben des gebildeten Bürgertums zu finden, halten Einzug auch in die Wohnküchen der Arbeiter. Im wilhelminischen Deutschland herrschen quer durch alle Klassen die gleichen Erziehungsideale: Gehorsam, Ordnung, Sauberkeit. Anpassung an die Familienherrschaft als Übung zur Anpassung an staatliche Herrschaft. Yvonne Schütze berichtet in ihrem schon erwähnten Buch *Die gute Mutter*, daß in der sozialdemokratischen Frauenzeitung *Die Gleichheit* auf Anregung Clara Zetkins regelmäßig Ratgeber-Aufsätze zur Kindererziehung von Heinrich Schulz erschienen, die 1907 unter dem Titel *Die Mutter als Erzieherin* als Buch veröffentlicht werden. Ein echter Renner, der bis 1926 neun Auflagen erreicht.

Das Kapitel „Sei sauber und ordentlich" macht deutlich, in welchem Maße mit preußischer Strenge und patriarchalischer Arroganz aus Frauen Muttersoldaten gemacht wurden:

„Du entgegnest vielleicht entrüstet, du seiest sauber. Aber hast du nicht gestern morgen deinem Kinde wieder das Röckchen mit einer Nadel angesteckt, statt endlich den fehlenden Knopf anzunähen? Hast du nicht heute morgen wieder in großer Flüchtigkeit die Stube gekehrt, ohne gründlich die Ecken nachzusehen und den Schmutz und Staub unter Sofa und Schrank hervorzuholen? Hast du heute mittag dein Kind vom Tisch fortgeschickt und an das Waschgefäß verwiesen, als es sich mit schwarzen, schmutzigen Händen hinter seinen Teller setzte? Befindet sich in deiner Kommode alles ordnungsgemäß und übersichtlich an seinem Platze, oder liegt es noch so wüst durcheinander wie gestern, als du auf der Suche nach einem Tuche alles durchwühltest? Sind wohl gar in deinem Strumpfe noch die Löcher, über die schon vorgestern deine Kinder lachten, als dir der Schuh vom Fuße gefallen war? Du hattest keine Zeit, sagst du. Und du weißt, daß ich die Mühsal, die Pflege, die Hast einer arbeitsamen, abgerackerten Proletarierfrau kenne und würdige und deshalb vieles begreife und entschuldige. Aber fandest du nicht gestern Zeit, dir eine halbe Stunde lang auf der Straße von deiner schwarzhaften Nachbarin zur Rechten Klatsch erzählen zu lassen? Und findet deine Nachbarin auf der Linken nicht noch Zeit, obwohl sie ein Kind mehr hat als du, regelmäßig Versammlungen des Arbeiterinnenvereins zu besuchen? Und – vor allen Dingen – willst du nicht, daß deine Kinder ordentlich und reinlich im Äußeren und im Inneren werden sollen? Dafür gibt es aber kein besseres Mittel als das eigene Beispiel der Mutter und die strenge Gewöhnung der Kinder an die Ordnung von frühester Jugend an. Nur wenn du dir selbst keine Unordnung verzeihst und bei dir selbst streng auf Sauberkeit hältst, hast du ein Recht, Ordnungssinn und Sauberkeit bei deinen Kindern zu verlangen."

Eine Mutter, die liebt, putzt gründlich. Ein sauberes, gehorsames Kind, das nicht aus der vorgeschriebenen Reihe tanzt, zeugt von echter Mutterliebe.

Das neue Schuld-Prinzip

Auch die mütterliche Verantwortung für die innerpsychische Ordnung wird nun endgültig festgeschrieben.

„Im 18. Jahrhundert Helferin des Arztes, im 19. Jahrhundert Mitarbeiterin des Priesters und Lehrers, nimmt die Mutter im 20. Jahrhundert eine noch weitergehende äußerste Verantwortung auf sich – die für das Unbewußte und die Wünsche des Kindes. Durch die Psychoanalyse wird die Mutter zur ‚Hauptverantwortlichen' für das Glück ihres Sprößlings befördert. Eine entsetzliche Aufgabe, die ihre Rolle erschöpfend festlegt." [15)]

Mit der Entdeckung des Unbewußten und der Bedeutung der frühkindlichen Entwicklung ist die Mutter die alleinige Hüterin für die ersten Kinderjahre und nun auch für die seelische Entwicklung des Kindes verantwortlich. Damit sitzt sie in einer Falle, der sie kaum entkommen kann.

Die neuen Erkenntnisse der Psychologie bleiben zwar zunächst einer kleinen Schicht von Gebildeten und Begüterten vorbehalten. Aber sie werden zur Grundlage des Mutterbildes im 20. Jahrhundert. In seinen 80er Jahren wird mit der allgemeinen Akzeptanz des Prinzips Psychosomatik eine weitere

---

15) Badinter, S. 189

Schuld hinzukommen: die Schuld an körperlichen, seelischen und geistigen Erkrankungen, in die sich das Kind vor zuviel, zuwenig oder falscher Mutterliebe flüchten muß. Und eine Fehlgeburt? Ist die nicht das Ergebnis der unbewußten Ablehnung des Kindes durch die Schwangere?

Eine Frau muß sich schuldig fühlen und sich vor den Blikken der Nachbarn und Freunde fürchten, wenn nicht mehr Gott oder ein ungnädiges Schicksal Leid über die Familie gebracht haben, sondern ihre Unzulänglichkeit! Also muß sie ihre Kinder drillen, den allgemeinen Erwartungen zu entsprechen. Mutterliebe fordert harte Konsequenz schon dem Säugling gegenüber. Ein schreiendes Kind darf durch Aufnehmen und Zärtelei nicht zum Trotzkopf und Tyrannen erzogen werden: „Vom Tage der Geburt an verlangt die unentbehrliche Konsequenz der Erziehungsgrundsätze manch Überwindung des elterlichen Herzens, und hier muß der Vater direkt oder indirekt eintreten, ihm fällt diese Selbstüberwindung leichter wie der Mutter, welche im allgemeinen von der Natur zu weich ist.“ [16)]

Ein Grundprinzip der Kindererziehung, das bis in die 70er Jahre Gültigkeit behielt.

Unterwegs zum Mutterkreuz

In den 20er Jahren fällt die durchschnittliche Kinderzahl rapide von fünf auf zwei. Daran ist nicht das Erschrecken über Freuds Entdeckungen schuld, sondern der Hunger nach dem ersten großen Krieg – und die explosionsartig zunehmende Berufstätigkeit der Frauen.

Aber Arbeit ist knapp. Was ist praktischer, als der berufstätigen Frau jegliche Mutterliebe abzusprechen?

Frauen, die schwanger werden, verlieren in den 20er Jahren ihren Arbeitsplatz. Jedenfalls verheiratete Frauen. Sie sind nun Mutter, haben den Auftrag ihrer Bestimmung gemäß zu erfüllen, sich ausschließlich dem Kind, den Kindern zu widmen. Und natürlich der Versorgung von Haushalt und Ehemann.

16) Kinderarzt Bayerthal 1897. Zitiert nach Schütze, S. 70

Noch bis zur Eherechtsreform 1977 hat der Ehemann nach dem Bürgerlichen Gesetzbuch des Deutschen Reiches und später der Bundesrepublik Deutschland das Recht, seiner Frau Berufstätigkeit zu verbieten. Denn, so hieß es im Paragraphen 1356 ‚Stellung der Frau; Mitarbeitspflicht des Ehegatten‘:

„(1) Die Frau führt den Haushalt in eigener Verantwortung. Sie ist berechtigt, erwerbstätig zu sein, soweit dies mit ihren Pflichten in Ehe und Familie zu vereinbaren ist.

(2) Jeder Ehegatte ist verpflichtet, im Beruf oder Geschäft des anderen Ehegatten mitzuarbeiten, soweit dies nach den Verhältnissen, in denen die Ehegatten leben, üblich ist.“

Mitarbeit des Mannes in Haushalt und Kindererziehung ist – egal in welchen Verhältnissen – kaum üblich.

1923 wird der Muttertag, einige Jahre zuvor von geschäftstüchtigen Blumenhändlern in den USA erfunden, vom amerikanischen Kongreß zum Staatsfeiertag erklärt und – von der Heilsarmee weltweit propagiert – auch in Deutschland eingeführt. Unter dem Schlagwort ‚Ehret die Mutter‘ wird versucht, die Frauen, die trotz aller Diffamierungen immer mehr Geschmack am Berufsleben finden, wieder auf ihre ‚natürliche Bestimmung‘ zu verpflichten: „Im trauten Kreise unserer Lieben wollen wir der Mutter aussprechen, was unser Herz für sie bewegt. Wir wollen ihr aufs neue geloben, in Treue und Hingebung zu ihrer Freude und zu ihrer Ehre unser Tagwerk zu tun. Aus den Tiefen der Mutterseele soll unser besseres Selbst neue Kraft und neuen Mut schöpfen.“ [17)] Das spricht für sich.

„Was der Mann an Opfern bringt im Ringen eines Volkes, bringt die Frau an Opfern im Ringen um die Erhaltung dieses Volkes. Was der Mann einsetzt an Heldenmut auf dem Schlachtfeld, setzt die Frau ein in ewig geduldiger Hingabe, in ewig geduldigem Leid und Ertragen. Jedes Kind, das sie zur Welt bringt, ist eine Schlacht, die sie besteht für das Sein oder Nichtsein ihres Volkes.“ [18)]

---

17) Verbandszeitung Deutscher Blumengeschäftsinhaber, 17.4.1923. Zitiert nach Hanna Vollmer-Heitmann: Wir sind von Kopf bis Fuß auf Liebe eingestellt, Hamburg 1993, S. 143
18) Zitiert nach Harald Focke/Uwe Reimer: Alltag unterm Hakenkreuz, Reinbek 1979, S. 121

Adolf Hitler und seine Anhänger und Förderer haben 1933 die Macht übernommen, und aus Müttern werden nun Muttersoldaten. Zunächst. Später werden aus ihnen Soldatenmütter, aber das glauben die meisten von ihnen jetzt noch nicht. Die Nationalsozialisten marschieren und scheuchen die Frauen zurück an Waschtrog und Herd, ins Ehe- und – vor allem – Wochenbett. Aber nur solange sie nicht als billige Arbeitskräfte gebraucht werden. In den „natürlichen" Arbeitsbereichen der Frau, Landwirtschaft, Hauswirtschaft und verwandten Tätigkeiten, werden sie so willkommen geheißen wie wenige Jahre später in den Munitionsfabriken. An den Universitäten hingegen gibt es einen strengen Numerus clausus für Frauen. Nachdem die Zahl der Studentinnen in der Weimarer Republik schlagartig zugenommen hatte und 1932 zum Beispiel in Preußen auf einen Anteil von 27,2 Prozent gestiegen war, gilt ab 1933 an deutschen Hochschulen eine Begrenzung für weibliche Studenten auf einen Anteil von zehn Prozent.

Der Führer will Kinder, er will viele Kinder. Am 6. Januar 1937 meldet die *Frankfurter Zeitung*, das Rassenpolitische Amt der NSDAP habe die Reichskammer der Bildenden Künste gerügt, weil die deutsche Familie überwiegend mit ein oder zwei Kindern dargestellt werde. „Der Nationalsozialismus bekämpfe mit Nachdruck das Zwei-Kinder-System, da es das deutsche Volk unrettbar dem Untergang zuführe. Er vertrete die Forderung nach mindestens vier Kindern in jeder Familie, um die heutige Bevölkerungszahl wenigstens zu halten. Wo immer die künstlerische Notwendigkeit es erlaube – und das werde in der Mehrzahl der Fälle möglich sein –, solle auch der bildende Künstler, besonders der Maler und Gebrauchsgraphiker, sich das Ziel setzen, im Rahmen der künstlerischen Gestaltungsmöglichkeiten wenigstens vier deutsche Kinder zu zeigen, wenn eine Familie dargestellt werde." [19)]

Das „Ehrenkreuz der deutschen Mutter" mit der Inschrift „Das Kind adelt die Mutter" wird alljährlich am 12. August verliehen, dem Geburtstag von Hitlers Mutter: ab vier Kindern in

19) Focke/Reimer, S. 128

Bronze, ab sechs in Silber, ab acht in Gold. Familien mit mindestens vier Kindern unter 16 Jahren bekommen großzügige Beihilfen und zinslose Darlehen. Abtreibung ist nun Sabotage gegen Deutschlands rassische Zukunft und wird mit Gefängnis bis zu 15 Jahren bestraft. Im Scheidungsreformgesetz von 1938 gelten Nachwuchsverweigerung und Unfruchtbarkeit ebenso wie Ehebruch, Geisteskrankheit oder ernste ansteckende Krankheiten als Scheidungsgrund. 1938 werden Straf-Steuersätze für Verheiratete eingeführt, deren Ehe mehr als fünf Jahre kinderlos geblieben ist. Ehefrauen, die sich darüber beklagen, daß die Männer sie mit ihrem Kindersegen zu oft alleine lassen, um sich den nationalsozialistischen Aktivitäten zu widmen, werden harsch zurückgewiesen. Eine „Ehefrau, die deswegen Schwierigkeiten mache, gebe Veranlassung zur Scheidung."[20)]

Eine Kontaktanzeige aus den *Münchener neuesten Nachrichten* vom 25. Juli 1940 spricht für sich: „Zweiundfünfzig Jahre alter, rein arischer Arzt, Teilnehmer an der Schlacht bei Tannenberg, der auf dem Lande zu siedeln beabsichtigt, wünscht sich männlichen Nachwuchs durch eine standesamtliche Heirat mit einer gesunden Arierin, jungfräulich, jung, bescheiden, sparsame Hausfrau, gewöhnt an schwere Arbeit, breithüftig, flache Absätze, keine Ohrringe, möglichst ohne Eigentum."[21)]

Schlüsselkinder und Phasen-Frauen

Als der Krieg zu Ende ist, als die ersten Jahre in Trümmern, Kummer, Hunger und Ungewißheit vorbei sind, beginnt in den drei West-Zonen Deutschlands ein unvorstellbarer Aufschwung. Mit Hilfe der USA, denn die wollen ein starkes West-Deutschland als Handelspartner und als Bollwerk gegen die UdSSR. In der Ost-Zone, von Reparationsleistungen an die Sowjetunion ausgeblutet, dauert alles länger. Aber in ganz Deutschland ist nach den Kriegsjahren die Familie der einzige Ort, der Sicherheit und Geborgenheit verspricht. Die Mutter ist ihr guter Mittelpunkt. Die Ehefrau wird von ihrem Mann

20) Berliner Zeitung 1937. Zitiert nach Focke/Reimer, S. 129
21) Zitiert nach Focke/Reimer S. 121 f.

gern mit Mama angeredet. Im Grunde hat sich an der bis dahin herrschenden Mutter-Ideologie nichts geändert. Muttersein und Mutterliebe gilt als höchstes und natürliches Gut der Frauen – aber wenn Arbeitskräfte gebraucht werden, gehört es auch zur Rolle der guten Mutter, für das Familieneinkommen außerhalb des Hauses zu arbeiten. Das bis heute vorherrschende Drei-Phasen-Modell wird entdeckt und propagiert: Berufstätigkeit bis zur Heirat oder Geburt des ersten Kindes, Hausfrau und Mutter, schließlich die Rückkehr in den Beruf.

Schon damals ist dieses Modell eine Falle. Die Rückkehr in den Beruf ist nach den Kinderjahren in den von der Vollbeschäftigung bestimmten 60er Jahren zwar einfacher als heute, ist aber immer Berufstätigkeit mit halber Kraft und Rückkehr in eine Berufswelt, die sich schon wieder stark verändert hat. Das bedeutet Unsicherheit, noch mehr Last für das schwache Selbstbewußtsein. Die Berufswahl steht unter dem einschränkenden Motto ‚Du-heiratest-ja-doch', und eine Berufskarriere gehört für Frauen kaum zur Lebensplanung. Die Doppelbelastung, die tatsächlich eine Mehrfachbelastung ist, wird zum Begriff: Mutter, Ehe- und Hausfrau, Berufstätige.

Mütter leben in einem Spannungsfeld, in dem sie wenig Erfolgsaussichten haben. Als Berufstätige stehen sie immer im Verdacht, nicht genug für ihre Kinder zu sorgen. Jede schlechte Schulnote, jeder böse Kinderstreich wird zum Beweis. Als Mutter stehen sie immer im Verdacht, ihre Berufstätigkeit „nur nebenher" zu erledigen. Karriereförderung bei Frauen kann da keinen Sinn haben. Als weiblicher Karriere-Erfolg gelten erfolgreiche Kinder und die Karriere ihres Mannes, die sie durch ihre Rolle als absolute Versorgerin – nicht zuletzt auf emotionaler Ebene – mit ermöglichen.

Verantwortlich für die Entwicklung ihrer Kinder ist ganz allein die Mutter, Muttersein und Schuld sind untrennbar miteinander verbunden. Wer ein „Schlüsselkind" zu Hause hat, muß sich nicht wundern, wenn der Junge zum Tunichtgut, die Tochter vor der Hochzeit schwanger wird.

Die Psychologie und ihre neuen Erkenntnisse beschäftigen nun auch bald die Öffentlichkeit. Die ersten Lebensjahre eines Kindes, in der Regel ausschließlich in Gesellschaft der Mutter verbracht, werden als prägend für das ganze Leben beschrieben. Die Verantwortung (und damit Schuld) der Mütter für alle kindlichen Störungen und Normabweichungen wird mit den 70er Jahren allgemein akzeptiert.

Das Private war bis dahin tabu gewesen, die Mutter nach jahrzehntealter Tradition ein Zwitter aus duldsamer Magd und Heiligtum. Unangreifbar stand sie auf einem staubigen Sockel, einsam, in trügerischem Glanz, mit diesem Lächeln aus Leiden, Sanftmut und Duldsamkeit. Auch wenn sie längst eine vollautomatische Küche zur Verfügung hatte, sogar wenn sie berufstätig war und mit Begeisterung Jeans trug – tief in den Köpfen steckte noch immer das alte Lesebuch-Bild: die Frau mit den goldenen Flechten im hochgeschlossenen Kleid, das große Brot vor der vollen Brust, Scheibe um Scheibe abschneidend für die hungrigen Kinder. Mutter, die große Nährerin, immer gerecht, immer verständnisvoll. Ein nie versiegender Quell von Wohltaten.

Der Schlager „Mama", von Heintje, einem herzigen Jungen gesungen, wird ein absoluter Hit. Er löst zwei Sehnsüchte aus: Die Sehnsucht der Mütter nach dieser begeisterten Dankbarkeit eines Kindes. Und die Sehnsucht nach dieser wunderbaren, verehrungswürdigen Mutter, von der alle träumen. Auch die Mütter. Ein Phantom.

Schönheit der Mutterschaft oder Labyrinth der Werte?

Simone de Beauvoir allerdings hatte Mutterinstinkt und Mutterliebe als biologische Selbstverständlichkeit schon in Frage gestellt. Und in zwei Sätzen auf den Punkt gebracht, warum die Sache mit der Mutterschaft für die (Männer-)Gesellschaft so praktisch ist: „Um die Frauen zur Gratisarbeit zu bringen, kann man ihnen nicht die Schönheit und Mystik zum Beispiel des Geschirrspülens preisen oder des Wäschewaschens. Also predigt man ihnen die Schönheit der Mutterschaft."[22]

22) Zitiert nach Alice Schwarzer: Der kleine Unterschied, Frankfurt a. M. 1975, S. 219

Die Deutsche Gesellschaft für Ernährung errechnet, daß Frauen Ende der 60er Jahre im Haushalt jährlich 45 bis 50 Milliarden Stunden Gratisarbeit leisten. (Die gesamte Lohnarbeit in der BRD beträgt 52 Milliarden Stunden.) Es ist ja nicht nur Arbeitszeit, die die Mütter belastet. Die seelische Belastung bedeutet noch mehr Streß als die Hetze zwischen Büro oder Fabrikhalle, Küche, Supermarkt und Elternsprechstunde. Psychopharmaka, von den Rolling Stones bitterböse „Mothers little helper" genannt, verkaufen sich glänzend. Sie helfen den Frauen, die sich in ihrem Rollen-Labyrinth überfordert und eingesperrt fühlen, stillzuhalten statt sich auf die Suche nach einem selbstbestimmteren Leben zu machen.

Ab Mitte der 60er Jahre bekommen die Mütter noch eine weitere Aufgabe. Das Stichwort Chancengleichheit macht die Runde, ursprünglich ist es als Ansporn und Unterstützung der intellektuellen Förderung von Unterschichtskindern gedacht. Aber ganz besonders Mittelschichtsmütter fühlen sich nun aufgefordert, ihre Kinder so früh wie möglich und so gründlich wie möglich zu fördern. Eine gute Mutter schickt ein frühreifes Kind in die Vorschule. Nur einer schlechten Mutter ist es egal, wenn andere Kinder das kleine Einmaleins früher können als ihres: „Wollen Sie nicht auch, daß Ihr Kind am Ende der Vorschulzeit über dieselben Chancen für den nun folgenden Wissenserwerb verfügt wie andere Kinder, die aus einem guten Elternhaus kommen?"[23] lautet die Frage in einem Vorschul-Ratgeber aus dem Jahr 1969.

Und die Mütter, die ihren Kindern, nun erstmals auch ihren Töchtern, die optimale Bildung ermöglichen wollen, rackern sich ab. Ein Kind, das die Aufnahmeprüfung für das Gymnasium nicht schafft, hat im Zweifelsfall eine Mutter, die sich nicht genug bemüht hat.

Durch den technischen Fortschritt hätten es die Mütter und Hausfrauen doch nun einfacher, wird ihnen eingeredet. Die Realität jedoch ist, daß Hausfrauen für den höheren Anspruch an Erziehung und Betreuung der Kinder, den kompli-

23) Zitiert nach Schütze, S. 119.

zierter werdenden Haushalt und den immer anspruchsvolleren Freizeitbereich immer mehr Zeit investieren müssen.

Mütter sitzen nun in einer subtilen Falle. Berufstätigkeit für Frauen ist durchaus gefragt. Wenn eine auf die Frage nach ihrem Beruf antwortet, sie sei „nur Hausfrau", tut sie das verschämt. Oder trotzig. Frauen müssen aber nach wie vor gute Mütter und vollendete Hausfrauen sein, das vor allem. Aber von der modernen Frau wird erwartet, daß Sie sich auch anderweitig engagiert.

Um so mehr, als eine Frau nun ja nicht mehr zwei, drei, vier oder fünf Kinder zu versorgen hat, sondern im Durchschnitt nur noch eins oder zwei. Die Pille hat den Frauen zum ersten Mal eine zuverlässige Möglichkeit gegeben, über ihre Fruchtbarkeit selbst zu bestimmen. Der „Pillenknick" macht den Politikern bald große Sorgen: „Wie wollen wir bei der Geburtenrate von heute in 25 Jahren unsere Natoverpflichtungen erfüllen? Für mich ist die Frage der Familienpolitik die zentrale Frage der staatlichen Politik", mahnt Bundeskanzler Helmut Kohl.[24)]

Die Sache mit der Nato interessiert die meisten Frauen vermutlich wenig. Sie interessiert viel mehr, wo, wie und von wem sie Unterstützung bei der Erziehung und Betreuung ihrer Kinder finden können.

In den 70er Jahren beginnt eine neue Diskussion um die richtige Erziehung. Die Kinderladen-Bewegung mit der Forderung nach antiautoritärer Erziehung betrifft in der Praxis zwar nur einen verschwindend kleinen Teil der Familien, vor allem in Großstädten, sie wird aber in der Öffentlichkeit leidenschaftlich diskutiert.

Mein Bauch gehört mir!

Mit der neuen Frauenbewegung wird das „Muttern" radikal angeprangert – und damit auch die Mütter. Und die Unterdrückung der Frau durch die ihr zugewiesenen engen Rollenmuster. Es wird überhaupt viel angeprangert. Egal, für welche

24) Zitiert nach Britta Reiche: Wenn Töchter Mütter werden – Über die Produktion weiblicher Identität. Unveröff. Dipl.-Arbeit FB Psychologie der Univ. Hamburg 1984, S. 40.

Rolle Frauen sich entscheiden – irgendwer weiß immer, daß sie sich falsch entschieden haben. Zwar ist in der Frauenbewegung nur ein winziger Teil der Frauen aktiv, sie bewegt dennoch die Nation und rüttelt an den alten, festgefahrenen Normen. In der Diskussion um den Paragraphen 218, der einen Schwangerschaftsabbruch gesetzlich nur erlaubt, wenn eine Frau durch die Schwangerschaft gesundheitlich gefährdet ist, gehen die Wogen hoch. 1971 zeigen sich 374 prominente Frauen, vor allem populäre Künstlerinnen, selbst an und machen ihr Bekenntnis in der Illustrierten *Stern* zu einer öffentlichen Protestaktion. 1976 wird der Paragraph liberalisiert – die Diskussion darüber hat bis heute kein Ende.

Das „Mütter-Manifest“, von „grünen Frauen“ 1987 proklamiert und eine Mischung aus einer Renaissance des romantischen Mutterbildes und Forderung nach mehr Anerkennung und Engagement für Mütter und Kinder, steht für eine kurze Welle „neuer Mütterlichkeit“. Es ist bald wieder vergessen. Vor allem für die knapp zwei Millionen alleinerziehenden Mütter ist die Wahl zwischen „natürlichem Lebensrhythmus“ und „entfremdeter Lohnarbeit“ nicht mehr als ein Denkspiel. Ohne Lohnarbeit können die meisten sich und ihre Kinder kaum ernähren.

Der Mutter-Mythos lebt

Frauenleben hat sich in diesem Jahrhundert radikal verändert. Aber der Mutter-Mythos lebt. Die Forschung hat zwar bewiesen, daß Männer, die die Mutterrolle übernehmen, genauso gut „muttern“ und genausoviel (Mutter-)Liebe entwickeln wie Frauen. Wir wissen inzwischen auch, daß Mutterliebe kein genetisches Gut ist, das bei allen Frauen in gleicher Intensität entsteht. Dennoch erwarten wir von Müttern noch immer, daß sie dem alten Mythos der perfekten allzeit liebebereiten Mutter entsprechen. Dem kann sich kaum eine Frau entziehen. Viele leiden zwar unter diesem Zwang, werden aber dennoch wütend, wenn diese „Zuständigkeit“ in Frage gestellt wird. Das Muttersein ist schließlich das einzige, was sie den Männern tatsächlich voraus haben.

Aber Frauen stellen die vorgegebenen Muster auch immer mehr in Frage. Mit dem Beginn der intensiven Frauenforschung begann in den 70er Jahren die Suche nach anderen Wurzeln weiblicher Identität. Zahllose Frauen, die als Wissenschaftlerinnen, Politikerinnen oder Unternehmerinnen Großes geleistet haben, wurden aus der Vergessenheit geholt, das Matriarchat, die weisen Alten, die Göttinnen wurden wiederentdeckt, eine neue Sicht der alten Mythen rückte ins Blickfeld. Jede Kultur hatte solche Leitfiguren. Vielfach belächelt und verspottet, hatte die Suche nach den starken weiblichen „Ahninnen" ganz unauffällig doch eine große Wirkung. Zu einem Geschlecht zu gehören, das nicht nur aus duldenden unterdrückten Müttern und Mägden bestand, sondern auch aus Frauen, deren Beruf über die Mutterschaft hinausging (ohne ihn auszuschließen), gab ein Gefühl größerer Stärke. Denn offensichtlich brauchen wir Mythen, sie entsprechen offenbar einem zutiefst menschlichen Bedürfnis: um Gegenwart zu verstehen, Realität zu ertragen, das Leben sicherer und auch schöner zu machen. Erklärbarer. Wo uns unsere Rationalität heute verbietet, an Götter, Hexen, Feen und Helden zu glauben, übertragen wir sie auf Film- und Fernsehstars. Da wird Schneewittchens Stiefmutter zu Joan Collins, Herkules zu Arnold Schwarzenegger, Apoll zu Richard Gere, Frau Holle zu Mutter Beimer.

Aber Mythen sind auch Ausdruck ganz realer Machtverhältnisse. Es wird Zeit, mit dem Mutter-Mythos ehrlicher umzugehen, ihn nicht mehr zu benutzen, um Frauen auszubeuten, indem wir sie mit der Kinder- und Hausarbeit allein lassen. Nichts gegen die Mutterliebe, ohne sie gibt es kein Leben. Aber solange Mutterliebe als biologischer Automatismus verstanden wird, solange sie für Schuld, Verzicht und Zwang zur Unfehlbarkeit steht, nimmt sie zahllosen Frauen ihre eigene Identität. Und ihren Kindern die Chance, mit einer selbstbewußten, zufriedenen Mutter aufzuwachsen. Die aber ist noch immer die beste Voraussetzung für eine gute Kindheit.

IV. KAPITEL

Alle Schuld den Müttern!

Wie Schuldgefühle entstehen, und warum gerade Frauen so anfällig für sie sind

Zeige mir jemanden, der keine Schuldgefühle empfindet, und ich werde dir beweisen, daß es keine Frau sein kann.

HARRIET GOLDHOR LERNER
Zärtliches Tempo (1989)

Dieses Kapitel sollten Sie *unbedingt* lesen. Doch, wirklich, es ist wichtig. Für Sie und für Ihre Familie. Sie haben keine Lust, sich mit diesem blöden Thema zu befassen? Das ist natürlich ganz allein *Ihre* Entscheidung. Sie müssen wissen, ob Sie gerade dieses wichtige Kapitel, das Ihnen sicher helfen wird, bei der Erziehung Ihrer Tochter weniger Fehler zu machen, auslassen wollen ...

Wenn Sie jetzt seufzen, nach der Zigarette greifen (Sie wollten doch nicht mehr soviel rauchen!) und dieses nagende Gefühl heraufziehen spüren, gehören Sie, wie die Mehrzahl der Frauen, zur Schuldgefühl-Fraktion – und der Trick hat mal wieder funktioniert. Sie werden anfangen, etwas zu lesen, auf das Sie gerade keine Lust haben. Sie könnten ja sonst ertappt werden, sich nicht genug um Ihre Pflichten bemüht zu haben. Sie haben zwar über die Sache mit der Schuld schon eine Menge gelesen und die angenehmeren Themen dieses Buches würden Sie mehr erfreuen. Es kann Ihnen auch völlig egal sein, ob irgend jemand es falsch oder richtig findet, wenn Sie dieses Kapitel lesen. Und ertappen kann Sie sowieso niemand. Aber die Mahnung an Ihre Pflichten und die Angst, leichtfertig zu sein, wenn Sie diese Seiten überblättern, reichen, um Sie wenigstens einen Blick hineinwerfen zu lassen.

Wenn Sie sich jetzt allerdings nur über meine Impertinenz geärgert haben, sind Sie weiter als die meisten von uns.

In der Bibel steht: Niemand ist ohne Schuld. Wir fassen heute den Satz moderner und sagen: Niemand, ganz besonders keine Frau, ist ohne Schuldgefühl. Das ist schon seit dieser uralten Geschichte mit Eva und dem Apfel so.

Schuld ist ein häßliches Wort, und Schuldgefühle gehören zum Quälendsten, was wir empfinden können. Und für Frauen – so scheint es – zum Alltäglichsten. Natürlich gibt es auch „schuldgefühlige" Männer, aber die sind für ihr Geschlecht nicht typisch.

Wenn Sie zu der Fraktion mit dem Seufzer und der Zigarette gehören – wie soll ich nun weiterschreiben? Wenn ich Sie jetzt doch und diesmal ernsthaft auffordere, dieses Kapitel zu lesen, könnte ich Ihnen Schuldgefühle machen. Das könnten Sie mir wütend vorwerfen und wiederum bei mir Schuldgefühle auslösen, was Ihnen wiederum neue Schuldgefühle bereiten könnte und ...

Lesen Sie dieses Kapitel trotzdem, weil es Ihnen am Ende vielleicht ein wenig hilft, einfach mal auf dieses blöde Gefühl zu pfeifen. (Könnte aufmüpfigen Geistern Spaß machen!) Natürlich nur ganz vorsichtig, aber immerhin. Oder Sie können sich vielleicht nach und nach von dem einen oder anderen Anfall von Schuldgefühlen verabschieden. Nicht sofort, aber Schritt für Schritt.

Wenn Ihnen dieser ketzerische Gedanke gefällt und deshalb gleich wieder ein Schuldgefühl in Ihnen hochkrabbelt, war das schon Lektion Nummer 1: Manche Schuldgefühle sind einfach albern und überflüssig. Lektion Nummer 2 schließt sich direkt an: Gerade diese Art von Schuldgefühlen verhindert besonders gut, hinter ihre Maske zu sehen und sie so loszuwerden. Oder sie doch zumindest auf das ihnen zustehende kleine Maß zu reduzieren. Aber soweit sind wir noch nicht. Fangen wir mit dem Anfang an.

Woher kommen bloß diese dämlichen Schuldgefühle?

Sie fallen nicht vom Himmel, und auch ein Schuld-Gen ist bisher nicht entdeckt worden. Irgendwo haben wir sie aufgesammelt, irgend jemand hat sie uns mitgegeben.

Nach den Theorien Sigmund Freuds entsteht das Gewissen, dieser Regulator von falsch und richtig, beim Kind durch mütterliches Mißfallen oder durch mütterliche Anerkennung. Da der Verlust der Mutter für ein Kleinkind, vor allem, wenn es die Mutter als einzige Betreuungsperson erlebt, lebensbedrohliche Dimensionen hat, ist die Wirkung existentiell. Die Angst vor dem „Liebesverlust“ beginnt, zur großen Macht zu werden, die viele Menschen und ganz besonders Frauen ihr Leben lang begleiten und im Zweifelsfall einengen wird.

Schon zwischen dem dritten und sechsten Lebensjahr, in der sogenannten ödipalen Phase, hat das Kind gelernt, sich für gewünschte oder geplante Gebotsübertretungen schuldig zu fühlen. Die Gebote und das Vorbild der Eltern regulieren so sein Handeln. Der heimliche Zensor im Kopf, von Freud Über-Ich genannt, überwacht und kanalisiert die „Triebe“, die eigentlichen, unverfälschten Wünsche des Ich.

Wir sind daran gewöhnt, die Mütter als die ewig sprudelnde Quelle für die Qual mit der Schuld anzusehen. Anstatt sich gegen diesen Vorwurf zu wehren, übernehmen Frauen ihn. Schuldbewußt. Der Schuh ist uns zwar ein bißchen zu groß, aber wir stopfen ihn aus und rufen bereitwillig: Paßt genau!

Besonders Mütter saugen alle Schuldzuweisungen auf wie ein Schwamm. Sie fühlen sich schuldig, wenn ihr Kind eine Erkältung hat oder eine Fünf im Zeugnis, wenn sie eine Tochter anstatt des gewünschten Sohnes geboren haben, wenn das Kind unmusikalisch ist oder ein ausgeprägtes Faible für Wandmalereien im Wohnzimmer hat, zur Unzeit schreit oder keine Lust zeigt, in Vaters Karrierefußstapfen zu treten. Sie fühlen sich schuldig, wenn es am Tag des Kindergeburtstags regnet. Oder, oder, oder – am besten, Sie ergänzen die Liste selbst.

Vergessen Sie aber auf keinen Fall das Schuldgefühl darüber, daß Sie Ihre Neigung, sich ständig schuldig zu fühlen, an Ihre Tochter weitergegeben haben.

Gleichzeitig plagen uns Schuldgefühle gegenüber der eigenen Mutter. (Manchmal sitzt uns da auch der Vater im Genick, aber sehr viel seltener.)

Am gemeinsten aber sind die frei flottierenden Schuldgefühle, die kein konkretes Gegenüber haben: Weil wir wieder nicht alles geschafft haben, was auf dem Tagesplan stand, weil wir wieder ein Pfund zugenommen haben, weil wir einen aufregenden Traum mit dem falschen Mann hatten, schon wieder einen Regenschirm verloren oder Nachteiliges über Frau Meier verbreitet haben. Es war die Wahrheit, und Frau Meier wird nie davon erfahren. Aber hätte frau nicht einfach den Mund halten können? War es wirklich nötig, sich wieder mit Tratsch aufzuhalten? Unsinn, sagt der Kopf, kein Grund, sich irgendwie schuldig zu fühlen. Gegen wen denn überhaupt? Egal, sagt der Bauch, das war einfach nicht nett! – und schickt Wellen von Selbstekel und Reue auf die Reise durch den Körper und bis in die letzte Ecke der Seele.

Schuldgefühle immerdar. Sie können Übelkeit verursachen, Schlafstörungen oder dauernde Spannungen (Streß). Sie sind wie ein klebriges Netz, das sich – mehr oder weniger engmaschig – wie eine Barriere vor die Realität und damit vor Vitalität und Lebenslust legt. Schuldgefühle sind ein seelisches Stoppschild. Sie blockieren uns dabei, herauszufinden, welches Leben wir wirklich wollen, wieviel wir erreichen können und was uns tatsächlich wichtig ist. Sie sind geheime Kontrolleure von großer Macht, die verhindern, daß Leben spontan und überraschend werden kann. Schuldgefühle provozieren den fatalen Effekt der „sich selbst erfüllenden Prophezeiung". Wer ständig schuldbewußt ist, verhält sich auch so und bekommt auch bald Schuld zugeschoben.

Woher oder von wem also kommen sie, was ist ihr Sinn (irgendeinen müssen sie doch haben!), warum ist es so schwer, sie loszuwerden? Und warum nisten sie sich so besonders gern und hartnäckig in den Köpfen von Frauen ein?

Im Prinzip sind Schuldgefühle eine sinnvolle Einrichtung der menschlichen Psyche. Sie gehören zu dem Mechanismus, der Gut und Böse, Richtig und Falsch reguliert. Als Teil des moralischen Empfindens sind sie notwendige Wächter, die für die Einhaltung der Spielregeln im sozialen Leben sorgen. Wer einen anderen verleugnet, ihm Geld stiehlt oder das Haus anzündet, jemandem den Schädel einschlägt oder einfach zusieht, wie jemand hilflos ertrinkt, hat gute Gründe für Schuldgefühle, denn er hat sich schuldig gemacht. Um diese Art von Schuldgefühlen, um die sinnvollen und tatsächlich begründeten, die dem Alltag und dem menschlichen Zusammenleben durchaus förderlich sind, um die geht es hier aber nicht!

Hier geht es um die Qual mit der Pseudo-Schuld, hinter der das diffuse Gefühl steht, Erwartungen nicht entsprochen, Hoffnungen und Normen nicht erfüllt, mal wieder etwas falsch gemacht zu haben!

Schuldgefühle – aber wo ist die Schuld?

Das Gefühl von Schuld wegen ganz alltäglicher Unzulänglichkeiten oder Wünsche ist ein Passagier, der auf dem falschen Schiff reist.

Warum sollte man sich schuldig fühlen, weil ein Regenschirm verlorengegangen ist, weil die Jüngste eine Fünf heimgebracht hat oder weil ein schöner fremder Mann durch heiße Träume geistert? Regenschirme gehen ständig verloren, das ist einer ihrer hervorstechendsten Eigenschaften, für die Fünf sind doch eher die Schule und die Jüngste selbst zuständig, und ein aufregender Traum ist angenehm, weder Ehebruch noch öffentlicher Skandal. Selbst die Geburt einer Tochter anstatt des ersehnten Sohnes für die Fortführung des Familienstammbaumes hängt nicht von weiblicher Kraft, sondern vom kleinen Y in der Chromosomenreihe des Mannes ab.

Wer ständig Angst vor Schuldgefühlen haben muß, wird alles tun, um Situationen zu verhindern, in denen sie wieder ausbrechen. Das bedeutet, sich selbst ins Gefängnis zu schicken. Aber es bedeutet auch, zornig auf Menschen zu sein, die solche Situationen auslösen. Das fängt beim Zorn auf die Jüngste (die mit der Fünf) an und kann bei Männern zu Zorn und Verachtung führen gegen als verführerisch empfundene Frauen. Der schlimmste Auswuchs dieser Wut war die Folterung und Verbrennung von Abertausenden von „Hexen".

Hinter den bewußten Schuldgefühlen wegen Regenschirm und Co. stecken die eigentlichen, die unbewußten: Die verdrängte Angst und wütende Verzweiflung über „Verbrechen" in der Kindheit:

1. Ich bin nicht so gewesen, wie ich hätte sein sollen.

Unterabteilungen: nicht fleißig, gehorsam, niedlich, sportlich, hilfsbereit, intelligent, fromm, bescheiden, tüchtig genug; zu frech, frühreif, häßlich, egoistisch, laut, dumm, unzuverlässig, unehrlich. Und so weiter.

2. Ich war die Ursache, daß es meinen Eltern nicht gutging. Unterabteilungen: Meinetwegen konnten meine Eltern sich nichts leisten, mußte meine Mutter bei meinem Vater bleiben oder umgekehrt, mußte meine Mutter auf Berufstätigkeit verzichten, mußte mein Vater Überstunden machen, bis er einen Herzinfarkt bekam. Und so weiter.

Die Liste ist individuell zu ergänzen. (Sie mögen das nicht? Tun Sie's. Es ist der erste Schritt festzustellen, wie absurd diese Verbrechen sind, und zwischen echten und falschen Schuldgefühlen zu unterscheiden.)

Mißbrauchte, geschlagene oder offen abgelehnte Kinder erfahren diese Botschaften natürlich am deutlichsten. Sie fühlen sich ihr Leben lang minderwertig. Sie versuchen, die Welt um sich herum durch übermäßige Anpassung von ihrem Lebensrecht zu überzeugen, oder bleiben oft auch als Erwachsene die zornigen, verzweifelten Kinder, die mit Depression, Aggression und „abweichendem Verhalten" dem Zorn und der Scham über die erlittenen Verletzungen und Demütigungen ein Ventil schaffen, oder wenigstens ihrem negativem Selbstbild entsprechen – weil sie kein anderes entwickeln konnten.

Auch in weniger destruktiven Familien werden Kinder beschimpft, herabgesetzt oder gnadenlos kritisiert. Offene Botschaften wie „Du machst alles falsch!", „Du bist eben unverbesserlich!" oder „Was habe ich mir mit dir bloß angetan?" schlagen tiefe Wunden, aber sie sind klar und bieten eine Angriffsfläche, gegen die ein Kind sich – vielleicht – wehren kann.

Natürlich kommt so etwas in jeder Familie, in jeder Beziehung, in jeder Gruppe mal vor. „Eltern brauchen sich keine Sorgen zu machen", so der US-amerikanische Psychologe Lewis Engel,[1)] „wenn sie sich gelegentlich dabei ertappen, wütend zu einem Kind etwas zu sagen, das man als kritisch, herabsetzend oder demütigend deuten könnte. Wenn dies selten

1) Lewis Engel/Tom Ferguson: Unbewußte Schuldgefühle, Zürich 1992, S. 100.

geschieht, und wenn die Eltern sich dafür entschuldigen können, verursachen solche Kommentare vermutlich keine bleibenden Schäden. Die Botschaften, die schädliche, unbewußte Überzeugungen bilden, sind diejenigen, die häufig durch die gesamte Kindheit hindurch wiederholt werden."

Die geheimen oder indirekten Botschaften sind es vor allem, die die diffusen Schuldgefühle hinterlassen. Sie sind nicht klar zu erkennen, und entstehen oft nur in der Phantasie der Kinder als Interpretation schweigender Botschaften. Und aus der Lüge. Kinder spüren sehr genau, wenn Eltern sich nicht wohl fühlen, Kummer haben oder wütend sind. Es ist deshalb besser, ihnen zu sagen, daß man gerade mal Ruhe braucht, keine Zeit für sie hat oder daß man einfach schlecht gelaunt ist, als zu behaupten, alles sei in Ordnung. Die Doppelbotschaft verunsichert das Kind, und weil es nicht weiß, daß die verleugnete, aber deutlich spürbare schlechte Laune vom Ärger am Arbeitsplatz, von zuviel Streß oder Problemen mit dem Bankkonto kommt, bleibt ihnen nur anzunehmen, daß sie die Ursache sind. Weil sie eben nicht gut genug sind. Und Kinder, die nur Lob oder Zuwendung bekommen, deren Eltern nur dann zufriedene Gesichter zeigen, wenn ihr Kind besonders hübsch aussieht oder besonders gute Leistungen zeigt, werden bald annehmen, daß sie für das Wohlbefinden ihrer Eltern verantwortlich sind. Sie glauben, sich schuldig zu machen, wenn sie die gewünschte Rolle verweigern.

Wenn Kinder ständig überlastete und unfrohe Eltern erleben, ohne dafür eine Erklärung zu bekommen, sehen sie sich als Verursacher des elterlichen Unglücks an und fühlen sich schuldig:

- wenn kindlicher Lärm, Übermut oder Zorn stets als Angriff gegen die elterliche Ruhe dargestellt wird;
- wenn ein Kind, das seine Sexualität entdeckt, mit strafenden Blicken und Verachtung bestraft wird;
- wenn die Freunde und Freundinnen nie gut genug oder prinzipiell besser sind als das Kind selbst;
- wenn Kinder ihre Eltern immer nur als ängstlich, sorgenvoll, benachteiligt erleben;

- wenn Meinung, Wünsche und Vorschläge der Kinder nicht gehört oder ernst genommen werden;
- wenn der Vater sich nach einer Trennung von der Mutter (oder umgekehrt) auch von den Kindern völlig zurückzieht;
- wenn Kinder für ihre überbordenden Phantasiegeschichten nur verächtlich als Lügner belächelt werden.

Das alles hat in der Regel langfristige Folgen.

Der US-amerikanische Psychologe Lewis Engel: „Wenn man mit dem Gefühl von Verantwortung für das Leid eines unglücklichen Elternteils heranwächst, straft man sich, indem man sich mit ihm identifiziert: Man nimmt seine schlimmsten Eigenschaften an. Man imitiert genau die Muster, die sein oder ihr Leben so unglücklich machten.“ [2)]

Das bedeutet: Die Wahrscheinlichkeit, diese Muster an die eigenen Kinder weiterzugeben, ist groß.

Wer sich schuldig fühlt, weil mal wieder ein Regenschirm verlorengegangen ist, meint also nicht tatsächlich den Regenschirm. Der ist nur ein Vehikel, ein Symbol für die immer wiederkehrende (kindliche) Erkenntnis, nicht gut genug zu sein, den Anforderungen und Erwartungen nicht entsprochen, einfach enttäuscht zu haben. Er (oder eben sie) hat Angst, nicht geliebt und vielleicht verlassen zu werden. Aber wer wird Sie weniger lieben oder gar verlassen, weil Sie einen Regenschirm verloren haben?

Warum Frauen so besonders anfällig für Schuldgefühle sind

Sich schuldig fühlen heißt, zu glauben oder zu wissen, gegen eine Norm verstoßen zu haben. Manche Normen sind notwendig für alle Mitglieder der Gesellschaft. Viele aber nützen nur Teilen der Gesellschaft: Sie sichern Macht und Privilegien.

Wir leben in einer Welt, in der ein großer Teil der Normen von Männern für Frauen gemacht werden und in der Frauen nach wie vor weniger gelten. Der Satz ist so platt und abgedroschen, daß ich lange gezögert habe, ihn hinzuschreiben.

---

2) Engel/Ferguson: S. 136

Es nützt nichts. Er ist wahr.

Und diese Tatsache ist eine Grundlage für die weibliche Qual mit den Schuldgefühlen, die ja aus der konkreten oder phantasierten Erfahrung entsteht, den Anforderungen nicht zu genügen.

Das kleine Mädchen, so jedenfalls Forschungsergebnisse von Entwicklungspychologen in den 60er Jahren, wird von der Mutter sowohl bei der Entwöhnung als auch bei der Reinlichkeitserziehung rigider behandelt und stärker kontrolliert als der kleine Junge. (Ob das so heute noch gilt, müßte in Anbetracht des veränderten Selbstwerts von Frauen überprüft werden.) Die Zeit der Reinlichkeitserziehung fällt mit der Entwicklungsphase zusammen, in der das Kind entdeckt, daß es ein Individuum, ein Selbst, ist. Starke Manipulation und Beschränkung bedeuten den ersten großen Schritt zu schwachem Selbstwertgefühl und Ich-Schwäche. Denn wenn der Kleinkindkörper eingeschränkt und bestraft wird – in seinen als lustvoll empfundenen Funktionen, als Teil des Ich und auch als Vehikel zur Entdeckung der Welt –, entwickeln sich Schuldbewußtsein und Beschämtsein. Oder aber, bei gegenteiliger Reaktion der Mutter, bei liebevoller Bewunderung und Förderung, Unabhängigkeit und Initiative.

Das älter werdende, aber immer noch kleine Mädchen erlebt am mütterlichen Vorbild, daß eine Frau – zu der es auch einmal werden wird – für alles verantwortlich ist, was im Familienalltag geschieht: für die Versorgung des Haushalts und auch für die gut funktionierenden Kinder. (Ob das tatsächlich so ist, kann erst die erwachsene Frau überprüfen.) Abends, wenn der Vater aus der großen Welt heimkommt, muß alles „stimmen", damit er, der sich Tag für Tag für die Familie abrackert, versorgt werden kann und seinen ruhigen Feierabend bekommt. Natürlich stimmt nie alles. Kinder lassen sich nie nach Wunsch und Plan regeln, auch kleine Mädchen nicht.

Während Jungen Rabauken sein dürfen, die die Welt erobern und ihre Grenzen austesten, werden Mädchen viel stärker zur Bescheidenheit erzogen, zum Teilen, Versöhnen, zum Nettsein, zum Helfen. Selbst wenn Mädchen tatsächlich durch ihre Gene andere Persönlichkeits-Strukturen haben sollten, bedeutet diese Erziehung mehr Einschränkung ureigenster kindlicher Bedürfnisse, mehr Unlust. Grund genug zur Wut? Ein liebe Tochter wird aber nicht wütend. Und schon ist sie schuldig: aus dem Zusammenspiel der geheimen Wut und der Gewißheit, nicht der gewünschten Norm zu entsprechen. Sie will mehr, als ihr zugestanden wird und ist auch noch wütend über die engen Grenzen. Irgendwann werden es alle merken. Und dann wird niemand sie mehr lieben.

Mädchen, enger an die Mutter angeschlossen und durch gemeinsame Aufgaben ihr auch zeitlich mehr verbunden als Jungen, erleben mehr von der mütterlichen Frustration und von der schweigenden Ablehnung, die sie um so mehr auf sich beziehen, je mehr die Mutter versucht, sie zu verbergen.

In der Pubertät, wenn der Bruder immer mehr von der Welt da draußen erobert und beginnt, sich die berüchtigten Hörner abzustoßen, erfahren Mädchen immer mehr Einschränkungen. Sie lernen, daß sie gefährdet sind, daß sie aber selbst schuld sind, wenn ihnen „da was passiert". Sie werden stärker kontrolliert als die Jungen, in ihrer Kleidung kritisiert, vor zuviel Aufreizendem gewarnt und gleichzeitig dazu angehalten, sich besonders hübsch zu machen. Sie spüren, wie ihr Körper sich verändert und die damit einhergehende Veränderung im Verhalten der Männer, nicht zuletzt des Vaters, der sich mit den Konflikten in der Pubertät oft von ihr zurückzieht. Sie kann das nicht als seine Unfähigkeit erkennen, sondern nur als eigene Schuld.

Frauen der heutigen Müttergeneration haben sich bemüht, ihren Töchtern mehr Freiraum zu geben, sie mehr sie selbst werden zu lassen, ihnen mehr Wertschätzung entgegenzubringen. Sie haben von ihren Töchtern nicht mehr die große Anpassung an überholte Stereotype von Weiblichkeit erwartet. Und die Erwartung der „Bezugspersonen" sind viel stärkere Erzieher als alle Worte. Sie hatten damit ganz erstaunlichen, von ihnen selbst oft kaum wahrgenommenen Erfolg (natürlich haben sie es nicht gut, nicht perfekt genug gemacht!). Und haben sich damit eine verschärfte Variante einer ganz speziellen

Art von weiblichem Schuldgefühl eingehandelt: das Gefühl der Schuld, ihre eigene Mutter verraten zu haben. Indem sie sich bemühten, deren Normen, deren Lebensstil nicht an ihre Kinder und besonders ihre Töchter weiterzugeben, haben sie alles in Frage gestellt, was für ihre Mütter richtig war. Das ist Verrat. Verrat an diesen Nachkriegsmüttern, deren Jugend im Krieg untergegangen war, die sich ihr Leben lang für ihre Kinder aufgeopfert haben!

Die Sache mit den weiblichen Schuldgefühlen ist das reinste Karussell:

- Die kleine Tochter fühlt sich schuldig, weil sie der Mutter (und vielleicht dem Vater – warum hat der sonst so wenig Zeit?) eine Last ist und den (scheinbaren) Erwartungen der Eltern nicht entsprechen kann.
- Die Mutter fühlt sich schuldig, weil sie nie perfekt genug war, um ein perfektes Kind zu erziehen.
- Die erwachsen gewordene Tochter fühlt sich schuldig, weil sie keine reine Liebe für die Mutter fühlt und zudem deren Normen verrät und eigene Wege sucht.

Es ist Zeit, von diesem Karussell abzuspringen.

Sind Mütter etwa nicht schuld am Schicksal ihrer Töchter?

Die Mutter, lehrt die Psychologie der letzten Jahrzehnte, ist das wichtigste „Identifikationsobjekt“ für das kleine Mädchen. Vor allem an ihrem Vorbild lernt es, was eine Frau ist, was Weiblichkeit bedeutet. Das wundert niemanden. Denn daß der Mensch weniger durch kluge Worte als vielmehr durch ein lebendig erfahrenes Vorbild lernt, wissen wir längst. Das beginnt bei den Tischmanieren und reicht bis zur Wahl der Waffen bei Konflikten: Zuhören und Auseinandersetzen, verächtliches Schweigen, Flucht – oder einfach die Faust.

Aber auch unbewußte Reaktionsmuster werden bis in physiologische Reaktionen hinein am lebenden Vorbild erlernt. So wird zum Beispiel von der Wissenschaft angenommen, daß sogar eine Migräne ein sozial erlerntes Verhaltensmuster sein kann, um vor schwierigen Situationen einfach in einem verdunkelten Raum unter einer schützenden Decke verschwinden zu können, statt sich einer bedrohlichen oder bedrückenden Alltagssituation stellen zu müssen.

Kinder nehmen sich den Elternteil zum Vorbild, der ihnen am meisten gleicht. Der kleine Junge wird bald den Vater nachahmen, und weil der gewöhnlich „draußen in der Welt" ist, wird auch der Sohn sich heftig für die Welt da draußen interessieren. Das kleine Mädchen imitiert bald die Mutter, und weil es die (vor allem in den ersten Lebensjahren) als Hausfrau und überwiegende Kinderbetreuerin ständig vor Augen hat, braucht es sich weniger nach draußen zu orientieren. Es erlebt die Mutter im Haus, bei klassischen weiblichen Verrichtungen. Es erlebt sie als Versorgerin der Familie, als Krankenschwester, als Putzfrau und Köchin, als Trösterin und Mädchen für alles, als immer zuständig für Dinge der Versorgung und insbesondere des Gefühls.

Die Normen der Mutter, deren bewußte und unbewußte Vorstellungen von der nahen und der weiten Welt, werden die Tochter prägen. Auch wenn sie später einem ganz anderen Lebensplan folgt, wenn für sie Berufstätigkeit alles ist, wird ihre seelische Struktur, werden viele Reaktions- und Verhaltensmuster stark von der Mutter beeinflußt. Und das um so intensiver, je mehr der Vater nach klassischem Familienmuster in Kinderbetreuung und -erziehung nur eine Gastrolle spielt oder gar nicht (mehr) zur Kernfamilie gehört. Um so intensiver, wenn die moderne Klein- und Teilfamilienmutter die einzige Betreuerin ihrer Kinder ist, wenn auch keine anderen (weiblichen) Vorbilder zum Familienalltag gehören.

Die gute oder schlechte Beziehung zur Mutter, so die US-amerikanische Psychotherapeutin Paula J. Caplan, präge alle späteren Beziehungen, nicht zuletzt das Verhältnis zu Vorgesetzten und Kollegen und Kolleginnen. Sie beeinflusse also nicht nur den privaten, sondern auch den beruflichen Alltag und die Karriere der Töchter grundlegend.[3)] War die Haltung der Mutter ihrer Tochter gegenüber aufbauend, stärkend,

3) Paula J. Caplan: So viel Liebe, so viel Haß. Zur Verbesserung der Mutter-Tochter-Beziehung, München 1993

hat sie ihrem Kind Selbstbewußtsein und Urvertrauen mitgegeben? Oder hat sie es unsicher gemacht, im Stich gelassen und über Verachtung und Schuldgefühle konditioniert? Das zur Erwachsenen gewordene Kind überträgt diese Haltung auf Vorgesetzte. Chef oder Chefin werden unbewußt nach dem ganz eigenen Erfahrungsmuster als „große Mutter" wahrgenommen – entweder als kollegiale Partner, denen mit Respekt und Vertrauen begegnet werden kann, oder als bedrohliche Gestalten, die nur darauf warten, Fehler zu finden. Und: „Frauen, die meinen, andere Frauen stets zu unterstützen, gleichzeitig aber Haßgefühle gegen ihre eigene Mutter hegen, sind Frauen gegenüber wahrscheinlich nicht ganz so positiv eingestellt, wie sie meinen."[4)]

Verpatzte Karriere, unlustige Sexualität, gescheiterte Beziehungen, Migräne, Eßstörungen, Depressionen, Konfliktunfähigkeit – also alles Mutters Schuld?

Das Erstaunliche an dieser absoluten Sichtweise ist, wie tief und fest sie in den Köpfen sitzt, auch in denen von Frauen. Vielleicht, weil alles so schön einfach klingt.

Aber ganz so mächtig, wie Mütter nach diesen Vorstellungen sein müßten, sind sie nun doch nicht.

Viele erziehen mit

Die große Erziehungsmacht, die den Müttern zugeschrieben wird, gehört zur klassischen Rollenaufteilung in der sogenannten heilen Familienwelt: die Familienmutter und der Arbeitsvater.

Tatsächlich war für fast alle heute Erwachsenen die Mutter die ausschließliche Erzieherin der ersten Jahre, und während vieler Jahre erschien sie als eine übermächtige Instanz, die die Kindertage froh oder unglücklich machen konnte. Aber noch nie haben Mutter und Kind auf einer einsamen Insel gelebt. Die Mutter-Tochter-Beziehung ist Teil und Ergebnis einer gesellschaftlichen Grundstruktur, der Familie. Hier werden die Rollen, Spielregeln und Traditionen geübt und weitergegeben,

4) Caplan, S. 20

die das jeweils herrschende Prinzip festschreiben sollen. Die Mütter geben also das weiter, was sie selbst erfahren haben. Aber sie sind nur Teil dieses Systems. Und nur eine, wenn auch besonders mächtige, „Institution“ im Leben eines Kindes. Auch wenn die Tochter zu ihr eine besonders enge – positive oder negative – Beziehung von großem Einfluß hat, sind viele andere mit im Spiel. Da gibt es noch Lehrer, Nachbarn und Verwandte. Da gab und gibt es den Pfarrer und die schreckliche Frau, die im Ferienlager alle Teddys einsammelt, weil Neunjährige zu alt sind für Teddys. Es gab und gibt vor allem Lesebücher, Romane, Gruselfilme, Familienserien und Werbebotschaften.

Und da gibt es die Geschwister, Freunde und Freundinnen. Soziale Regeln erproben Kinder vom Kleinkindalter an vor allem mit Gleichaltrigen. Ob im Kindergarten oder in der Schule, im Schwimmbad oder auf dem Sportplatz, auf der Straße oder später in der Disco, an Gleichaltrigen wird Falsch und Richtig in der eigenen Welt überprüft. Erwachsene geben Normen aus ihrer Welt vor, so eine Art Grundgesetz; die Anwendung dieser Gesetze in der Praxis, ihre Alltagstauglichkeit, lehrt die Erfahrung in der Gleichaltrigen-Gruppe. Hier werden Rollen geübt und neue Grenzen getestet, die in der hierarchischen Struktur der Familie unverrückbar scheinen. Und hier erfahren Mädchen mindestens so heftig, was es bedeutet, ein Mädchen zu sein, wie in der Familie. Wenn sie das Glück haben, an eine starke, selbstbewußte Freundin oder Mädchen-Clique zu geraten und dort akzeptiert zu werden, werden sie davon profitieren. Es wird sie stärker machen.

Ein Kind, das von keiner Gruppe aufgenommen wird, ist ein einsames Kind, das sich aussortiert und unwert fühlt. Keine noch so gute Mutter – und auch kein noch so aufmerksamer Vater – kann die mangelnde Akzeptanz, die Ablehnung durch die Clique und die nur dort möglichen Erfahrungen völlig ausgleichen. Die Macht der Gruppen ist groß. Sie läßt eigene Mythen und Normen entstehen, die jenseits der eigenen Familie und Mutter Glück oder Alptraum, Selbstbewußtsein oder Versagensängste heftig mitbestimmen.

Alle erziehen mit, scheinbar ganz nebenbei. Mütter jedoch haben die offizielle Verantwortung für die Erfüllung und den Erfolg des Erziehungsauftrages. Wir sind einfach daran gewöhnt, sie dafür verantwortlich zu machen. Damit tun wir so, als wären Kinder weiße Blätter ohne eigenes „Programm", die beliebig geformt und gedrillt werden können.

Die Überzeugung, daß Mütter ein Kreuz sind, eine immerwährende Kontroll-Instanz, das große „Vorratslager" für weibliche Minderwertigkeitsgefühle, ist praktisch. In den von der christlichen Religion bestimmten Kulturen ist Schuld ein Grundprinzip: Jemand muß immer schuldig sein. Die Mutter, von der Gesellschaft und dem noch herrschenden Kleinfamilien-Prinzip zur verantwortlichen Aufseherin über das Kinderzimmer bestellt, bietet sich dafür an.

Warum akzeptieren wir Frauen das so bereitwillig? Ein Grund dafür ist, daß wir seit jeher schuldig gesprochen wurden. Wer mächtig und selbstbewußt genug ist, wälzt das Gefühl (oder die tatsächliche Schuld) auf jemand Schwächeren ab. Am besten auf jemanden, der sich nicht wehrt oder wehren kann.

Angefangen hat es natürlich schon mit der munteren Eva, die auf die Schlange hereingefallen ist, weil sie es leid war, immer den Baum der Erkenntnis vor der Nase zu haben, ohne in die Geheimnisse des paradiesischen Lebens eingeweiht zu werden. Eva ist schuld, jammerte Adam und schluckte hastig das letzte Stück Apfel hinunter. Eva ist immer noch schuld an allem, was der Familie widerfährt. Oder genauer: Eva fühlt sich immer noch schuldig für alles, was der Familie widerfährt. Zuletzt fühlt sie sich schuldig, weil sie ihren Töchtern dieses ewige Schuldigfühlen weitergibt.

Merkwürdigerweise fühlt sie sich nie dafür schuldig, sich diese Last aufgeladen und sich selbst so das Leben schwer gemacht zu haben, sich selbst viel Kraft, Lust und Freiheit genommen zu haben. Als hätte sie keine Verantwortung für ihr eigenes Leben.

Die perfekte Muttermaschine

Unsere Mütter waren besorgt, liebevoll, fürsorglich. Mütterlich eben. Aber sie waren auch ungerecht, launisch, sie haben sich zuwenig gekümmert oder uns mit zuviel Aufsicht und Fürsorge unselbständig gemacht, sie haben den Bruder oder die Schwester vorgezogen, mit dem Vater paktiert, sie haben uns belogen, eingeengt, unsere Sexualität unterdrückt, sie haben uns verboten, was „alle anderen" längst durften und völlig unsensibel über einen Pickel am Tag der ersten Party gelacht. Sie haben uns alles mögliche mitgegeben, was wir nicht haben wollten, was uns behindert, blockiert, und trotzdem scheinbar unabschüttelbar im Nacken kleben bleibt.

Haben sie das getan, weil uns klein halten, uns nicht loslassen wollten, weil sie nicht ertrugen, daß wir Spaß hatten, weil sie feige waren, frauenfeindlich, weil sie uns für ihre Frustrationen und Enttäuschungen büßen ließen, weil ... ... waren unsere Mütter Monster?

Die meisten Mütter waren und sind keine Monster. Sie waren nur nicht das, was wir von ihnen erwartet haben: perfekt. Viele haben in der Tat vieles „falsch" gemacht, vielleicht haben sie uns manchmal auch gehaßt.

Warum wundert uns das auch noch als Erwachsene? Sind Kinder nicht tatsächlich manchmal schreckliche Wesen? Kleine Geschöpfe von unendlicher Gier nach Zeit, Betreuung, Versorgung, Geduld, Liebe, Verantwortung, machen sie nicht Sorgen, und Kummer? Sie sind immer da, 24 Stunden am Tag. Man kann sie nicht abstellen, kaum einen Urlaub von ihnen nehmen. Es gibt nette Kinder und weniger nette Kinder, anstrengende und weniger anstrengende – Kinder haben ein Recht darauf, so zu sein, weil Kinder eben so sind.

Mütter hingegen sind erwachsen. Und Frauen. Von ihnen wird erwartet, daß sie sich gut aufs „Muttern" (so bezeichnet die US-amerikanische Soziologin Nancy Chodorow[5)] die weiblichen Fürsorge- und Pflegeaufgaben gegenüber Mann und Kindern) verstehen, ganz selbstverständlich, eben naturgege-

---

5) Chodorow, Nancy: Das Erbe der Mütter, München 1985.

ben. Kinder brauchen es, „bemuttert" zu werden. Aber es gibt keine Belege dafür, daß das immer durch die biologische Mutter geschehen muß. Und ebensowenig gibt es seriöse wissenschaftliche Beweise, daß die biologische Mutter ihr Kind automatisch und am meisten liebt. Liebe ist ein seelisches Phänomen. Sie entsteht durch die Einstellung zum Kind (oft auch zum Vater des Kindes) und durch den Kontakt mit dem Kind. Sie wird stark beeinflußt von den Lebensbedingungen, unter denen Mutter und Kind ihre Gemeinsamkeit leben (müssen). Eine Adoptiv- oder Pflegemutter kann eine ebenso innig liebende Mutter sein, wie die biologische ihr Kind ablehnen kann.

Die meisten Mütter kümmern sich im besten Bemühen um ihre Kinder. Kein Mensch, und zu dieser unvollkommenen Gattung gehören Mütter und Väter nun einmal, kann sich zu allen Kindern gleich – gerecht – verhalten. Jedes Kind ist anders im Temperament, in Intelligenz, Interessen und Bedürfnissen. Auch das größte Bemühen, jedem Kind gleich viel Beachtung zu schenken, es mit gleicher Gelassenheit oder Strenge zu erziehen, kann immer nur ein Bemühen sein. Wer mit Geschwistern aufgewachsen ist, kennt den verzweifelten mütterlichen Satz „Natürlich habe ich euch alle gleich lieb" und erinnert sich an die Bitternis der gegenteiligen Erfahrung. Auch die beste Mutter oder Erzieherin kann wie alle anderen Menschen nicht alle kleinen Wesen gleich behandeln, weil auch kleine Menschen mehr oder weniger Liebe, Sympathie, Interesse und Fürsorglichkeit auslösen.

Und wie alle anderen Menschen haben auch Mütter zu verschiedenen Zeiten und in verschiedenen Lebensphasen verschiedene Befindlichkeiten. In welche ein Kind hineingeboren wird, ob die Mutter gerade besonders glücklich oder belastet ist, bestimmt ihr Verhalten dem Kind gegenüber immer sehr stark mit.

Die Auswirkungen auf das einzelne Kind sind außerordentlich schwer abzuschätzen. Was für das eine Mangel an Beachtung bedeuten kann, mag dem anderen zu mehr Freiraum verhelfen, was für das eine energische Unterstützung seiner intellektuellen Fähigkeiten ist, kann für das andere ständige Überforderung und dauernde Versagensangst bedeuten.

„Wie Eltern ihre Kinder erziehen, ist, wie es scheint, nicht ausschlaggebend für die vielschichtigen Dimensionen der späteren Persönlichkeit", resümiert der kalifornische Jurist und Sozialwissenschaftsautor James Q. Wilson[6)] neuere US-amerikanische Untersuchungen. „Ob sie extravertiert oder introvertiert, neurotisch oder stabil werden, scheint wenig mit ihrer Erziehung zu tun zu haben. Die Art der Erziehung kann aber sehr wohl einen Einfluß darauf haben, wie aggressiv Kinder gegenüber anderen reagieren oder wie schamlos oder trotzig sie sich über die wichtigsten Regeln des alltäglichen Lebens hinwegsetzen. Die Persönlichkeit mag nicht das Produkt der elterlichen Erziehung sein, aber einige Aspekte der Moral sind es."

Über Wilsons Thesen läßt sich streiten. Vielleicht sind sie sogar fragwürdig. Aber gerade beim Thema Schuldgefühle lohnt es sich, darüber nachzudenken.

Es ist ein fatales Phänomen, daß die Verantwortung für die meisten in der Kindheit erfahrenen Kränkungen, für fast alle schwarzen Schatten und bösen Geister den Müttern zugeschoben werden. Das ist die dunkle Seite des Mutter-Mythos: Weil die Mutter alle Macht hat, muß eine „gute" Mutter eine perfekte Sozialisations-Maschine sein. Eine nie versiegende Quelle der Liebe, zur rechten Zeit streng oder liebevoll, völlig frei von Neurosen, Launen, Ängsten und Sorgen, immer da zur rechten Zeit, mit dem absoluten Gespür für das richtige Maß.

Die ganz normale Mutter wird da zwangsläufig zur Enttäuschung. Auch, daß die Mütter selbst gegen den Rest der Welt diese Über-Norm nicht (vollständig) durchbrechen können, ist höchstens eine kleine Schuld. Wir sollten das Wort schuldig hier streichen und es durch das Wort mitverantwortlich ersetzen. Und mehr Unterstützung von denen einfordern, die diese Verantwortung mittragen.

---

6) James Q. Wilson: Das moralische Empfinden. Warum die Natur des Menschen besser ist als ihr Ruf, Hamburg 1994, S. 228 ff.

„Jokastes Kinder" und das Begehren

Eine Kritik an Christane Oliviers Theorie

In ihrem Buch *Jokastes Kinder – Die Psyche der Frau im Schatten der Mutter* hat die französische Psychoanalytikerin Christiane Olivier 1980 [1)] zum erstenmal eine psychoanalytische Theorie über die frühkindliche Entwicklung und den Ödipus-Konflikt aus weiblicher Sicht entwickelt. Das Buch machte Furore. Christiane Oliviers Ergebnis ist deprimierend.

Ödipus, der tragische Held der griechischen Sage, erschlägt seinen Vater, König Laios, ohne zu wissen, daß der sein Vater ist, und heiratet seine Mutter, Königin Jokaste, ohne daß beide wissen, daß sie seine Mutter ist. Nach 20 Jahren, Ödipus und Jokaste haben inzwischen zwei Söhne und zwei Töchter, entdeckt Ödipus den Doppel-Frevel des Vatermords und des Inzests. Jokaste erhängt sich, Ödipus blendet sich, wird aus Theben verstoßen und wandert mit seiner Tochter Antigone durch das Land, bis er von den Göttern erlöst wird.

Freud nutzte diese von Sophokles 428 v. Chr. zum Drama verarbeitete antike Sage von der inzestuösen Liebe zwischen Sohn und Mutter als Bild für seine Theorie der ödipalen Phase und des Ödipus-Komplexes. Danach entwickelt der Sohn zwischen dem dritten und vierten Lebensjahr Inzestwünsche gegenüber seiner Mutter und entsprechende Haß- und Eifersuchtsgefühle gegen den Vater. Da seine Wünsche von der

1) Die deutsche Übersetzung erschien 1987: Christiane Olivier: Jokastes Kinder – Die Psyche der Frau im Schatten der Mutter, Düsseldorf 1987

Mutter nicht erfüllt werden (können), kann er auch Haß gegen die Mutter entwickeln. Der Wunsch, den Vater bei der Mutter zu verdrängen, ist eine Ursache für die Entstehung von Kastrationsängsten. Durch die zunehmende Identifikation mit dem Vater können diese Wünsche und Ängste schließlich verdrängt und im positiven Falle verarbeitet werden.

Für Freud war die Psyche der Frau „ein weißer Fleck auf der Landkarte“. Er wußte das, und appellierte an seine Nachfolger und Nachfolgerinnen, diesen Mangel zu beheben. Was jedoch nicht geschah. Die folgenden Analytiker-Generationen behielten seine männliche Sichtweise der menschlichen, also auch der weiblichen Psyche weitestgehend bei. „Es ist offensichtlich, daß die psychoanalytische Theorie eindrucksvoll verkündet, wie eine Frau nach den Erwartungen des Mannes sein soll“, kritisiert Christiane Olivier, „aber sie gibt dabei ganz sicher nicht wieder, wie die Frau ist.“ [2)]

Mit ihrer Frage nach der „Psyche der Frau im Schatten der Mutter“ versucht Christiane Olivier, die Lücke auf Freuds Landkarte ein Stück weit zu schließen: Welche Rolle spielt Jokaste, die Mutter, bei der Entwicklung der Tochter? Und wie fühlt und verhält sie sich ihrem Sohn gegenüber? Christiane Olivier entwickelt ihre Theorie streng auf der Grundlage der Freudschen Theorien und der Allmacht sexueller Empfindungen als übermächtigen mütterlichen Einfluß auf Sohn und Tochter. Sie fügt der mütterlichen Schuld-Liste einen neuen, gravierenden Punkt hinzu: Das Schicksal aller Menschen ist für sie unabänderlich vom unbewußten sexuellen Begehren abhängig, das die Mutter ihrem Kind gegenüber empfindet. Oder nicht empfindet.

Dieses mütterliche Begehren, das im Säugling und Kleinkind Gefühle von Lust, Sicherheit und Wohlbehagen entstehen läßt, kann ihrer Meinung nach die Mutter – da sie eine Frau ist – nur dem Sohn entgegenbringen. Die Tochter dagegen wird bei der (heterosexuellen) Mutter dieses Begehren nicht auslösen. Der Mann aber, der dem kleinen Mädchen die-

2) S. 17 (Dieses Zitat und alle nicht nähergekennzeichneten Zitate dieses Exkurses stammen aus „Jokastes Kinder“.)

ses Begehren vermitteln könnte, fehlt, da Väter, Männer überhaupt, nahezu völlig von der Versorgung der Kleinkinder ausgeschlossen sind. Also wird „in der ersten Zeit der Körper, das Geschlecht des Mädchens, von niemandem begehrt.“ 3)

Während der kleine Sohn als Antwort auf das mütterliche Begehren Selbstbewußtsein, Stärke und Lust entwickeln kann, bleibt der kleinen Tochter im günstigen Fall zwar gute Versorgung, Zärtlichkeit, auch Liebe der Mutter; aber ohne das Begehren kann es seinen Körper und seine Geschlechtlichkeit, die in dieser frühen Lebensphase primär seine Identität ausmachen, nicht als positv annehmen. Selbstbewußtein, Stärke und Lust bleiben aus.

Wie die Mutter dem kleinen Mächen gegenüber keine Lust empfindet, kann es auch keine entwickeln. Weil das kleine Mädchen „das Fläschchen von einer Frau gereicht bekommt, die ihm gegenüber kein Begehren empfindet,“ 4) muß es ein Leben lang unter dem erfahrenen Mangel und der unerfüllten Sehnsucht leiden.

In diesem Mangel liegen nach Christiane Olivier auch Ursachen für spätere Bulimie, Magersucht, Frigidität und weibliche Unwert-Gefühle. Für die zukünftige Frau wird so die Weiche für „dämonische Gefühle des «Unbefriedigtseins«“5) gestellt, die sie versuchen wird, mit Perfektionismus – erfolglos – zu kompensieren.

So erklärt Christiane Olivier schon die schnellere Entwicklung von Mädchen aus dem Mangel an Begehren und seinen seelischen Folgen:

„Wenn also das kleine Mädchen früher spricht, dann deshalb, weil es nicht in das gleiche Behagen getaucht ist, weil es niemand hat, den es als eigene Vervollständigung ansehen könnte, denn im allgemeinen ist der Vater nicht seine Pflegeperson. Es spricht früher, denn es fühlt sich allein, und es möchte eine Verbindung mit der Mutter herstellen, die innerlich nicht empfunden wird. Es wird also das Bedürfnis haben,

3) S. 71
4) S. 65
5) S. 72

zu ihr zu sprechen, um eine Antwort von außen zu bekommen, die seinen Mangel an einem inneren narzißtischen Bild beheben könnte.[6)]

Christiane Olivier wertet das frühe Sprechen, den Wunsch nach verbaler Kommunikation als Ausdruck von Leid. Und macht damit das langsamere Tempo des männlichen Kindes zur Norm – das weibliche ist dann eine Abweichung, ein Defekt.

Die Mangel-Situation der Töchter könnte nur durch väterliche Zuwendung aufgefangen werden, aber die Väter sind in der Regel abwesend, und zudem, so Christiane Olivier, halten die Mütter die Väter von der Wiege fern, weil sie, die sonst machtlosen, die Baby-Versorgung für sich allein beanspruchen.

Das Mädchen wird nach Christiane Olivier als erwachsene Frau versuchen, den erfahrenen Mangel an Begehrtwerden durch den Mann aufheben zu lassen. In ihm wird es endlich die Erfüllung dessen suchen, was ihm bei der Mutter versagt blieb. Es sucht im Mann, im Geliebten, also die Mutter. Die es da aber fast nie findet, weil nur wenige Männer auch auf mütterliche Art zugewandt sind.

Deshalb wird die erwachsene Frau und Mutter unbewußt Schwierigkeiten haben, „auf das einzige männliche Wesen, das sie je bei sich gehabt hat, denn der Vater war nicht für sie da, und ihr Mann ist meistens abwesend,“[7)] zu verzichten. Sie wird deshalb ihren Sohn in der Falle der mütterlichen Liebe festhalten und ihn nicht groß werden lassen wollen. So kann eine Art Gefängnis entstehen, „das beim Mann Panik vor jeder Symbiose mit jeder anderen Frau auslösen wird. (...) Das wird die hauptsächliche treibende Kraft hinter der Frauenfeindlichkeit des Mannes sein.“[8)] Hier haben auch Kastrationsangst und Impotenz ihre Ursachen.

Wenn Erwachsensein bedeutet, sich dem Begehren einer Frau auszusetzen, bleibt der Sohn deshalb lieber ein kleines Kind, so Christiane Olivier, als sich dem Krieg mit der Mutter

6) S. 100 f.
7) S. 74
8) S. 75

zu stellen und die Kastration zu riskieren. Die Folge davon sei, daß der Sexualakt der Jugendlichen und erwachsenen Männer Unterwerfungs- und Beherrschungs-Phantasmen enthält.

Auch die Schwierigkeiten von Männern und Frauen in einer Liebesbeziehung, einander überhaupt zu vertrauen und einander zu verstehen, wurzeln nach Christiane Olivier in Jokastes Fehlern: „Die Furcht des Mannes, wieder eingeschlossen zu sein, die Angst der Frau, nicht genügend geliebt-begehrt zu werden, das sind die in der Liebe allgegenwärtigen Konstanten, die auf Jokaste zurückgehen. Prägungen, die nie mehr zu löschen sind.“[9)]

Jokaste schickt ihre Kinder nach dieser Theorie mit schweren, unauflöslichen Bürden ins Leben und trägt selbst die allerschwerste: die alleinige Verantwortung für das Glück und vor allem das Unglück ihrer Kinder. Christiane Olivier versteht sich als Feministin. Sie betont immer wieder mit engagiertem Zorn, daß das Dilemma der Frauen sich lösen würde, wenn sich endlich die Rollenverteilung auflöste, wenn die Männer ihren Anteil an der Kinderbetreuung übernähmen; wenn sie vor allem dem kleinen Mädchen mehr Beachtung und somit das Gefühl des Begehrtwerdens schenkten, den Sohn durch ihre stärkere Präsenz aus der erstickenden Symbiose mit der Mutter befreiten.

Die Forderung an die Männer ist richtig. Kinder brauchen Väter und Mütter einen Partner, der seine Hälfte der Elternschaft trägt. Aber das Wohl und Wehe des ganzen Lebens mit einem Mangel oder einem Zuviel an Begehren von frustrierten Müttern zu erklären, erscheint mir mehr als fragwürdig.

Indem Christiane Olivier die Entwicklung von Selbstbewußtsein, Vertrauen und Ich-Stärke, von Frauenverachtung, Beziehungsangst und sexueller Störung allein auf den mütterlichen Einfluß und das Fehlen des Vaters in den ersten Lebensjahren reduziert, stellt sie die menschliche Entwicklungsfähigkeit in Frage und negiert die mächtigen gesellschaftlichen Einflüsse. Sie gibt der Mutter eine Macht, die tatsächlich

---

9) S. 150 f.

Angst und Haß gegen diese erdrückende Göttin auslösen muß. Sie bezieht in ihre Theorie nicht mit ein, daß Menschen verschieden sind, nicht die homoerotischen Anteile des Menschen und erhebt die Sexualität zum alles bestimmenden Faktor in der Persönlichkeitsentwicklung.

Die Psychoanalytikerin Marina Gambaroff betont in ihrem Buch *Utopie der Treue,*[10)] daß eine Mutter nie einfach einen Säugling, sondern immer sehr bewußt einen Sohn oder eine Tochter im Arm hat. Nach Marina Gambarow – und der Schilderung vieler junger Mütter – haben sowohl das kleine Mädchen wie der kleine Junge eine sinnliche Ausstrahlung, die von der Mutter intensiv empfunden und beantwortet wird. Auch sie betont, wie wichtig es ist, daß Mütter ihren Kindern die sinnliche Ausstrahlung „zurückspiegeln“, weil das Baby so zu einer „stabilen Selbstpräsentanz“ gelangen kann, die zur Ausbildung der eigenen Identität und auch zur Loslösung von der Mutter notwendig ist. Und: „Vielleicht entsteht dieser ‚Glanz im Auge der Mutter’ bei vielen Frauen leichter im Hinblick auf ihre Söhne.“[11)] Aber, so Gambaroff, nicht wegen der begehrten Männlichkeit, sondern aus Angst, Körper und Geschlechtlichkeit der Tochter zu sehr zu idealisieren und so alte Verschmelzungswünsche (und -ängste) an die eigene Mutter wieder zu aktualisieren.

Frühkindliche Erlebnisse prägen tief, aber sie sind es nun einmal nicht allein, die unausweichlich über das ganze Leben bestimmen.

Christiane Olivier belegt ihre Theorie unter anderem mit ihren Erfahrungen als Analytikerin. Die Patienten und Patientinnen, die bei ihr Hilfe suchten, deren Probleme in ihr 1980 erschienenes Buch einflossen, waren in den 50er und 60er Jahren Söhne und Töchter. Die Familienwelt, die sie beschreibt, entspricht dem Bild der strikten Trennung der Männer und Frauen in Hausmutter und Arbeitsvater. Inzwischen hat sich die Welt verändert. Vor allem für die Frauen. Sie haben heute größeren Anteil an der Welt jenseits von Küche und Kinder-

10) Marina Gambaroff: Utopie der Treue, Reinbek 1984, S. 75 ff.
11) Gambaroff, S. 87

zimmer, sie haben mehr Selbstwertgefühle entwickelt und eine Mutter, die keinen Sohn gebiert, gilt nicht mehr als Versagerin. Die Forderung Hedwig Dohms, der radikalen Feministin der Jahrhundertwende, „Mehr Stolz, ihr Frauen!" hat längst Früchte getragen.

Christiane Olivier betont als Beleg für ihre Theorie den hohen „Grad der Idealisierung des Vaters durch die Mehrzahl der Frauen im Vergleich zum sehr schlechten Bild der Mutter, wie auch immer dieser Vater gewesen sein mag."[12] Das stimmt heute nicht mehr. Mädchen und junge Frauen betonen heute, daß sie überwiegend eine viel engere Beziehung zur Mutter haben, und kritisieren, daß der Vater nie dagewesen sei, sich nicht genug interessiert, keine Zeit und zuwenig Verständnis gehabt habe. Mit dem stärkeren Selbstbewußtsein der Frauen hat auch die Idealisierung der Väter abgenommen.

Und auch wenn die sogenannten neuen Väter ihre Rolle tatsächlich noch nicht sehr viel besser ausfüllen als die Männer voriger Generationen – gerade in der Säuglings- und Kleinkind-Phase bemühen sie sich doch erheblich mehr um ihre Söhne und Töchter und beteiligen sich stärker an deren Versorgung und Betreuung als noch vor zehn Jahren.

In dem Maße, in dem Mütter mehr Eigenleben jenseits der Mutterschaft entwickeln, wird die Symbiose mit ihren Kindern weniger eng sein müssen. Frauen, die sich selbst mehr achten und deren Bezogenheit auf den Mann als Zentrum ihres Lebens abnimmt, empfinden auch ihre Töchter als „wertvoller".

Familientherapeutin Rosmarie Welter-Enderlin sieht in der Theorie Christiane Oliviers einen wichtigen Beitrag in der Diskussion um die Mütter-Töchter-Beziehung. „Aber sie entspricht nicht der Komplexität dieser Situationen. Ich erlebe immer wieder Mütter, die gerade wegen ihrer Fremdheit, wegen ihres Anderssein eine sehr distanzierte Beziehung zu ihren Söhnen haben, während sie sich mit den Töchern sehr verbunden und vertraut fühlen. Ich denke, Oliviers Theorie entspringt einer Rivalitäten-Ideologie. Sie mag auf Mütter der

12) S. 128

letzten oder vorletzten Generation vielleicht zugetroffen haben. Auf Frauen, die jetzt 50 oder 60 sind, die noch von den alten Leitbildern geprägt sind: Die Frau besorgt das Haus, und der Mann geht hinaus in die Welt. Aber die Frauen, die von den Umbrüchen der letzten Jahrzehnte und der Frauenbewegung berührt sind, haben ihre Kinder anders erlebt und erzogen. Und ganz besonders deren Töchter, die jetzt 20- bis 30jährigen, haben ein anderes Gefühl für sich selber, und so auch für ihre Töchter.“

Bleibt zu fragen, warum diese Theorie so begeistert aufgenommen wurde (und wird)? Obgleich sie wieder die alleinige Schuld der Mutter an weiblichem Nicht-Wert-Fühlen zementiert, an der Fixiertheit auf den Mann, und den Müttern auch noch die Schuld am männlichen Frauenhaß gibt? Gerade dämmerte im Bewußtsein von Müttern und erwachsenen Töchtern, daß Frauen als Versorgerinnen und Erzieherinnen von Kindern vielleicht doch nicht die ganze Schuld am weiblichen Dilemma tragen.

Vielleicht, weil sie die Schuld auf die unbewußte Ebene verlagert: Vielleicht entlastet die Mütter das Gefühl, ihre Pflicht dem Kind und insbesondere der Tochter gegenüber nicht bewußt vernachlässigt zu haben? Vielleicht fühlen sie sich so weniger schuldig, wenn sie sich unbewußt stärker zum Sohn, zum anderen Geschlecht hingezogen fühlen sollten?

Vielleicht suchen sie darin auch eine Erklärung, warum sie selbst als Mädchen oft hinter den Jungen zurückstehen mußten? Welche Mutter kann schon für ihr Unbewußtes und ihre Libido?

Christiane Olivier ergreift entschieden feministisch Partei für die Frauen, indem sie mehr Gleichheit unter den Geschlechtern fordert, mehr Anteil der Männer an der Pflege der Kinder (also auch der Mädchen), vor allem im Säuglings- und Kleinkind-Alter, aber ihr Erklärungsmuster bleibt doch im ganz privaten Kinderzimmer. Aber Menschen sind verschieden. Und die Struktur von Seele, Persönlichkeit und Charakter werden durch vielerlei Einflüsse der Gesellschaft und zahllose Erlebnisse und Zufälle während des ganzen Lebens geformt. Zwar sind die ersten Lebensmonate prägend – aber sie sind nicht alles. Ein Mädchen, das von Vater, Onkel, Bruder oder Lehrer mißachtet wird, hat als erwachsene Frau mehr Probleme mit ihrem Wert und ihrer Sexualität, als durch einen etwaigen Mangel an mütterlichem Begehren.

Aber vielleicht kam diese Theorie auch zur rechten Zeit. Das Gefühl, als Mutter schuldig geworden zu sein, quält, blockiert und macht klein. Aber es ist vertraut und hält die alltäglichen Spielregeln eng, jedoch übersichtlich. Die befreiende Erkenntnis, daß Mütter nicht an allem schuld sind, hat ja auch eine Kehrseite. Sie bedeutet nicht nur weniger Macht (auch wenn es eine drückende Macht ist), sie bedeutet auch, sich auf fremdes Terrain zu begeben. Sich von Schuld zu verabschieden, heißt auch, Blockaden beiseitezuräumen, vertraute Bahnen, gewohnte Reaktionsmuster zu verlassen und Fesseln abzuschütteln. Wer weiß, was jenseits des Vertrauten ist? Auf alle Fälle ein unbekanntes Land mit neuen Möglichkeiten und mehr Freiheit. Das könnte auch ein gefährlich schönes Land sein – ein Land, in dem viele Schatten übersprungen werden müssen. Aber damit haben die Frauen ja längst angefangen.

V. KAPITEL

„Manchmal war es tierisch anstrengend“

Von Kindheit und Jugend in den 50er und 60er Jahren, und was Frauen daraus für ihre Töchter gelernt haben

Einem Kind Freiheit zu geben ist nicht einfach.
ALEXANDER S. NEILL
Theorie und Praxis
der antiautoritären Erziehung (1960)

Dienen lerne beizeiten das Weib nach seiner Bestimmung" steht auf einer Tafel, die an der Wand über dem Katheder hängt. Die ganze Klasse der Mädchenschule spricht es im Chor. Zur Übung. Elisabeth mag das nicht, aber sie erfährt das auch zu Hause. Nicht als Satz, sondern praktisch. Daß sie und ihre Schwester im Haushalt helfen, inklusive Schuheputzen für die von Hausarbeiten freigestellten Brüder, ist selbstverständlich. „Ich hab's aber nie geglaubt, daß man als Frau seinen Sinn nur durch Dienen erfüllt. Ich hab immer gedacht: Das kann nicht die Bestimmung der Frau sein. Arbeiten? Klar. Aber dienen möcht ich nicht. Ich war innerlich dagegen. Aber erreicht hab' ich damit nichts. Nur meine Töchter, die hab' ich später anders erzogen. Die haben ihr Abitur gemacht, die studieren und können sich durchsetzen, genauso wie ihr Bruder."

Geschichten von Frauen über ihre Kindheit und Jugend in den 50er und 60er Jahren sind oft auf den ersten Blick komische Geschichten, eingebettet in Erinnerungen an endlose Sommer, verschneite Winter, Ballspielen auf der Straße und baden im klaren Bach. Auf den zweiten Blick sind es Geschichten von muffiger Enge, rigiden Normen und subtilem Anpassungszwang. Geschichten darüber, wie aus Menschen brave Mädchen gemacht wurden. In ihnen spiegelt sich aber auch das Ausmaß an Veränderung, das in der Kinder- und ganz besonders in der Mädchenerziehung stattgefunden hat.

Als Elisabeth, heute 54, Anfang der 50er Jahre in der Mädchenschule aufs Frauenleben vorbereitet wird, ist in Deutschland mit ungeahnter Geschwindigkeit wieder „Normalität" eingekehrt. Die Frauen, die in den letzten Kriegs- und ersten Nachkriegsjahren selbständig geworden waren, sind klaglos und schnell in die Küchen zurückgekehrt. Sie hatten jahrelang Betriebe geleitet, Essen, Kleidung und ab und zu einen Sack Kohlen aufgetrieben, Alltag in Chaos und Not organisiert, schließlich Trümmer weggeräumt. Jetzt haben die Männer das öffentliche Leben wieder in die Hand genommen. Die meisten Frauen sind froh darüber, die Last abgeben zu können. Nun können sie tun, wovon sie so lange geträumt haben: eine Familie schaffen, ein gemütliches Heim. Das Leben ist zwar immer noch schwierig. Millionen von Flüchtlingen versuchen in den Westzonen Deutschlands, Fuß zu fassen, 52 Prozent der Schulkinder haben nach Kriegsende nur einen Elternteil, überwiegend Mütter. Die müssen die Last weiter alleine tragen. Es gibt eine knappe Million Witwen und 1,3 Millionen Waisen. Entsprechend groß ist die Sehnsucht nach dem Mann als Beschützer und Helfer in der Not. Aber immerhin sind Hunger und Frieren vorbei, die Angst vor dem Fliegeralarm und vor Stiefeltritten vor der Tür.

Der Wunsch nach Normalität ist übermächtig. Die Sehnsucht nach Sicherheit und Geborgenheit findet ihren Ausdruck im Familienleben. Das muß funktionieren. Und es funktioniert am besten, wenn die alten, traditionellen Rollen und Arbeitsteilungen wieder akzeptiert werden.

Eine Frau ohne Mann, ob im Restaurant, auf Reisen oder am Familientisch, ist nun wieder nur eine halbe Frau. Eine Frau, die wartet. Das Leben der erwachsenen Frauen findet als Teil eines Paares statt. Ehepaare treffen sich. Einen Damenkegelklub zu gründen, beweist große Aktivität. In früheren Jahrhunderten hatten Frauen in der Spinnstube, dem Waschhaus oder beim gemeinsamen Einkochen eine rein weibliche Domäne, in der sie ihre Sorgen und Alltäglichkeiten bereden konnten. In der jüngeren Vergangenheit gab es noch das Kaffeekränzchen oder die Handarbeitsrunde. Nun sind die Mütter ganz für die Familie reserviert. Niemand muß den kleinen Mädchen erzählen, daß sie ohne Mann an ihrer Seite nicht viel wert sind. Sie erleben es. Nie hat es weniger eigenständiges Frauenleben gegeben als in den fünfziger und sechziger Jahren unseres Jahrhunderts.

Gehorsam ist das oberste Gebot

Die Erziehungskonzepte dieser Jahre setzen nahezu bruchlos die der letzten Jahrzehnte fort: Ordnung, Disziplin, Sauberkeit. Zuständig ist einzig die Mutter, der Vater ist die mächtige (im Zweifelsfall strafende) Instanz im Hintergrund. Jungen werden zu „richtigen" Männern erzogen. Disziplin und Gehorsam gegenüber Autoritäten jeder Art sind gefordert – aber ein richtiger Junge muß auch mal über die Stränge schlagen und die verhängte Strafe wie ein Mann akzeptieren und ertragen. Im Klassenzimmer regiert oft noch der Rohstock.

Mädchen werden zu netten kleinen Hausfrauen erzogen. Sittsam, sauber, fleißig, hilfsbereit und bescheiden, ein bißchen kokett, aber nicht zu sehr. Ihr Blick wird auf das Haus gerichtet, die Welt draußen gehört wieder den Männern. Wenn einer den Kinderwagen schiebt oder die Treppe putzt, gilt das allgemein als peinlich – ein Pantoffelheld, der sich gegen seine Frau nicht durchzusetzen weiß. Keine Frau will einen Pantoffelhelden.

Dennoch wird auch Erwerbsarbeit für viele Mütter Teil ihres Alltags. Die Wirtschaft boomt. In der Zeit von 1950 bis 1960 entstehen fünf Millionen Arbeitsplätze, und die Arbeitslosenzahl sinkt von 11 auf 1,3 Prozent.[1)]

Mütter „arbeiten mit". Die Läden sind gefüllt, die Familien wollen konsumieren und sparen für ein Häuschen. Es ist eine eigentümlich ambivalente Atmosphäre. Frauenerwerbstätigkeit gilt als notwenig, aber zugleich als bedauerliche und nur vorübergehende Notlösung. Der Begriff „Doppelverdienerin" kommt auf, für berufstätige Ehefrauen von berufstätigen Männern – Frauen, denen Geld und Wohlstand wichtiger sind als das Glück ihrer Familie. Dennoch nimmt die Berufstätigkeit der Mütter trotz des langsam wachsenden Wohlstandes zu, nicht zuletzt, weil sie ihren Kindern eine gute Berufsausbildung oder ein Studium ermöglichen wollen. Die Öffentlichkeit ist besorgt, auch der Deutsche Gewerkschaftsbund erinnert daran, „wie wertvoll die Mutter daheim für die Familie ist, und

1) Zitiert nach Yvonne Schütze: Die gute Mutter. Zur Geschichte des normativen Musters „Mutterliebe", Bielefeld 1986, S. 108

daß nur materielle Not Zwang sein dürfte, wenn Mütter mit kleinen Kindern einer Erwerbstätigkeit nachgehen."[2)]

Und 1957 wird in der Einführung zum Gleichberechtigungsgesetz ganz offiziell die traditionelle Rollenverteilung in der Familie betont: „Es gehört zu den Funktionen des Mannes, daß er grundsätzlich der Erhalter und Ernährer der Familie ist, während es die Frau als ihre vornehmlichste Aufgabe ansehen muß, das Herz der Familie zu sein."[3)] Über Erziehung und Ausbildung der Kinder entscheidet nach diesem Gesetz letztlich der Vater. Sein Recht, ein Arbeitsverhältnis seiner Frau zu kündigen, wird in diesem Gesetz allerdings gestrichen. Soweit die Frau es „mit ihren Pflichten in Ehe und Familie" vereinbaren kann, darf sie berufstätig sein.

Aber in Maßen. Denn: „Die vom Beruf her erforderliche Pflege des Körpers und der Kleidung führt zur Verfestigung materieller Interessen, zur Überbetonung der äußeren Gepflegtheit, zum Drang nach Lebensgenuß. Ganz allgemein ist durch eine einseitige Tätigkeit das seelische Gleichgewicht der Frau bedroht." Und: „Besonders intellektuelle Frauen in selbständiger, verantwortungsreicher Stellung sind der Gefahr ausgesetzt, in eheliche Konflikte zu geraten, Sklavinnen eines ‚Unabhängigkeitskomplexes' zu werden."[4)]

Berufstätigkeit für Mädchen aber, häufig auch eine Ausbildung, wird in den 50er und 60er Jahren üblich. Die Mütter unterstützen das nicht nur, weil die Töchter so zum Familieneinkommen beitragen, sondern auch, weil eine Ausbildung das einzige ist, was den Töchtern niemand wegnehmen kann. Daß ein Ehemann als Versorger in der Realität kein zuverlässiges Modell ist, haben die Mütter vieler dieser Mädchen selbst erfahren. Viele Ehen sind in den 50er Jahren zerbrochen, zahllose Kriegerwitwen müssen sich und ihre Kinder mit unqualifizierter Erwerbsarbeit mühsam durchbringen. Und daß selbst

---

2) Presseerklärung des DGB über die erwerbstätige Frau und die soziale Situation der Familie. Zitiert nach Friederike Maier: Zwischen Arbeitsmarkt und Familie. In: Gisela Helwig/Hildegard M. Nickel (Hrsg.): Frauen in Deutschland 1945 – 1992, Berlin 1993, S. 274
3) Zitiert nach Angelika Burger/Gerlinde Seidenspinner: Töchter und Mütter. Ablösung als Konflikt und Chance, Opladen 1988, S. 22
4) Dr. Otto Speck: Kinder erwerbstätiger Mütter. Zitiert nach Schütze, S. 110 f.

Grundbesitz, bis dahin der Inbegriff von Sicherheit, keine mehr bietet, zeigen die argwöhnisch als Konkurrenz aus dem Osten betrachteten Flüchtlingsfamilien jeden Tag.

Der Anteil der Abiturientinnen steigt bis Anfang der 60er Jahre auf knapp 40 Prozent, an den Hochschulen ist 1965 jedoch nur jeder vierte Platz von einer Studentin besetzt.[5)] Das sind vor allem Mädchen aus den großen Städten und aus Akademikerfamilien. Für die meisten anderen ist die Beschränkung auf eine kurze, weniger qualifizierte Ausbildung selbstverständlich.

„Ich war auf der Realschule, und mein Traum war, Gartenarchitektin zu werden“, erinnert sich Renate (50). Meine Mutter hat die Gartenarbeit immer sehr geliebt, mag sein, daß ich das von ihr habe. Aber meine Eltern haben gesagt, das sei doch nichts. Da müsse ich mir die Hände schmutzig machen und auch von zu Hause fort. Das war unüblich, Mädchen blieben bis zur Ehe bei den Eltern, vor allem auf dem Land und bei uns in der Kleinstadt. Ich denke, daß vor allem die Finanzierung ein Problem war, als kleiner Angestellter verdiente mein Vater nicht viel. Aber darüber wurde bei uns nie gesprochen, jedenfalls nicht mit uns Kindern. Es gab ja noch keine Ausbildungsförderung, da war für Mädchen wenig drin. Ich habe mich einfach gefügt und eine Lehre in einem Laden für Papierwaren und Bücher gemacht. Wir haben damals nicht soviel über den Beruf nachgedacht, es schien so klar, daß der nur für ein paar Jahre ist, bis zur Heirat eben. Ich hab' später Kurse in Steno und Schreibmaschine gemacht und mich bis zur Sekretärin raufgearbeitet. Und Glück gehabt, daß meine Ehe so gut gelaufen ist. Wenn ich mir heute vorstelle, ich hätte ohne richtige Ausbildung mich und meine beiden Kinder allein ernähren müssen, das wäre schon hart gewesen.“

Die meisten Mädchen fügen sich ganz selbstverständlich in die Beschränkungen. Wie sollten sie sich auch andere Ziele setzen? Es gibt kaum Vorbilder jenseits von Hausfrau und Mutter. Bedeutende Frauen sind Florence Nightingale, Madame Curie

---

5) Zitiert nach Barbara Hille: Geschlechtstypische Präferenzen und Benachteiligungen. In: Helwig/Nickel, S. 221

oder Clara Schumann. Ihre Lebensläufe bekommen Mädchen im Sammelband zur Konfirmation geschenkt – genau betrachtet, sind sie eher eine Abschreckung für hochfliegende Träume. Die bedeutenden Frauen sind alle schon lange tot und vom Flair des Tragischen umgeben. Vorbilder für erfolgreiche, lebende Frauen gibt es letztlich nur in Hollywood. Das ist weit und dafür braucht man kein Abitur. Und die Stars sind auch nicht alle glücklich. Sogar Brigitte Bardot hat einen Selbstmordversuch unternommen.

Sex ist tabu

Jedenfalls für Frauen vor der Ehe – offiziell. Nie wird soviel und so jung geheiratet wie in den 50er Jahren. Aufklärung findet in den meisten Familien nicht statt. Es gibt heimliches Blättern in medizinischen Büchern, Getuschel mit aufgeklärteren und deshalb von den Eltern nicht gern gesehenen Freundinnen; es gibt „schmutzige" Witze auf dem Schulhof, die kaum jemand wirklich versteht. Es gibt Warnungen und Ermahnungen, sich nicht mit Jungen einzulassen. Was besonders schwierig zu befolgen ist, denn gleichzeitig haben die Mädchen gelernt, den Wünschen anderer und im besonderen denen der Männer zu entsprechen. Neinsagen gehört für die meisten nicht zum Repertoire. Vor allem gibt es Geschichten von den Mädchen, die tatsächlich nicht im rechten Moment nein gesagt haben oder gar aus Lust „schwach" geworden sind. Ein Junge, so wird den Mädchen erzählt, an den man sich „verschenkt", verliere die Achtung vor ihnen, denn so ein Mädchen sei ja nicht ordentlich, keine Frau zum Heiraten. Ordentliche Mädchen „heben sich auf" für den Richtigen. In der Realität hat Sex zwischen Jugendlichen natürlich auch in dieser Zeit etwas mit erster Liebe, mit Lust und mit erotischer Neugier zu tun und führt weitaus seltener zu der von den Müttern prophezeiten Verachtung. Aber so oder so: Lange Freundschafts- und Verlobungszeiten werden von den Eltern nicht gern gesehen.

Elisabeth: „Wenn eine einen Freund hatte, dann sollte sie schnell heiraten, damit sie nicht ein lediges Kind kriegt. Ich weiß nicht, ob meine Eltern mich rausgeschmissen hätten – das kam ja oft vor –, aber eine große Schande für die ganze Familie wär es schon gewesen. Die Pille hat's noch nicht gegeben. Wenn du kein Kind willst, hat meine Mutter mal gesagt, mußt du's halt lassen. Was anderes gäb's da nicht. Damit war das Thema Aufklärung erledigt. Sie war halt auch sehr katholisch, da durfte sie nichts wissen."

Umbrüche bahnen sich an. Aus Amerika, dem Land der Verheißung, kommt der neue Lebensstil. Petticoats und Coca-Cola, der Traum vom Cabrio und der Rock'n'Roll. Der wilde Tanz mit seinen akrobatischen Einlagen ist herrlich unanständig. Rock'n'Roll heißt auf deutsch ‚Schaukeln und Wälzen' und ist ein Slang-Ausdruck für den Beischlaf. Aber wer weiß das in Deutschland schon? Musik, Mode und Lebensgefühl des Rock'n'Roll werden auch in Europa zum Symbol für das Aufbegehren gegen den rigiden Anpassungszwang der Nachkriegszeit – allerdings stets im gutgestärkten, mehrschichtigen Petticoat. Auch Mädchen stürzen sich kopfüber nach Schulschluß oder Feierabend in die aufregende neue Welt. An ihrer Rolle ändert das zwar wenig. Auch bei Rock'n'Rollern sind Ideale von Weiblichkeit zäh: James Dean, der tragische Held jener Jahre, hat stets eine mütterlich tröstende, alles verstehende, selbstlos zu ihm stehende Freundin an seiner Seite. Und Elvis, der Gott mit der Gitarre und dem kreisenden Becken, war in seinen Filmen auch nur von steril verpackten und frisierten dümmlich-schnippischen Mädels umschwärmt. Aber die neue Musik und die damit entstehende Jugendkultur fördern ein neues, freieres Körpergefühl und -bewußtsein. Zumindest für die, die sich trauen und selbstbewußt genug sind, mütterliche Rettungsversuche zu verweigern.

„Als ich gerade fünfzehn war, kaufte meine Mutter mir ein Korsett. Ich erinnere mich genau daran. An diesen engen Laden, an das Anprobieren, an das konzentrierte Gesicht meiner Mutter. Mir war das alles sehr unangenehm, nicht zuletzt, weil so ein kompliziertes Wäschestück sehr teuer war, und bei uns zu Hause mußte jede Ausgabe gut überlegt werden. Mein Vater verdiente halt sehr wenig. Die Entscheidung fiel schließlich für einen blaßgelben Schlauch aus Lycra und Kunstseide. Meine Mutter und die Verkäuferin fachsimpelten darüber, wie bequem diese elastischen Mieder doch seien. Im Gegensatz zu dem steifen Atlas früher ...

Mein Körper war in seiner Weiblichkeit wohl meinen Jahren voraus. In diesem Ding entsprach er endlich der Norm: Er war nun glatt, die Brüste fest verpackt und vor womöglich aufreizenden Bewegungen geschützt. Sehr damenhaft! Ohne diesen Panzer kam ich mir bald dick vor und irgendwie unanständig. Ein bißchen nackt. Es heißt immer, daß die erste Menstruation der wichtigste Tag beim Eintritt in das Frauenleben ist. Für mich war es der Kauf dieses blaßgelben Schlauches. Es war so etwas wie ein Initiationsritus, der aus Mädchen Frauen machte. Dem blaßgelben folgten in den nächsten Jahren noch andere, in Weiß, Rosa und Fleischfarben. Das war dann Beige. Den Ausdruck fand ich ziemlich eklig."

Gabriele lacht, wenn sie heute diese mehr als 30 Jahre alte Miedergeschichte erzählt. Die falle ihr immer zuerst ein, wenn man sie nach ihrer Teenagerzeit frage. Dieses Korsett für ein gertenschlankes junges Mädchen. Die feste Form. Dieses Symbol der Sittsamkeit, des Einfügens in das vorgegebene Maß. „Der reinste Keuschheitsgürtel!" Der Körper, der gerade zu einem Frauenkörper wurde, der Platz brauchte und Bewegung wollte, wurde in diesem kleinen, ganz privaten Gefängnis zur Ordnung gerufen. Aber es half nicht viel. Der Körper blieb immer ein Risiko. Ein unbekanntes Risiko. Die meisten Mädchen wußten in den 50er Jahren nicht viel mehr über ihren Körper, als was sie mit ihm gerade erlebten. Die erste Blutung? Ein lachsfarbenes Gürtelband und von einem Gaze-Netz überzogene Binden. Gürtel und Binden verrutschten leicht. Immer die Angst, die Binde könnte durchbluten oder sich nach hinten schieben und den engen Rock eindeutig ausbeulen. Ängste, über die nicht geredet wurde. Alles „da unten rum" war tabu.

Noch einmal Gabriele: „Wenn ich sehe und höre, wie vertraut meine Tochter und ihre Freundinnen mit ihrem Körper sind, wird mir erst klar, welche Behinderung diese muffige Moral und dieses verklemmte Schweigen über Sexualität und das

Frau-werden früher für uns war. Wir waren so verklemmt und verschämt. Auch die Selbstverständlichkeit, mit der die Mädchen mit den Jungens in ihren Cliquen umgehen, wie souverän und differenziert die sich abgrenzen können. Die nehmen Liebe und Sex natürlich genauso wichtig und haben auch 'ne Menge Probleme. Aber die kennen sich einfach besser aus und lassen sich von den Jungens nicht so unkritisch einschüchtern und rumkommandieren wie wir."

Reden ist Silber, Schweigen ist Gold

Kinder reden nur, wenn sie gefragt werden. Brave Kinder soll man sehen, aber nicht hören. Mädchen mit 'nem Willen, krieg'n was auf die Brillen. Warum? Darum!

Geflügelte Worte aus Schul- und Kinderzimmern und Wohnstuben der 50er und 60er Jahre.

Die Erziehung zum Gehorsam, die verklemmte Sexualität, die selbstverständliche Lebensplanung zu Heim und Herd – nichts davon würde funktionieren, wenn Kinder dazu ermuntert würden, eigene Gedürfnisse und Gefühle zu entwickeln und auszuleben, Grenzen nicht nur einfach als unverrückbar hinzunehmen, sondern auszuloten. In dieser Welt voller Tabus ist auch das Repertoire erlaubter Fragen klein. Neugier gilt vor allem bei Mädchen als schlechte Eigenschaft. Wissenwollen ist Habenwollen, deshalb beweist Neugier Unbescheidenheit und ist somit ein schwerer Charakterfehler.

Für Fragen nach allem, was mit dem Körper und der Sexualität zu tun hat, „sind Kinder noch zu klein". Probleme der Eltern werden vor den Kindern verschwiegen. Die verstehen sie noch nicht. Aber sie spüren und sehen, daß die Eltern bedrückt, schlecht gelaunt oder wütend sind. Wer also sollte schuld daran sein als sie selbst? Wenn sie groß genug sind, ist die Scham so fest, das Frage-Tabu so verinnerlicht, daß sie gar nicht mehr fragen. Wo eigene Bedürfnisse und Neugier selbstverständlich hinter der Entscheidung der Autorität der Eltern (Lehrer oder anderer übergeordneter Instanzen) zurückstehen müssen, werden sie nicht nur „vergessen", sondern man verlernt auch, sie zu empfinden oder zu erkennen. Je mehr Anpassung trainiert wird, um so unselbständiger und weniger selbstbewußt wird der Mensch sein, der da heranwächst. Tricks, kleine und große Unwahrheiten und Erpressungen müssen da einspringen, wo klare Wünsche und Verhandlungen nicht erlaubt sind. Die Erziehung zur Anpassung ist zugleich immer eine Erziehung zur Lüge.

Der Kampf gegen die kindlichen Bedürfnisse beginnt schon im Säuglingsalter. Gefüttert wird nach der Uhr, geschlafen auch. Die „Sauberkeitserziehung" erfolgt nach Plan. Und der ist eng.

Das alles geschieht in bester Absicht. So sind nun einmal die gesellschaftlichen Spielregeln. Und daß man gegen die aufbegehren könnte oder möchte, erscheint lächerlich. Sie sind die Norm. Und die gilt. Denn feste Normen geben Sicherheit, ihre Befolgung garantiert Anerkennung. Und Sicherheit und Anerkennung sind nun mal Grundbedürfnisse des Menschen – ganz besonders nach diesen vielen unsicheren Jahren und in einer Zeit, in der die ganze Nation um die Anerkennung buhlt, die sie in den vergangenen mörderischen Jahrzehnten verspielt hat.

Ingrid, alleinerziehende Mutter zweier fast erwachsener Töchter: „Noch als Teenager wurden wir nie nach unserer Meinung zu familiären Problemen oder Entscheidungen gefragt. Wenn es um wichtige Dinge ging, wurden wir einfach rausgeschickt. Oder meine Eltern machten einen langen Spaziergang. Wir wurden dann zwar irgendwann informiert, aber nur über die vollendeten Tatsachen. Hintergründe, Zusammenhänge, das Für und Wider ging uns Kinder nichts an. Das habe ich mit meinen Töchtern sehr bewußt anders gemacht. Wir nennen das Plenum. Und wenn mal wieder was kompliziert ist, und ich druckse rum, dann sagen meine Töchter: „Na gut, Mutter, was ist los? Sag' es doch einfach ganz direkt." Ich hätte mich nie getraut, so mit meiner Mutter zu sprechen. Nach etwas zu fragen, von dem man auch nur spürte, daß es schwierig sein könnte, etwas, worüber sie vielleicht nicht so gerne mit mir reden wollte – das gab's einfach nicht. Mit dem Sprechen wurde uns offenbar gleichzeitig das Schweigen beigebracht."

Schweigen ist nicht nur Abwehr von unliebsamen Fragen, es ist auch Strafe. Die Psychologen nennen das „Liebesentzug" und werden das einige Jahre später als die übliche Bestrafungsart in Mittelschicht-Familien bezeichnen. Ein Kind, das den mütterlichen (oder väterlichen) Erwartungen nicht entsprochen hat, das frech oder ungezogen war, wird nicht ausgeschimpft oder darüber informiert, was es falsch gemacht hat. Der Satz: ‚Ich bin jetzt sehr enttäuscht von dir' ist eine effektivere Strafe. Fortschrittliche Mütter verzeihen ihrem Kind vor dem Schlafengehen: Wir wollen nie mehr davon sprechen! Wohin mit der Wut bei so viel Güte? Ich will's nicht wiedertun, bestimmt nicht. Ein braves Kind. Widerworte sind Rebellion. Verzeihen ist gut – aber was bleibt, sind Schuldgefühle.

„Schuldgefühle", schrieb Erich Fromm Ende der 60er Jahre im Vorwort zu Alexander S. Neills Bericht über seine legendäre Summerhill-Schule und die antiautoritäre Erziehung, „haben vor allem die Funktion, das Kind an die Autorität zu binden. Schuldgefühle behindern die Entwicklung zur Selbständigkeit. Sie schaffen einen Teufelskreis aus Auflehnung, Reue, Unterwerfung und erneuter Auflehnung. Die Schuldgefühle der meisten Menschen in unserer Gesellschaft resultieren weniger aus dem Gewissen als aus dem Gefühl des Ungehorsams gegen die Autorität und der damit verbundenen Angst vor Strafe. Es spielt dabei keine Rolle, ob es sich um körperliche Züchtigung, um Liebesentzug oder darum handelt, daß man sich einfach als Außenseiter fühlen muß." [6)]

Wie sehr Schuldgefühle das Leben von Frauen beeinflussen, davon war schon im 4. Kapitel ausführlich die Rede. Kinder, die nicht nach ihrer Meinung gefragt werden, die sich bedingungslos den Geboten Erwachsener fügen müssen, können nur schwer das Gefühl entwickeln, daß sie als Person, als Individuum wichtig sind. Wenn ihre Meinung nicht zählt, sind sie unwichtig. Wenn sie unwichtig sind, wird die Frage, ob man denn geliebt wird, zur Überlebensfrage. Und wenn die Liebe mit

6) Alexander S. Neill: Theorie und Praxis der antiautoritären Erziehung – Das Beispiel Summerhill, Reinbek 1993, S. 15

Anpassung erkauft werden muß, dann wird Anpassung auch selbstverständlich praktiziert – um den Preis der Lüge, der Selbstverleugnung. Mädchen betraf (und betrifft) das doppelt, denn Mädchen müssen vor allem brav sein. Ein Junge darf, als echter Junge, auch mal widerborstig sein, rebellisch. Und weil er als Junge ein zukünftiger Mann ist, darf er auch eher eine Meinung haben. Ein bißchen eher.

Ein eingeschüchtertes Kind fragt nicht mehr. Ebensowenig wie ein Kind, das auf Fragen keine Antworten, sondern nur ein beredtes Schweigen bekommt. Es hat also mit seiner Frage etwas Verbotenes getan. Natürlich würde es gerne fragen: was? Aber wenn Fragen so gefährlich sind, so unerwünscht? Das Schlimmste, was einem Kind auf Dauer geschehen kann, ist, keine Fragen stellen zu dürfen. Denn jede Frage wird letztlich doch beantwortet, nämlich im Kopf des Kindes, das mit seiner Ungewißheit alleingelassen worden ist.

Kinder, die in Diskussionen der Eltern einbezogen werden, die erfahren, daß es Sinn macht, sich für eigene Belange einzusetzen, deren Gedanken ernstgenommen werden und sich so wichtig fühlen können, entwickeln genug Selbstbewußtsein und persönlichen Mut, um auch eigene Ziele anzustreben. Sie haben weniger Angst und lernen, auf die eigene Kraft zu vertrauen, daß sie etwas bewegen können und sich der Einsatz für eigene Wünsche und Überzeugungen lohnt. Vor allem lernen sie die Kunst der verbalen Auseinandersetzung.

„Kinder sind weise. Auf Liebe antworten sie mit Liebe und auf Haß mit Haß. Sie fügen sich leicht einer Mannschaft ein", schreibt Alexander S. Neill 1959. „Eltern (verderben) das Leben ihrer Kinder, wenn sie ihnen überholte Vorstellungen, überholte Manieren und überholte Moralbegriffe aufzwingen. Sie opfern ihre Kinder der Vergangenheit." [7] Und weiter: „Es hängt alles vom Vertrauen zu den Kindern ab. Einige Eltern haben dieses Vertrauen, den meisten fehlt es. Und wenn es fehlt, dann fühlen das die Kinder. Sie fühlen, daß elterliche Liebe nicht sehr groß sein kann, sonst würde man ihnen vertrauen.

7) Neill, S. 162

Wenn man Kinder anerkennt, dann spricht man über alles und jedes mit ihnen, denn diese Anerkennung baut viele Hemmungen ab."[8] Alexander Neills Bericht über seine Schule und die Grundsätze seiner Theorien wird zehn Jahre später zum Kultbuch fortschrittlicher Pädagogen, Pädagoginnen und Eltern werden.

Die neuen Strategien

In den 70er Jahren wird viel darüber geredet und geschrieben, daß die frühkindlichen Prägungen durch die Erziehung der Mutter den Mädchen die Last ihrer weiblichen Verhaltensweisen und Reaktionsmuster aufzwingen. Viele Frauen versuchen, es anders, besser zu machen, um den Töchtern bessere Startchancen zu geben. Aber das ist gar nicht so einfach – das mütterliche Vorbild sitzt tief.

Schon als ihre Tochter klein war, hat Renate gemerkt, daß sie bei ihr genau das machte, worunter sie selbst bei ihrer Mutter am meisten gelitten hatte: das beleidigte Schweigen. „Dieser Spruch Jetzt-ist-Mutti-ganz-traurig, anstatt ihr klar zu sagen, was anliegt. Ich habe mich als Kind dann immer schrecklich schuldig gefühlt. Schließlich hatte meine Mutter es sowieso schwer mit dem Fünf-Personen-Haushalt und dem großen Gemüsegarten, und ich machte sie auch noch traurig! Ich habe mich dann bemüht, es bei meinen Kindern nicht mehr so zu machen. An so was, dachte ich, kannst du arbeiten. Schaff's ab! Ich hab immer wieder versucht, mit dem blöden Schmollen aufzuhören, auch meinem Mann gegenüber – und irgendwann hat's geklappt und mit den Jahren ging es immer besser. Es war gar nicht so einfach, wie ich gedacht hatte. Ich war da wie ein Automat. Sie machte etwas, was mir nicht paßte oder was ich ihr verboten hatte – zack, Mundwinkel runter, tragischer Blick, eingezogenes Kinn, ein kurzer beleidigter Satz – und Schweigen. Ich ertappe mich heute noch manchmal dabei, obwohl meine Kinder schon ziemlich erwachsen sind. Das finde ich blöde, aber solche Ausrutscher gehören wohl dazu.

8) Neill, S. 126

Außerdem bekomme ich dann garantiert zu hören: „Nun schmoll' nicht, sondern sag' schon endlich, was anliegt."

Die Sache mit dem Schmollen war wie ein Alarmsignal. Sie bemerkte nun bei sich viele kleine Reaktionen, die sie selbst nicht gut fand. „Ich bauschte zum Beispiel auch ständig Sachen auf. Da passierte irgend 'ne Kleinigkeit, und ich machte ein Riesenbuhei daraus, was die Kinder natürlich überhaupt nicht begreifen konnten und sich sofort als üble Sünder fühlten. Ich schimpfte, brüllte, zeterte. Dann stand ich neben mir, hörte mir zu und fand mich ätzend! Hör doch auf, sagte ich mir, aber ich konnte das kaum stoppen." Es dauerte lange und kostete viele Grübeleien, bis sie begriff, daß sie das immer tat, wenn sie sich selbst zu kurz gekommen oder überlastet fühlte. „Ich hatte aber nicht gelernt, einfach zu sagen: Das will ich nicht, das ist mir zuviel. Oder: Ich finde, du bist jetzt total blöd. Das mußte ich erst als erwachsene Frau lernen. Deshalb mußte ich aus jeder Mücke einen Elefanten machen, damit ich mir erlauben konnte, mich zu wehren. Leider waren dann eben immer gleich Kanonenkugeln nötig. Meine Kinder und ich, wir haben viel zusammen gelernt. Schlimm finde ich nur manchmal, daß ich vieles erst so spät begreifen und ändern konnte. Aber, denk ich, besser als nie. Meine Kinder, und ganz besonders meine Tochter, können jedenfalls sagen, was sie wollen. Und sie tun's auch, weiß Gott. Bei mir und meiner Tochter fliegen manchmal ganz schön die Fetzen, wir wollen eben beide zu gerne Recht haben. Aber ich kann mich – hinterher – immer noch dran freuen, wenn ich merke, daß wir dann schließlich auch ruhig miteinander reden und Streitpunkte aushandeln können. Und daß sich keine von uns wie ein Schwein fühlen muß."

Ingrid, heute 50, hat viele Dinge aus ihrer Familie ganz bewußt an ihre Töchter weitergegeben. Zum Beispiel solche Bräuche wie exzessiv Weihnachten feiern, mit Baum, Keksen backen, Geheimnissen und allem Drum und Dran. „Ich finde Familie nämlich schön. Aber in vielen Dingen habe ich sie ganz bewußt völlig anders erzogen. Zum Beispiel wird mit der Sexualität viel offener umgegangen. Wir waren bei uns zu Hause früher so unwahrscheinlich verklemmt, und ich habe mir immer geschworen: Das machst du auf keinen Fall so. Ich habe meine Töchter viel freier erzogen. Natürlich ist auch die heutige Zeit liberaler, aber ich denke schon, daß es ausschlaggebend ist, daß gerade in der Familie offen über Sexualität geredet und gefragt werden kann. Mein Töchter finden mich zwar immer noch ein bißchen verklemmt, aber die können sich ja auch nicht vorstellen, wie's in meiner Jugend war. Ich gebe ihnen in allen Bereichen so viele Freiräume wie möglich, auch wenn es mir nicht immer leicht fällt, denn man setzt sich da ja auch dem Scheitern aus. Wenn man was anders macht, ist das immer ein neues Probieren und Abwägen. Von meiner Mutter habe ich oft gehört: Du erziehst deine Kinder viel zu frei und selbständig. Vertrauen ist ja gut, aber wenn sich das nur nicht mal rächt." Zu den Freiräumen zählt Ingrid nicht nur weiter gesteckte Grenzen des Erlaubten, sondern auch das Prinzip der Familienkonferenzen.

Freiräume und weite Grenzen sind nur möglich, wenn Familienentscheidungen diskutiert und die Spielregeln des Zusammenlebens immer wieder neu verhandelt werden, wenn gelernt wird, daß Verantwortung nicht nur lästig ist – auf die kleine Schwester aufpassen, die Katze füttern oder Hausaufgaben machen –, sondern Mitdenken und Mitentscheiden bedeutet. „Damit habe ich schon gleich nach meiner Scheidung angefangen, als die beiden noch ziemlich klein waren. Sie wußten, daß ich die Entscheidungen fälle, aber daß ich ihre Gedanken und Vorstellungen in meine Überlegungen einbeziehe. Das war kein pädagogisches Rollenspiel, das war und ist mir immer sehr ernst. Ich wollte wissen, was die Kinder wollen, und sie sollten wissen, was anliegt."

In den 70er Jahren begann eine große Diskussion über antiautoritäre Erziehung, kindliche Freiheit und Entwicklung zur Individualität. Die Versuche, antiautoritäre Erziehung konsequent zu realisieren, beschränkten sich zwar auf kleine Gruppen meist akademischer Eltern- und Pädagogenzirkel und gingen zudem häufig von einer als „laisser faire" falsch verstandenen Theorie aus. Aber die allgemeine Wirkung war dennoch groß. Die Debatte um das Für und Wider kindlicher Freiheit und ihrer Grenzen brachte alle Erziehungsprinzipien in Bewegung und schuf ein neues Bewußtsein um die Individualität des Kindes. Auch das Versprechen von Experten, daß gerade Kinder, die sich in frühen Jahren austoben dürfen, nach und nach zu besonders friedlichen Familienmitgliedern werden, animierte viele Mütter, die Zügel lockerer zu lassen.

Auch die geschlechtsspezifische Erziehung, bis dahin völlig selbstverständlich, wurde nun hinterfragt. Vielen Frauen wurde allmählich klar, warum sie sich viel stärker als die Männer mit Schuldgefühlen, Mangel an Selbstvertrauen, bereitwilliger Anpassung an fremde Wünsche und Hilfsbereitschaft bis zur Selbstverleugnung herumschlugen. Sie übten tapfer Widerstand und Veränderung und nahmen sich vor, an ihren Töchtern die Erziehung zur Freiheit zu praktizieren. Die subtilen und auch ganz konkreten Kränkungen und Einschränkungen, die sie selbst im Gegensatz zu Brüdern und Klassenkameraden erlebt hatten, waren endlich nicht mehr auf individuelles Versagen zurückzuführen, sondern wurden als allgemein übliche Diskriminierung erkannt, an der sich Mütter ganz selbstverständlich beteiligt hatten.

Nur ein Mädchen? Ein Mädchen!

Sibylles Mutter erschien als der Inbegriff einer erfolgreichen, emanzipierten Frau. Sie leitete nach dem frühen Tod ihres Mannes die Familienfirma, zog ihre beiden Söhne und die Tochter groß, war im Unternehmerverband aktiv, sehr klug und attraktiv. Aber sie hatte Angst vor jedem Gespräch mit einem Abteilungsleiter. Ihr Selbstbewußtsein war Fassade.

„Sie hat die Frauenverachtung als Mädchen selbst in ihrer Familie ungetrübt erfahren, und das hat sie unbewußt gelebt und weitergegeben. Ich denke auch, daß die Frauen nach diesen Jahrzehnten der wilhelminischen und faschistischen Männerüberhöhungen gar nicht aus ihren inneren Rollen rauskonnten. Meine Mutter hat sich immer bemüht, fair zu sein“, erinnert sich die 46jährige Sibylle. „Aber sie hat das emotional nicht geschafft. Meine Brüder waren als männliche Wesen einfach mehr wert. Dabei fühlte ich mich ständig schuldig, wenn es ihr mal nicht gut ging. Wenn sie mich nicht hätte, dachte ich, wäre das Leben für sie leichter. Meine Brüder, die ihr viel mehr Grund zur Sorge lieferten, hatten nie solche Gedanken. Die haben sich den Schuh einfach nicht angezogen. Daß diese Verachtung – auch in den Frauen selbst – überhaupt existierte und auch heute noch existiert, wurde ja erst in den 70er Jahren ein Thema, als wir dann unsere Kinder bekamen. Ich denke heute, daß meine Mutter zwangs-emanzipiert war und das Zepter später sehr gerne an meine Brüder abgegeben hat." Sibylle übelegt einen Augenblick. „Es war völlig klar, daß die Jungen die Firma erbten und weiterführten. Daß ich das auch machen könnte, davon war nie die Rede. Sie fand es auch ganz in Ordnung, als ich mal vom Gymnasium abgehen wollte, um Friseurin zu werden, obwohl ich immer eine sehr gute Schülerin war. Bei meinen Brüdern wäre das nie in Frage gekommen – die wurden ständig motiviert, ihre Zukunft mit dem höchstmöglichen Ziel vorzubereiten. Als ich beschloß, Innenarchitektur zu studieren, haben sich alle totgelacht. Du kannst doch nicht mal Mathe und willst studieren?"

In Sybilles Familie – wie in den meisten anderen – galten Mädchen nicht soviel wie Jungen, und es wurde ihnen entsprechend wenig zugetraut. Nach dem Abitur besuchte sie eine Journalistenschule und heiratete früh. „Als ich mein erstes Kind bekam, hatte ich endlich das Gefühl: So! Jetzt bin ich in meiner Familie was wert, weil ich einen Sohn geboren hatte! Alles, was ich vorher geleistet hatte, die Journalistenschule, meine Arbeit als Redakteurin, meine Artikel, auf die ich so stolz war, mein eigenes Geld verdient, niemandem in dieser reichen Familie je auf der Tasche gelegen – das zählte nichts. Aber mit dem ersten Enkelkind, dem Sohn, hatte ich eine Position. Das hat mich schrecklich gekränkt."

Als dann ihre Tochter geboren wurde, hat sie sich wahnsinnig gefreut. „Ich war mir sicher: Das ist *mein* Kind. Aber für meine Mutter blieb mein Sohn immer die absolute Nummer eins. Das ist bis heute so. Meine Tochter nimmt sie kaum wahr und wenn, dann sieht sie sie immer doppelt kritisch."

Was sie selbst anders gemacht hat? Wie solle man das erklären? Es seien häufig kleine Dinge: „Mein Sohn hatte als Kind immer so eine Überlebenstasche. Da waren Bindfäden drin, Gummiband, Taschenmesser, solche Sachen. Meine Tochter hatte ein Feinheitstäschchen. Da war ein schönes Taschentuch drin, eine kleine Puppe, Creme, ein Lippenstift. Ich merkte, daß ich dabei war, das abzuwerten, das Feine, Mädchenhafte. Aber was ist das eigentlich für ein Unterschied? Ich dachte, ich muß das jetzt endlich durchbrechen, was seit Generationen in meiner Familie immer wieder passiert ist: daß Frauen, ihre Eigenarten und Vorlieben weniger oder gar nichts wert sind. Wenn ein Mädchen sich mit seiner Freundin unterhält und spielt, dann ist das doch nicht weniger wert, als wenn ein Junge mit seinen Freunden eine Bande gründet. Ich war dabei, eine richtige Jungensmutter zu werden. Verdammt, habe ich gedacht, du mußt dieses Kind, diese Tochter, anders behandeln, als du selbst behandelt worden bist. Bei uns zu Hause wurde ja nur wichtig genommen, was meine Brüder taten, Jungenssachen. Rumalbern, schminken, verkleiden – dafür wurde ich immer lächerlich gemacht. Ich wollte das bei meiner Tochter anders machen, und zwar ganz bewußt durch eine andere Art des Wahrnehmens, eine andere Art des Hinguckens. Wie wichtig das ist, hab ich erst gemerkt, als ich einen wunderschönen französischen Spielfilm über eine Mädchen-Wohngemeinschaft sah. Ich hab' den angeguckt und gedacht: Das kennst du alles nicht, und jetzt guckst du dein Kind mal mit anderen Augen an."

Sie versucht ihrer Tochter zu vermitteln, daß sie ihr als Person und mit dem, was sie tut, viel wert ist. Das hat sie bei ihrem Sohn genauso getan, aber der erschien ihr von jeher selbstbewußter und unabhängiger. Bei der Tochter hat sie sich ganz bewußt darum bemüht. „Wenn die zum Beispiel diese Mädchen-Gesichter mit kullerrunden Augen im himmelblauen Kleid gemalt hat, so wie es jedes Mächen macht, dann habe ich mir das auf die Kommode gestellt. Ich bin zu Hause für meine Mädchen-Kunstwerke von meinen Brüdern ausgelacht worden, für ‚so'n Kitsch', und niemand hat mich verteidigt. Oder wenn meine Tochter sich im Bad stundenlang schön macht und mein Sohn rumknurrt: ‚Was macht die da drin solange, sieht doch hinterher auch nicht anders aus.' Dann sag ich ihm: ‚Halt dich da raus, das geht dich nichts an.' Ich habe auch immer sehr gefördert, daß ihre Freundinnen bei uns zu Besuch waren und auch hier übernachtet haben. Ich fand das schön, wenn die oben in ihrem Zimmer saßen, rumgiggelten, Sachen anprobierten und sich Geschichten erzählten."

Im Bemühen, ihren Töchtern gleiche Chancen und gleiche Stärken zu geben wie den Jungen, versuchten viele Mütter, anders als Sybille, ihre Töchter möglichst jungenhaft zu machen. Das war letztlich nur eine neue Norm – auch eine männliche.

Sibylle wollte ihre beiden Kinder so werden lassen, „wie sie gedacht waren". Ihr Sohn mag weder Raufereien noch Fußballvereine. Sibylles Brüder finden das bedenklich und eher unmännlich, viel zu intellektuell. Sie sagt: „Warum soll er anders sein, als er möchte?" Für ihre Tochter hat sie sich immer gewünscht, daß sie ganz stark und von äußeren Zwängen möglichst unabhängig wird, ohne ihre weiblichen Eigenarten verleugnen zu müssen. Aber dazu gehört auch – bei aller Erziehung zur Autonomie – der Einsatz mütterlicher Autorität in entscheidenden Momenten. „Als sie vor zwei Jahren von der Schule abgehen und – wie offensichtlich fast alle Mädchen irgendwann mal – Friseurin werden wollte, habe ich ihr glasklar gesagt, das komme nicht in Frage. Ich wolle nicht, daß sie mit 25 stinksauer sei, weil ihr der Job keinen Spaß macht, und sie dann keine anderen Möglichkeiten mehr hat. Ich habe ihr die Berufssituation klargemacht, und das hat sie begriffen. Wir haben uns heftig auseinandergesetzt und uns dann auf einen Vertrag geeinigt: Ich habe all die Jahre gearbeitet und sie großgezogen. Im Gegenzug macht sie das Abitur. Wenn sie's nicht schafft – okay. Aber sie weiß, daß sie es schaffen kann, sie ist bisher eine gute Schülerin und weder blöd noch faul. Wenn sie nach dem Abitur Friseurin oder Visagistin oder was auch immer werden will – kein Problem. Hauptsache, es macht ihr Spaß. Und mit dem Abitur hat sie dann immer noch andere Möglichkeiten."

Sie ist nun 16 und ziemlich autonom. „Manchmal kränkt mich das, weil sie ihre Geheimnisse mehr mit ihren Freundinnen teilt als mit mir. Sie mag nicht, wenn ich nachfrage – aber ich hab meiner Mutter ja auch wenig erzählt. Das ist eben so. Aber manchmal war es tierisch anstrengend. Vor allem, weil sie mich in der Pubertät zeitweilig so abgelehnt hat. Das ist wohl normal – aber ich habe mich gerade in der Zeit dabei ertappt, wie ich manchmal die gleichen Bemerkungen wie meine Mutter gemacht habe.“ Kein Wunder also, dachte sie, verkniff sich die Bemerkungen und hielt die töchterlichen Kämpfe aus. Auch wenn das manchmal schrecklich war.

Starke Töchter zu erziehen heißt nicht, daß das Leben grundsätzlich für sie leichter wird. Starke Töchter fechten auch stärkere Kämpfe aus.

Und das war alles?

Familienkonferenzen, Feinheitstäschchen, kein Schmollen mehr, freiere Sexualität, mehr Verantwortung – das alles klingt nach Kleinigkeiten. Aber ihre Summe bedeutet für ein Kind, daß seine Individualität ernstgenommen und geachtet wird, daß es wertvoll ist und eigene Wünsche haben darf, ohne die Liebe der Eltern zu verlieren oder zum Außenseiter zu werden.

Doch Strategien und das Bemühen, ein Kind sein eigenes Muster finden zu lassen und ihm die Chance zu geben, eine starke Persönlichkeit zu entwickeln, haben allein nicht ausgereicht. Dazu gehörte etwas Grundsätzlicheres: die Einstellungsänderung zu Kindern und Kindheit und ganz besonders zu Mädchen und zu Frauenleben.

Diese Frauen, die gelernt haben, sich selbst ernster und wichtiger zu nehmen und für genauso wertvoll wie Männer, vermitteln das nun auch ihren Töchtern: Wir haben eine Meinung und eigene Ziele, können hart kämpfen und weich lieben. Auch so ist das Leben nicht leicht, aber es macht Spaß, wenn man es selbst bestimmen kann.

EXKURS

Wie mache ich meine Tochter stark?

Interview mit Rosmarie Welter-Enderlin

Töchter stark machen. Was heißt das eigentlich? Eine bessere Erziehung oder wieder nur eine neue Norm, ein neues Korsett?

Ich meine mit „stark“ eine junge Frau, die gelernt hat, ihren ganz eigenen Weg zu finden und selbstbewußt zu gehen, egal, für welche Rolle sie sich entscheidet. Das kann sie nur, wenn sie weiß, daß sie wichtig ist, daß Menschen auf sie hören und sie ernstnehmen, Eltern, Geschwister, aber z. B. auch in der Schule. Da ist es Aufgabe von Lehrer oder Lehrerin, nicht immer nur die Jungen reden zu lassen. Und die Tochter muß auch frech sein und fordern dürfen, ohne daß die Familie gleich zusammenbricht.

Glück oder Unglück der Töchter werden in der Regel den Müttern aufgebürdet. Wie können wir verhindern, daß diese große Wut und Ambivalenz in den Gefühlen zwischen Mutter und Tochter entstehen?

Vor allem dürfen Mütter ihre Töchter nicht über das Frausein belügen. Besonders die Frauen, die Kinder und Beruf vereinbaren wollen oder müssen, sollten ihren Töchtern die Schattenseiten nicht verschweigen. Töchter brauchen ganz konkret beide Botschaften: Ich finde es wunderbar, daß du bei mir bist. Aber ich finde es manchmal auch schrecklich, unter welchen Belastungen wir zusammenleben müssen.

Wenn Mütter immer nur sagen: „Alles ist gut, und auch du wirst was Tolles aus dir machen“, die Töchter aber deren Unglück wahrnehmen, fühlen sie sich belogen und als Belastung der Mutter. Da sitzt oft die Wurzel für die weiblichen Schuldgefühle, die einer der Gründe sind, warum viele Frauen sich kleiner machen als sie sind, warum sie ihre Rechte nicht einfordern.

Diese Ehrlichkeit ist gar nicht so einfach ...

Das Beste, was man einer Tochter mitgeben kann, ist, die Dinge zu durchschauen. Also nicht zu jammern, aber ehrlich zu sein über die Schattenseiten des Lebens. Meine Tochter, sie ist jetzt 26, hat mir kürzlich erzählt, es sei für sie die schlimmste Zeit gewesen, als ich mich immer schuldig fühlte, weil ich so viel arbeitete, und gleichzeitig so tat, als sei alles in Ordnung. Diese Lüge war für sie schlimmer, als wenn ich einfach mal gesagt hätte: Ich kann dich jetzt nicht aushalten, ich brauche meine Ruhe. Distanz und Unnahbarkeit zwischen den Generationen entstehen ja nicht, wenn Mütter die eigenen Bedürfnisse einfordern, sondern durch Schweigen und Zähnezusammenbeißen.

Wie wichtig sind andere Frauen als Vorbilder für die Töchter?

Davon kann es gar nicht genug geben. Töchter brauchen eine Vielfalt von Modellen, vor allem in einer Welt, in der es keine festen Bilder von Weiblichkeit mehr gibt.

Ich hatte zum Beispiel eine sehr starke Mutter, die aber unendliche Selbstzweifel hatte. Ihre beste Freundin, die selbst keine Kinder hatte, hat sich viel um mich gekümmert. Sie war sehr gebildet und aufgeschlossen und hat mir in Bereichen geholfen, die für meine Mutter fremd und bedrohlich waren. Sie war für mich so ein Modell, wie eine Frau auch sein kann.

Ist das für die Mütter nicht ein Grund zur Eifersucht?

Klar kommt das vor. Aber wenn die Mütter mal von diesem blöden Mythos lassen könnten, immer ganz allein für alles verantwortlich und zuständig sein zu müssen, könnten sie glücklich sein, wenn noch andere Frauen für ihre Kinder von Bedeutung sind.

Frauen glauben ja immer noch, daß Mütterlichkeit etwas Naturgegebenes, Biologisches ist. Aber es ist eine soziale Rolle, die vor allem den patriarchalen Männern dient. Es wäre gut, wenn sie ihren Töchtern vorlebten, daß sie diesem Klischee nicht einfach blind nachrennen, sondern es in Frage stellen müssen. Auf diese Weise lernen Mädchen, daß sie sich für ihr Leben einen eigenen Plan machen dürfen.

Welche Rolle spielen die Väter bei der Erziehung der Töchter zur selbstbewußten Frau?

Der Tochter kann nichts Besseres geschehen als ein Vater, der tatsächlich und emotional vorhanden ist. Der es in der Pubertät aushält, wenn sie ihm liebevoll um den Bart geht und ihn im nächsten Moment schwer attackiert. Der Grenzen setzt, anstatt sie mit Geschenken oder Geld zu kaufen. Der auch mal alleine etwas mit ihr unternimmt, wo sie einfach als Kumpel und unbelastet von Sexualität ernstgenommen wird. Das kann auch ein Onkel oder guter Freund der Mutter sein. Vor lauter Angst, als potentieller Vergewaltiger zu gelten, ziehen sich leider auch viele Männer, die durchaus bereit sind, sich mit den jungen Mädchen auseinanderzuetzen, vor ihnen zurück. Das ist die Kehrseite der so wichtigen Aufklärung über sexuelle Gewalt.

Auch viele Väter ziehen sich in den rebellischen Phasen der Töchter beleidigt oder schimpfend zurück, weil es ihnen so schwerfällt, das auszuhalten. War die Tochter bis dahin seine Prinzessin, wendet er sich nun, da sie zur Frau wird, von ihr ab und überläßt die Kämpfe allein der Mutter. Das ist die Geschichte fast aller eßgestörten jungen Frauen.

Sind also nicht die Mütter an Eßstörungen der Töchter schuld?

Ein Schlüssel für Eßstörungen ist dieses Nichterwachsenwerdenwollen der Mädchen, weil sie kein Vorbild dafür haben, daß es lustvoll ist, eine erwachsene Frau zu sein. Es heißt immer wieder, daß Mütter diese Töchter wie Spinnen im Netz halten und nicht erwachsen werden lassen wollen. Aber hier sind die Väter ganz besonders gefragt. Sie repräsentieren die Welt draußen, die ja überwiegend von Männern dominiert wird. Anstatt die Tochter in der für die Väter oft bedrohlich erscheinenden Pubertät im Stich zu lassen, sollten sie sie unterstützen, sich mit ihr auseinandersetzen und auch zeigen, wie man sich durchsetzt, die Zähne zeigt. Und daß es Spaß macht, da draußen zu leben und sich durchzusetzen.

Kann man sagen, daß mit einem Mädchen, das in der Pubertät immer lieb und brav ist, etwas nicht stimmt?

Ja, meistens ist das so. Es ist einfach normal, daß Heranwachsende auch mal richtig spinnen. Da wird die Mutter um Rat gefragt, was die Tochter denn zur Party anziehen soll. Die Mutter gibt sich Mühe, macht Vorschläge – und die Tochter schreit empört: „Ich hab's ja gewußt, du willst nur, daß ich die Häßlichste bin!“ Dann weint die Mutter, dann weint die Tochter, das ist so eine typische Situation. Die ist im Moment furchtbar, gehört aber einfach dazu.

Ich erinnere mich gut an diese Zeit mit meiner eigenen Tochter. Da habe ich manchmal die Welt nicht mehr verstanden, aber es war sehr wichtig, daß wir uns so auseinandergesetzt haben.

Soll die Mutter da immer verständnisvoll reagieren oder ihren Ärger zeigen?

Natürlich müssen Eltern ihren Ärger zeigen. Das Kind braucht lebendige Menschen, keine Gummiwand. Wenn ich sage: „Bis hierher und nicht weiter, das ärgert mich einfach zu sehr“, dann hat das Kind ein Gegenüber. Und das ist ja das Wichtigste, daß die Tochter die Mutter als sehr konkretes Gegenüber erlebt und nicht als verschwommene Traumfigur oder böse Hexe phantasieren muß.

Auch heute noch fällt es vielen Müttern schwer, mit ihren heranwachsenden Töchtern über Sexualität zu reden ...

Dazu gibt es ja auch gar keinen Grund! Das sollen sie einfach lassen. Aufklärung findet viel früher statt, wenn die Kinder fünf oder sechs Jahre alt sind. Das sexuelle Leben der heranwachsenden und der erwachsenen Tochter geht die Mutter genausowenig an wie umgekehrt. Dazwischen steht die ganz natürliche Schamgrenze, und die ist absolut zu respektieren. Wenn die Tochter der Mutter mitteilen will, daß sie sich die Pille hat verschreiben lassen, dann ist das ihre Entscheidung. Aber gerade hier ist die Generationengrenze sehr wichtig.

Vielen Müttern fällt es schwer, da die notwendige Diskretion zu wahren. Nicht unbedingt, weil sie die Kontrolle nicht lassen können; wegen der sexuellen Liberalisierung glauben viele, absolute Offenheit zeigen und auch fordern zu müssen. Das gehört aber zur Privatshpäre, und die ist nach beiden Seiten zu respektieren. Die Sexualität der Töchter geht die Mütter schlicht und ergreifend nichts an. Sie sollen möglichst ihre eigene Sexualität leben und so zeigen, daß das etwas Tolles ist, anstatt darüber zu reden.

Mütter akzeptieren bei Söhnen fast immer eine Menge Aufsässigkeit. Warum nicht bei Töchtern?

Mütter empfinden eine Tochter ganz unbewußt wie eine Fotokopie von sich selbst. Da sind ja tatsächlich auch immer viele Ähnlichkeiten. Eine Frau, die sich selbst pflegeleicht verhält, z.B. in ihrer Ehe, erwartet deshalb von der Tochter ganz automatisch, daß sie auch brav ist. Die Rebellion schmerzt mehr als beim Sohn, der durch sein anderes Geschlecht zwar etwas sehr Attraktives, aber auch Fremdes ist. Das macht es leichter, ihm mehr Freiräume und Anderssein zuzugestehen.

Mädchen brauchen viel Freiräume, um Selbstbewußtsein und Stärke zu entwickeln. Ihnen genauso viel Freiheiten einzuräumen wie Jungen, bedeutet Angst und Sorge. Wie gehen Mütter damit am besten um?

Da muß man tatsächlich einfach eine Menge Angst und Sorge aushalten. Diese blöde Vorstellung von Mütterlichkeit verhindert oft, daß Frauen aus lauter Angst, als schlechte Mutter zu gelten, darüber reden. Sie sollten sich aber miteinander beraten. Das hilft, die Ängste und Unsicherheiten zu bewältigen und Möglichkeiten und Grenzen zu erkennen. Und sie sollten der Tochter klar die eigenen Spielregeln mitteilen: „Das erlaube ich, und das erlaube ich nicht. Und es ist mir egal, wenn das überhaupt nicht emanzipiert erscheint. Aber wenn mich meine Ängste die ganze Nacht wachhalten, dann tut das weder dir noch mir gut.“ Man muß da einfach Grenzen setzten und mit der Auseinandersetzung darüber leben.

Um ihre Töchter stärker zu machen, vermiesen manche Mütter deren weibliche Anteile …

Für manche Frauen ist es tatsächlich eine Katastrophe,

wenn die Tochter Friseurin werden will. Sie fühlen sich dann als Versagerinnen. Mütter versuchen immer wieder, ihre Töchter zu etwas zu bringen, was sie sich selber nicht trauten. Toll, wenn die Mutter die Tochter fördert. Aber sie muß da sehr genau hinsehen, daß sie sie nicht zur Wachspuppe macht. Es ist nicht die Sache der Töchter, die Träume der Mutter zu leben.

Das Erziehungsziel ,starke Frau' birgt also auch die Gefahr, die Töchter mächtig unter Druck zu setzen?

Das kann ein wahnsiniger Leistungsdruck werden. Unsere Mütter haben viele Facetten ihrer Persönlichkeit der Konvention geopfert. Wir sollten nun keine neuen Konventionen schaffen, sondern – so unvollkommen wie es eben nur geht – versuchen, möglichst viele Facetten zu leben und so unseren Töchtern ein Vorbild zu geben. Viele Frauen stehen sich dabei mit ihren tief verwurzelten Normen selbst im Weg. Sie haben sofort das Gefühl, ihre Mutter- und Hausfrauenplichten nicht gut genug zu erfüllen. Dieses ,Man darf als Frau nicht soviel an sich denken' sitzt bei vielen Müttern noch tief und wird als Vorbild auch für die Töchter zur Bürde und zur Fessel.

Wie ist dem zu entkommen?

Der Schlüssel ist die Auseinandersetzung mit der eigenen Mutter. Das ist ja das Verrückteste an dieser Beziehung, daß Töchter ein Leben lang annehmen, ihre Mutter sei wie das Bild, das sie sich irgendwann mal von ihr gemacht haben. Frauen sollten unbedingt mit ihren Müttern reden, versuchen, diese Beziehung zu klären. Ist sie wirklich der Vampir, der die Tochter auffressen, klein machen, nie loslassen will? Oder hat sie im Rahmen ihrer Möglichkeiten doch versucht, eine gute Mutter zu sein, sich auch bemüht, die Tochter loszulassen? Wie war ihre eigene Geschichte, warum ist sie, wie sie ist? Das geht oft nicht im ersten Anlauf, und sicher macht man dabei viele Fehler. Der Mutter-Tochter-Haß ist ja der Preis für diese ewigen stummen Schuldgefühle, die den Weg zueinander blockieren und auch das Verhältnis zur eigenen Tochter sehr belasten. Diese Klärung kann man auch noch nach dem Tod der Mutter versuchen, wenn man z. B. Menschen nach ihr fragt, die sie gut gekannt haben.

Was bedeutet es für die Tochter, wenn die Mutter berufstätig ist, eine eigene Welt außerhalb der Familie hat?

Einerseits werden starke, tüchtige Frauen in der Öffentlichkeit sehr bewundert, andererseits heißt es, sie vernachlässigen wegen der Karriere die Familie. Diese Doppelmoral ist für Kinder ganz besonders schwierig, wenn Verwandte oder Nachbarn so etwas ausdrücken. Aber der ganz große Vorteil ist, daß die Töchter auf diese Mutter stolz sein können. Und es gibt nichts Besseres, als auf die eigenen Wurzeln, die eigene Geschichte und Tradition stolz sein zu können.

Und wenn die Töchter die berufstätige Mutter wegen ihrer Mehrfachbelastung immer nur abgehetzt erleben ...

Dann sollten sie sich mal fragen, warum der Vater die Mutter nicht mehr entlastet. Oder warum die Gesellschaft Alleinerziehende so gut wie gar nicht unterstützt.

Manche Mütter wollen die beste Freundin ihrer Tochter sein. Geht das?

Nicht mit einer 15jährigen. Dann werden nur Konflikte erstickt, und die Tochter kann ihr eigenes Lebensmuster nicht finden. Wenn man aber diese Zeiten der Auseinandersetzung und der Fremdheit nicht gescheut hat, kann mit der Zeit, etwa wenn die Tochter Mitte Zwanzig oder älter ist, tatsächlich eine erwachsene Freundschaft entstehen.

Wenn eine Tochter schön und intelligent ist, wird der Mutter oft Eifersucht unterstellt ...

Ach was – stolz ist sie. Ich habe in meiner 25jährigen Arbeit als Psychotherapeutin noch nie solche Eifersucht erlebt. Es gibt wohl Trauer, daß die neue Generation sich Dinge erlauben kann, die in der eigenen Jugend noch unmöglich waren. Aber das ist verständlich und hat nichts mit Eifersucht zu tun.

Es kommt doch aber vor, daß die Tochter der Mutter den Liebhaber ausspannt ...

Ich denke, das sind vor allem Männerphantasien, die in der Literatur stattfinden. Und im Märchen. Die Brüder Grimm waren ja auch Männer.

Es heißt, starke Mütter erziehen schwache Töchter. Was halten Sie davon?

Das ist einfach Mist. Das ist dieses patriarchalische Vorurteil, daß eine starke Mutter wie ein Vampir dem Kind den Lebenssaft aussaugt. Ich meine, eine starke Frau bietet auch als Mutter eine Reibungsfläche, da kann die Tochter genauso stark werden wie die Mutter oder auch stärker.

VI. KAPITEL

Die Entrümpelung der Mutter-Kiste

Von der Notwendigkeit und Nützlichkeit der Versöhnung zwischen Mutter und Tochter

Bis dahin war sie nur meine Mutter gewesen, ausschließlich meine Mutter und keine eigenständige Person. Für mich hatte sie keinen Namen: Sie war meine Mutter.

MARIE CARDINAL
Schattenmund (1975)

„Kann man lernen zu vergessen?" „Es geht nicht ums Vergessen. Was man lernen muß, ist, sich zu erinnern und doch von der Vergangenheit unbelastet zu sein."

ALDOUS HUXLEY
Eiland (1962)

Aus Töchtern starke Frauen machen – das ist heute das Ziel der meisten Mütter. Was veranlaßt sie manchmal dennoch, die selbst erfahrenen Erziehungsmuster an ihre Töchter weiterzugeben? Meistens ist der Grund dafür, daß die eigene Mutter noch „wie ein Klotz am Bein hängt" und die längst erwachsene Tochter immer wieder zurückholt in die ausgetretenen engen Pfade. Dann ist es höchste Zeit, diesen Klotz vom Bein zu lösen. Und vor allem herauszufinden, wer hier wen festhält.

Die Erinnerung verwischt Feinheiten, löscht Differenzierungen. Sie strickt aus Ängsten, Hoffnungen, Phantasien, Erwartungen und Normen eigenwillige neue Muster, die zur erinnerten Realität werden! Die große Macht der Mutter. Alles scheint daran festzukleben.

Sie reden nicht mehr mit Ihrer Mutter? Wollen mit ihr nichts mehr zu tun haben? Haben es endlich geschafft, den Kontakt zu ihr abzubrechen? Das ist eine Möglichkeit. Sie hat allerdings einen entscheidenden Nachteil: Sie funktioniert nicht. Jedenfalls nicht auf Dauer. Wer vor Familien-Banden flieht, fühlt sich freier. Die ständige Konfrontation mit „dieser schrecklichen Person, die meine Mutter ist", bleibt aus, die

Kontrolle, die ständigen Anrufe, die Verpflichtung zu häufigen Besuchen, das alles löst sich in nichts auf: endlich frei. Aber das ist eine Illusion.

„Die unaufgelösten, spannungsgeladenen Konstellationen wiederholen sich in einer anderen wichtigen Beziehung", so die Psychologin Harriet Goldhor Lerner,[1)] „mit einem Ehepartner, Geliebten oder, wenn wir selbst Eltern sind, mit einem Kind. Nicht weniger bedeutsam ist es, daß der emotionale Rückzug aus unseren Familienproblemen uns daran hindert, in neuen Beziehungen mit wirklicher Offenheit und Klarheit zu agieren. Wenn wir lernen, uns in unserer eigenen Familie anders zu verhalten und verfahrene Situationen in diesen wichtigen Beziehungen aufzulösen, werden wir auch in allen anderen Beziehungen mehr Sicherheit und Klarheit gewinnen."

Die Nabelschnur ist zäh und die Psyche kompliziert. Gleichgültiges gibt sie frei, Belangloses darf vergessen werden. Mütter sind (wie Väter und Geschwister) weder belanglos noch lassen sie uns gleichgültig. Sie haben unsere prägendsten Jahre begleitet, immer gab es auch eine Zeit bedingungsloser Liebe des Kindes zur Mutter, und selbst abwesende oder nie gekannte Mütter leben als imaginäre Person, oft als Hexe oder Heilige, in der kindlichen Phantasie.

Und wo tatsächlich aus einer komplizierten, schmerzhaften Mutter-Tochter-Beziehung nur Gefühle von Haß, Verachtung oder diffuser Schuld geblieben sind, bedeutet auch das eine intensive Bindung, die kaum dadurch aufzulösen ist, daß man einander aus dem Weg geht. Intensive Gefühle binden Menschen immer fest aneinander, Haß nicht minder als Liebe.

„Wir können auch nicht nur das Entsetzliche wahrnehmen, nicht nur hassen", so Rosmarie Welter-Enderlin. „Am Anfang seines Lebens besteht jeder Mensch jeweils zu etwa 50 Prozent aus mütterlichen und aus väterlichen Anteilen. Diese eine Hälfte, diese mütterlichen 50 Prozent, kann man nicht einfach abschneiden und so einen Teil von sich selbst verleugnen. Wenn man sich auf seinen eigenen Weg machen will, muß man

1) Harriet Goldhor Lerner: Wohin mit meiner Wut? Neue Beziehungsmuster für Frauen, Frankfurt a. M. 1993, S. 68

das, was war, was die Umstände daraus gemacht haben, erkennen und sich fragen: Was mache ich nun in Zukunft daraus? Man muß diesen oft wirklich schmerzlichen Prozeß auf sich nehmen und die eigene Geschichte und Entwicklung noch einmal anschauen. Und nicht nur das, was man von der Mutter bekommen oder nicht bekommen hat, sondern auch, was man ihr an Beziehung und Auseinandersetzung selbst angeboten oder nicht angeboten hat. Dann, denke ich, kann man wirklich erwachsen werden."

Erwachsen sein heißt, ein eigenständiger Mensch mit eigenen Beziehungen, einem eigenen Beruf, einer eigenen Welt zu sein. Erwachsen sein heißt aber nicht, Familienbeziehungen aufzulösen, sondern frei zu sein von familiären, von mütterlichen Aufträgen, die nicht zum eigenen Leben passen. Es bedeutet auch nicht unbedingt, alles radikal anders zu machen als sie. Wer nur das Gegenmodell eines anderen lebt, bleibt in tiefer Abhängigkeit verstrickt, entwickelt nur scheinbar eigene Maßstäbe: die Negation als Widerstand zum Abgelehnten.

Das „Alles-anders-machen" kann zwar der erste Schritt in eine andere, entferntere Position sein, die ermöglicht, das vorgelebte Leben der Mutter, den Weg, den sie durch ihr Vorbild gewiesen hat, aus neugierig-kritischer Distanz anzusehen, Experimente zu wagen, Abenteuer, „verbotene" Wege. Der eigene Weg, die ganz eigene Identität bedeutet, verschiedene Wege zu prüfen, neue wie alte Muster anzusehen und aus allem das für sich selbst Wünschenswerte herauszunehmen und zu einem eigenen Lebensplan zusammenzufügen.

Was steckt in der Mutter-Kiste?

Die richtige Strategie, die perfekte Lösung, das herauszufinden, gibt es nicht. Ohne Auseinandersetzung, ohne alte Muster aufzubrechen, können jedoch keine neuen zusammengefügt werden.

Der erste Schritt, der schwerste: anhalten, tief Luft holen und die eingefahrenen Denkmuster überprüfen. „Das", so Rosmarie Welter-Enderlin, „ist ja das Verrückteste an dieser Beziehung, daß Töchter ihr Leben lang ein ganz bestimmtes Bild von ihrer Mutter haben, das sie nie wirklich an der Realität überprüfen." Wenn wir uns lösen wollen, freimachen, müssen wir uns auf die Suche nach der Mutter hinter dieser alten Kruste von Rollen, Attributen, Ritualen und Scheinbildern machen. Herausfinden, wer diese Frau eigentlich ist, wie sie war, wie ihr Leben war, warum es so war. Und welche anderen Möglichkeiten sie denn überhaupt gehabt hätte.

Das klingt ganz alltäglich, aber nur wenige Frauen wissen genug vom Leben ihrer Mutter als junge Frau. Da gibt es ein paar Elterngeschichten, die in der Familie kursieren, die bei Familienfesten erzählt werden, die jede(r) kennt. Aber gewöhnlich sind es immer die gleichen. Ein paar Splitter nur, Anekdoten, die kein kontrastreiches Bild ergeben.

Wer wirklich hinter diesem Bild steckt, das wir ihr aufgepfropft haben, hinter dem sie sich vielleicht auch selbst verborgen hat, wissen wir nur selten. Ebensowenig, ob die Erwartungen und Normen, die sie vermittelt hat, wirklich von ihr stammen und ob sie für die Mutter heute noch gelten. Irgendwie war nie die richtige Gelegenheit, danach zu fragen. Und die Zeiten, als die Familie am Abend ums Feuer saß und ihre Chronik an die nächste Generation weitergab, sind längst Geschichte. (Und vielleicht sind sie auch wieder nur ein Mythos aus dem Pferdezeitalter ...)

Kaum eine Frau, der bei dem Gedanken an eine Auseinandersetzung mit der eigenen Mutter nicht eine Gänsehaut über den Rücken läuft. Sich auseinandersetzen: Das geht vielleicht mit dem Partner, mit den Kindern, mit Freunden und Kollegen. Vielleicht mit den Geschwistern. Aber mit der Mutter? Will ich mir das wirklich zumuten? Und kann ich ihr das überhaupt zumuten?

„Wenn eine Tochter völlig unvermittelt Aufklärung über Vergangenes fordert", so Rosmarie Welter-Enderlin, „muß sie natürlich damit rechnen, daß ihre Mutter nicht gerade begeistert ist. Daß sie weint, verzweifelt oder wütend darüber ist, weil ihr zugemutet wird, über alte, scheinbar längst abgeschlossene Dinge zu reden. Gerade wenn das Mutter-Tochter-Verhältnis schwierig ist, hat die ältere Frau natürlich Angst vor einer solchen Auseinandersetzung. Da kommen alte Ambivalenzen und Schuldgefühle hoch, die unter Umständen heftig abgewehrt werden."

Auseinandersetzung heißt nicht Abrechnung. Abrechnungen funktionieren nicht. Sie schaffen neue Wunden, tiefere Gräben, neue Schuldgefühle auf beiden Seiten.

Für viele Frauen ist es schwer, mit ihren Müttern zu reden, weil die jahrzehntealte Kruste der Sprachlosigkeit und der oberflächlichen Pflicht-Rituale alles zudeckt. Die zahllosen Konflikte, das Ungreifbare. Und auch viel von der Liebe, die doch zumindest in irgendeiner kleinen Ecke der Vergangenheit ihren Platz gehabt haben muß. Das ist das Schreckliche an menschlichen Beziehungen, daß sie leer werden können, gleichgültig, zur Last. Die meisten kann man dann einfach abschütteln, aber die Verbundenheit mit den Eltern ist existentiell. Sie bleibt nun mal immer bestehen – ob in Haß oder Liebe, Qual oder Sehnsucht. So lästig das auch sein mag.

Die Unbekannte im Zug

Spätestens wenn Frauen die Vierzig überschritten haben, wenn die eigenen Töchter erwachsen werden, scheint es Zeit zu sein, die eigene Vergangenheit zu erforschen. Da ist genug Abstand, neu hinzusehen, genug Erfahrung, um milder, vielleicht verständnisvoller zu urteilen und behutsamer zu fragen. Genug Wißbegier auf die eigenen Wurzeln, die nach und nach wichtiger werden, weil man immer häufiger spürt, wie fest sie sitzen. Nach vielen Jahren der Versuche, diese Wurzeln zu ignorieren, ist deutlich geworden, daß das Leben ein Kreis ist, daß man immer wieder der Vergangenheit begegnet, daß sie auch bei entschlossenster Abwehr ein Teil des Selbst bleibt. Die Eltern, die Familie, die Vergangenheit kennenzulernen, heißt nun, sich selbst besser auf die Spur oder gar auf die Schliche zu kommen. Was kann spannender sein?

Aber es ist auch ein Risiko. Eingefahrene Gleise sind vertraute Gleise. Jede Weiche, jede Unebenheit ist vertraut genug, um ihr rechtzeitig auszuweichen. Neue Wege, neue Bilder, eine neue Sicht der Erfahrungen und Erinnerungen bedeuten Unruhe. Alte, eingeschliffene Schuldzuweisungen funktionieren dann nicht mehr, kleine und große Lebenslügen könnten entlarvt werden. Dafür kann mancher Seelenknoten, der seit vielen Jahren hart und kantig die Seele wundscheuert, gelockert oder gar gelöst werden.

Wer ist oder war die Frau hinter dieser Mutter? Wer war sie, als sie acht oder 15 war, 25 oder 40? Erinnerungsschnipsel stellen sich ein. Wenn man sich ihr nähern könnte wie irgendeiner alten Dame, die man im Zug trifft. Irgendwo zwischen Kassel und Wien, zwischen Berlin und Dresden. Eine alte Dame im Zug, die sich Gesellschaft wünscht und gerne ein wenig erzählen möchte. Dann legt man das Buch beiseite, höflich, eigentlich hätte man doch lieber zumindest das Kapitel zu Ende gelesen, als die Krankengeschichte einer fremden Alten anzuhören. Denn was wird sie sonst zu erzählen haben als ihre Krankengeschichte? „Da draußen", würde sie dann aber vielleicht sagen und auf ein ziegelrotes Dorf zeigen, das schnell aus dem Blickfeld gleitet, „da draußen habe ich meine ersten Ehejahre verbracht. Meine erste Tochter wurde dort geboren. Es waren turbulente Jahre ..."

Sie würde erzählen. Dorfgeschichten, Familiengeschichten, Frauengeschichten. Man säße ihr gegenüber, hörte zu, fragte nach, lachte mit ihr oder schüttelte mit Bedauern den Kopf. Ein paar Brocken Lebensgeschichte auf der Durchreise. Die alte Dame im Zug erzählt interessante Geschichten. Unbelastet durch die komplizierten Mutter-Tochter-Verstrickungen ist sie einfach eine Frau, die von ihrem Leben erzählt. Von ihrem Leben als Tochter, als Berufstätige, Geliebte, Ehefrau oder Mutter, von ihren Träumen, von dem Glück und den Dramen, die zu jedem Leben gehören.

Das Bedürfnis von Frauen nach Frauen-Biographien ist groß. Die Geschichtsbücher sind ja nur voll von Männergeschichten. Frauengeschichten zeigen eine andere Seite. Sie stärken unsere Identität, geben uns die Gewißheit, eine eigene Geschichte zu haben.

Unsere eigene Biographie gehört dazu. Sie beginnt nun mal in der eigenen Familie, bei der eigenen Mutter, bei deren Mutter – beim Versuch einer Annäherung. Eine erzählte Geschichte, und ganz besonders eine Lebensgeschichte, hat immer zwei Teile: die erzählten Worte und die hinzuphantasierten Gefühle und Facetten der Zuhörerin. Eine Tochter hört die Geschichten der Mutter anders als eine Fremde. Der Versuch, als Fremde zuzuhören, wird belohnt durch neue Geschichten.

Dabei hilft eine Erinnerung, die fast jeder Mensch hat. Damals, beim Kindergeburtstag, auf dem Sportfest oder beim Abtanzball. „Du hast vielleicht eine tolle Mutter“, sagte irgend jemand – gerade nachdem man sich vor Peinlichkeit gewunden hat, weil sie wieder mit dieser blöden und wahrscheinlich sowieso gelogenen Geschichte von ihrer Zeit als Motorradbraut geprahlt hatte, weil sie wieder allen ihren langweiligen Sherry aufgedrängt hatte, weil sie wieder ein viel zu schrilles Kleid anhatte ...

Ohne Konflikte geht es nicht!

Die Reise in die eigene Vergangenheit ist immer spannend, aber auch – für beide Seiten – bedrohlich. Gut gepolstert geht auch diese Reise leichter. Rosmarie Welter-Enderlin: „Warum nicht mal gemeinsam etwas tun, was der Mutter Spaß macht? Mit ihr in die Oper gehen, auch wenn man das selbst nicht besonders mag. Gemeinsam eine kleine Reise machen, zusammen essen gehen. Dabei kann langsam eine Stimmung entstehen, in der die Mutter Interesse und Neugier der Tochter nicht als Auftakt zu Beschuldigungen und Aufrechnung von Glück und Unglück aufnimmt, sondern als echtes Interesse an ihr als Mensch, als Bemühen, die Frau hinter der Mutter-Schablone kennenzulernen.“

Was so leicht klingt, ist oft schwer. Und ohne Konflikte wird es nicht gehen. Denn um die geht es ja schließlich. „Aber wenn die Tochter dran bleibt, sich auch zugesteht, daß sie auch diesmal nicht alles ‚richtig‘ machen wird, wenn sie aushält, daß auch bei ihr selbst alte Schuldgefühle geweckt werden, dann entsteht ein Prozeß, der viel verändern kann.“

Die Versuchung, die Chance zur Abrechnung zu ergreifen, ist groß. Nicht zuhören und fragen, sondern „endlich mal alles auf den Tisch packen", was schon so lange drückt. Aber es geht nicht um Abrechnung, sondern um Informationen als Grundstein für eine neue Brücke. Abrechung zerstört den Weg zum Verstehen. Nur echtes Interesse, wirkliche Fragen sind eine Chance, die alte, trübe Schablone wegzunehmen und mehr zu sehen. Wie warst du als junge Frau, wie war ich als Kind? Wie waren unsere Lebensbedingungen? Was war eigentlich mit dem Onkel, über den nie geredet werden durfte? Warum hast du dich nie gegen Großmutters Attacken gewehrt? Worüber hast du dich gefreut, wovon als junges Mädchen geträumt? Warum durfte ich nicht im Chor mitsingen? Warum hast du Vater geheiratet? Zu den meisten Fragen gibt es uralte Antworten, die sich in unserem Kopf festgesetzt haben, die jedoch oft nicht mehr sind als ein Konglomerat aus zementierten Vorurteilen, Phantasien, Familien-Legenden oder zur Gewißheit umfunktionierte Vermutungen. Antworten, die vor 20 oder 30 Jahren einem Kind gegeben wurden oder die es sich aus aufgeschnappten Wortfetzen zusammengereimt hat. Die erwachsene Tochter bekommt vielleicht andere Antworten.

Sie will nicht mit mir reden

Soweit die Theorie. Aber was tun, wenn auch die schönste Oper, das gemütlichste Essen den Weg zurück nicht öffnen? Wenn hinter dem Gespräch, der Annäherung tatsächlich nichts steht als das Bedürfnis, eine große Abrechung zu veranstalten? Was tun, wenn die Mutter sich nicht als die gesprächsbereite „Dame im Zug" erweist, sondern als energisch entschlossen, ihr Leben und ihre Geschichten für sich zu behalten? Oder wenn die Furcht vor dieser Auseinandersetzung einfach viel zu groß ist?

Niemand kann zum Blick zurück gezwungen werden, auch Mütter nicht. Vielleicht weiß sie gar nichts von den Konflikten, die die Tochter nun endlich lösen will, vielleicht sind sie ihr nie so deutlich bewußt gewesen, vielleicht hat sie sie auch in langen Jahren in die festverschlossene Kiste für Familiengeheimnisse gepackt, um sich vor dem, was war, ein für allemal zu schützen. Niemand hat das Recht, von einem anderen Menschen die Rückkehr in die oft schmerzhafte Vergangenheit zu erzwingen. Und wenn die Tochter mit dem Aufräumen so lange gewartet hat, daß die Konfrontation mit dem uralten kindlichen Schmerz alle Mutterqualitäten und damit die Lebensaufgabe einer sehr alten Frau in Frage stellt, so kommt das schon einer Abrechnung nahe. Dann kann therapeutische Hilfe oder Beratung mehr Entlastung und Freiheit bringen.

Irgendwann tauchen alle Fragen wieder auf

Es ist ein Märchen, daß die Ablösung von der Mutter in der Pubertät stattfindet. Dort beginnt sie zwar, aber eigentlich bleibt sie ein lebenslanger Prozeß.

Für viele Frauen beginnt dieser Prozeß erst nach dem Tod der Mutter. Plötzlich ist sie tot. Und irgendwann tauchen all die Fragen auf, die man immer stellen wollte, für die keine Zeit war, die zu brisant waren, die überholt oder nebensächlich schienen. Nun sind sie da, kommen mitten in der Nacht, bei der Arbeit, am Abendbrottisch oder im Urlaub am Strand. Die Fragen sind lästig, beunruhigend, manchmal quälend. Das Durchleben der Trauer, der Abschied von den Eltern ist um so schwerer, je mehr Konflikte aus dem gemeinsamen Leben ungelöst geblieben sind. Längst vergessen geglaubte Schuldgefühle drängen sich quälend ins Bewußtsein, alte, versteinerte Wut bricht wieder auf, ohne ein Ziel und eine Auflösung zu finden.

Der Tod ist ein Abschied von einem Menschen, aber nicht von den Gefühlen, die man mit ihm verbindet, nicht von der Vergangenheit, nicht von seinen „Aufträgen". Die Erinnerung an Freunde oder alte Nachbarn erlischt vielleicht, die an die Eltern nie. Wenn erst ihr Tod zum Anlaß wird, sich auf die Suche nach ihnen zu machen, ist der Weg vielleicht besonders schmerzhaft und schwierig, aber er ist dennoch eine Chance für Versöhnung und mehr innere Freiheit.

Alte Photos, Briefe, eine Reise in die Stadt oder an die Orte der Kindheit sind wie eine Tür in eine längst vergangen gewähnten Welt. Der Walnußbaum, den die Mutter gepflanzt hat, ist so groß geworden. Wirft Schatten, trägt endlich Früchte. Aber in seinen Zweigen und Blättern ist noch das kleine biegsame Bäumchen zu erkennen, das er einmal war. Der Blick zurück. Da steht plötzlich wieder die ganze Familie ...

Rosmarie Welter-Enderlin: „Man kann mit der imaginierten Mutter ein Gespräch führen, man kann auch auf den Friedhof gehen und mit ihr reden, über die verpaßten Chancen weinen, auch über vergangenes Leid. Und wenn man genau hinhört, wird man in dieser Begegnung auch anderes hören und fühlen. Ihre gütigen, ihre liebevollen Anteile. Auch die verzeihenden. Ich zum Beispiel bin nach dem Tod meiner Mutter zu einem Medium gegangen und habe dort ungeheuer viele Botschaften von meiner Mutter bekommen. Ich denke natürlich, daß die aus mir kamen, aber das ist letztlich egal. Man hat Teile in sich, die man nicht alleine, aber mit Hilfe eines anderen Menschen fassen kann. Durch dieses Medium habe ich diesen Botschaften, Erinnerungen, die ich vorher nicht hören und wahrnehmen konnte, Sprache gegeben. Das war ein wunderbares Erlebnis. Vom Leben meiner Mutter als junge Frau habe ich nach ihrem Tod von meiner Tante erfahren. Ich bin mit meiner Tochter zu ihr gefahren, und sie hat uns von meiner Mutter als einer Frau erzählt, die wir beide nicht kannten, die ganz schwierige Lebensbedingungen als junge Frau hatte. Das hat mir geholfen, sie nachträglich sehr viel besser zu verstehen, und auch Züge an mir selber zu akzeptieren, die mich mit ihr verbinden."

Drei Schwestern finden drei Mütter

Die Übersetzerin Renate hat sich erst viele Jahre nach dem Tod ihrer Mutter auf die Suche gemacht. „Als meine Mutter starb, war ich 22. Ich habe sehr unter ihrem Tod gelitten, obwohl er nicht unvorbereitet kam. Sie war immer viel krank gewesen. Wir hatten eigentlich kein besonders schlechtes Verhältnis gehabt, es war ganz normal gewesen. Nur ein paar schwierige Jahre, aber dann hat es sich so zurechtgeruckelt. Sie war halt immer so besorgt, fürchtete immer, daß ich mich übernehme. Sie hat mir wohl nicht viel zugetraut, das hat oft genervt."

Irgendwann begriff sie, daß sie ihre Mutter trotzdem im Gepäck hatte. „Eine Freundin fragte mich mal, warum ich mir im Beruf immer selbst so viele Schwierigkeiten mache, warum ich nicht mutiger bin, warum ich Karriere-Chancen nicht ergreife. Ob ich mir nicht erlauben dürfe, erfolgreicher zu sein als meine Mutter."

Sie fand das ziemlich frech. Wieder so eine Psychologisiererei! Sie rackerte sich schließlich genug ab, und es würde nur auf Kosten ihrer Tochter gehen, wenn sie mehr Verantwortung im Beruf übernehmen würde. Was hatte das mit ihrer Mutter zu tun, die ihr Leben lang brav am heimischen Herd geblieben war? Aber der Stachel saß. „Sie hat auf beruflichen Erfolg verzichtet, um für die Kinder da zu sein", flüsterte eine gemeine kleine Stimme in Renates Kopf. „Wäre sie egoistischer gewesen, hätte sie sicher Karriere gemacht, anstatt ihren Kindern ein schönes Leben ..."

Renate kramte die alten Bilder hervor, die mit dem gezacktem Rand, ein bißchen graustichig. Familienbilder. Sie sah eine Frau mit drei kleinen Töchtern. Ein bißchen zu dick vielleicht, zuviel Dauerwelle. Aber doch ganz vergnügt. Alles nur Pose. Alles nur Pose? Mit ihren Schwestern hatte sie viel über die gemeinsamen Kinderjahre gesprochen, aber über diese Frau, die da im geblümten Kleid zwischen ihnen stand, selten. Immer nur über die Jahre der Krankheit, nie über die Zeit davor.

Also fragte sie ihre beiden älteren Schwestern jetzt. „Was hat sie dir mitgegeben?" fragte sie die mittlere. Und dachte: „Die Angst, wird sie sagen, das ewige Sorgen, das Sichzurücknehmen." Das dachte sie.

„Die Fröhlichkeit", antwortete die Schwester sofort, „den Optimismus. Die Fähigkeit durchzuhalten. Und vor allem das Verständnis, das sie für mich hatte, als ich in meinen ersten Ehe- und Mutterjahren mal alles hinschmeißen wollte. Das hab ich aber erst später wirklich schätzen können. Ich müsse selbst entscheiden, was ich wolle und was für mich richtig sei, aber sie würde mich so oder so unterstützen. Und dann weiß ich noch, wie sie mich ab und zu auf ihrem Moped fahren ließ. Damals war ich vierzehn, das war natürlich streng verboten, und wir haben uns jedesmal geschworen, daß wir's niemandem erzählen. Auch Vater nicht. Das fand ich ganz toll von ihr."

Konnte das sein? Diese ordentliche Mutter, die nie Verbotenes tat, sich immer an die Konvention hielt? Sie fragte ihre andere Schwester, die älteste. Und dachte sich diesmal vorsichtshalber gar nichts.

„Das positive Gemüt", antwortete die wie aus der Pistole geschossen. „Wer mich liebt, lacht doch! Das hat sie immer gesagt. Und Mutter der Nation", fügte sie noch hinzu und lachte, „das sei sie gerne."

Die älteste Schwester schleppt trotz des allgemeinen Gespötts immer ihre Handtasche mit sich herum. Die ist groß wie ein kleiner Koffer und enthält alles, was irgend jemand brauchen könnte: Pflaster, Schere, Taschenmesser, Kopfschmerztabletten und Alka Selzer, jede Menge Taschentücher, Nadel und Faden verschiedenster Art, auf Reisen sogar einen kleinen Aschenbecher für ihren kettenrauchenden Freund und natürlich den richtigen Stadtplan und die notwendigsten Bahnverbindungen. So ähnlich jedenfalls.

Diese Schwester liebt es, immer mitzumischen, sie tut das mit selbstbewußtem Strahlen. Renate ist das manchmal peinlich. Warum eigentlich?

„Ihr habt eine andere Mutter gehabt als ich", erkläre Renate nun den beiden Schwestern. Und breitete all die Lasten aus, die sie, trotz aller Liebe, aufgeladen bekommen hatte.

„Dafür hast du dich aber ganz erfolgreich durchgeschlagen!" sagte die älteste Schwester und dachte dabei offensichtlich nicht nur daran, wie Renate Beruf und Familie managte, sondern auch an die Jahre, in denen die Schwestern kaum miteinander reden konnten, ohne daß die Jüngere ihr wütend über den Mund fuhr. „Die schriftstellerische Ader hast du auch von ihr. Du hast sie vor allem krank erlebt. Seit du zehn warst, war sie ja sehr viel krank. Aber vorher war sie so voller Tatendrang, da hatte kein Tag genug Stunden für sie. Sicher wäre sie wieder berufstätig geworden, wenn sie gesünder gewesen wäre. Es hat ihr Spaß gemacht, alles zu wuppen. Weißt du nicht, daß sie früher für die Lokalzeitung geschrieben hat? Und sie schrieb immer wundervolle Briefe, viele Briefe an viele Leute ..." Solche Briefe hatte Renate auch bekommen, aber das mit der Zeitung hatte sie nicht gewußt. Oder sie hatte es vergessen. Sie war ja noch klein damals, vier und fünf Jahre jünger als die Schwestern.

Aber in ihrem Arbeitszimmer stand noch ihre erste Schreibmaschine. Eine uralte schwarzlackierte Erika, die Schreibmaschine, auf der ihre Mutter vierzig Jahre lang ihre Briefe geschrieben hatte. Und, wie sie jetzt erst wußte, ihre Artikel. Ihre Mutter hatte ihr die Schreibmaschine irgendwann geschenkt, damit sie ihre Seminararbeiten darauf schreiben konnte.

Sie versuchte sich diese Frau, bei der sie beim Wort Arbeit immer nur an Wäscheberge, Putzeimer, Bügelbrett und dampfende Kochtöpfe dachte, unter der Schreibtischlampe vorzustellen. Als die Frau, die Verbotenes tat, die ihre Tochter ermunterte, unbequeme Entscheidungen zu treffen.

Das erschien ihr wie ein neues Fenster zur Vergangenheit. Ein neuer Blickwinkel, der ihrer Mutter die Strenge nahm und diesen erdrückenden Mantel aus Vorsicht und Enge. Es gab noch viele Gespräche mit den Schwestern, auch mit einer alten Nachbarin und einer Schulfreundin. „Es war, als würde ich in die Rückseite des Spiegels sehen, in den ich bis dahin geguckt hatte. Durch die Gespräche fielen mir nach und nach auch selbst wieder viele kleine Dinge ein, die zu diesem Bild, das ich von meiner Mutter mit mir herumgetragen hatte, nicht gepaßt hatten. Lustige und liebevolle Erinnerungen. Nach all den vielen Jahren konnte ich sie zum erstenmal als die kraftvolle, lebenslustige Frau sehen, die sie ja auch gewesen war. Wahrscheinlich hat nicht nur meine Schwester den Optimismus und das Kämpfertum von ihr. Und vielleicht würde sie es völlig absurd finden, wenn ich sie heute fragen würde, ob sie findet, daß ich meiner Tochter wegen im Beruf weiter zurückstecken muß ..."

Wenn sich Geschwister an ihre Eltern erinnern, sind sie sich selten einig. Wie ein Kind seine Mutter (oder seinen Vater) erlebt, welche Behandlung das Kind erfährt, hängt immer davon ab, in welche Situation es hineingeboren wird. Es macht einen Unterschied, ob das Kind sehnlichst erwartet wurde oder die Lebenspläne von Mutter und Vater durchkreuzt, ob die Ehe der Eltern gerade in einer Krise steckt, ob die Familie finanzielle Sorgen hat oder in schönster Harmonie lebt. Auch die Position in der Geschwisterreihe spielt eine bedeutende Rolle.

Rosmarie Welter-Enderlin: „Die älteste Tochter kann zum Beispiel eine völlig andere Beziehung zur Mutter haben als die mittlere oder die jüngste. Auch die Mutter ist ja nicht in jeder Lebensphase dieselbe Frau. In patriarchalen Familien, in denen die Geburt eines Sohnes noch von großer Wichtigkeit ist, kann das besonders deutlich werden. Wenn das erste Kind ‚bloß' ein Mädchen ist, ist das meist nicht so schlimm. Die Frau hat immerhin bewiesen, daß sie Kinder gebären kann. Wird das zweite wieder ein Mädchen, schämt sich die Mutter häufig heimlich. Dann kann es sein, daß sie sich besonders schützend vor dieses Kind stellt und es zugleich besonders stark fördert und fordert, um zu beweisen, daß man auch aus diesem Mädchen, das ja eigentlich eine Enttäuschung war, etwas machen kann. Wenn als drittes Kind endlich doch noch der ersehnte Sohn geboren wird, gerät dieses zweite Mädchen leicht in ein Niemandsland. Falls die Mutter oder auch der Vater sich seiner dann nicht besonders annimmt, kann es sich sehr einsam und verloren fühlen. Das führt dann oft zu sehr schwierigen Mutter-Tochter-Beziehungen, weil die Tochter eigentlich immer ahnt, daß sie ein Sohn hätte sein sollen und deshalb nie den Ansprüchen und Erwartungen genügen konnte."

Das Leben kennt keine Daueraufträge

Verhaltensmuster und Lebenspläne entstehen aus Erfahrungen, Normen, gesellschaftlichen und privaten Möglichkeiten. Und aus „geheimen Aufträgen" für das, was richtig und notwendig ist, um als guter Mensch zu gelten und geliebt zu werden.

Gisela war die Stütze ihrer Kirchengemeinde, seit sie mit ihrem Mann und der ältesten Tochter in dieses Dorf gezogen war. Bis zu deren Geburt war sie Bibliothekarin gewesen. Sie hatte ihren Beruf geliebt. Vor allem die Beratung der Besucher und Besucherinnen hatte ihr Spaß gemacht. Zwei Jahre nach dem ersten kam das zweite Kind. Gisela, nun Hausfrau und Mutter, hatte viel zu tun. Aber als der Pfarrer fragte, ob sie nicht ab und zu in der Gemeinde-Bibliothek aushelfen könne, ehrenamtlich, die Gemeinde habe halt wenig Geld, erklärte sie sich sofort bereit. In den nächsten sieben Jahren kam zur ehrenamtlichen Bibliotheksarbeit ein Altennachmittag hinzu, dann die Jugendgruppe, und wenn für den Kindergarten oder das Erntedankfest gesammelt werden mußte, stand Gisela natürlich auch bereit. Manchmal war es ein bißchen viel, aber irgendwer mußte ja diese Arbeit tun. Machte ja auch Spaß. Jedenfalls meistens.

So bin ich halt, sagte sie sich dann und lachte. Immer hilfsbereit, sagten die Leute im Dorf, unermüdlich im Dienst der Gemeinde, eine tüchtige Frau. Und dazu Kinder und Haushalt immer tipptopp. Nur in den Sommerferien verreiste sie mit Mann und Kindern. Aber da waren Jugendtreff und Bibliothek sowieso geschlossen. Sehr praktisch. Gisela war immer da.

Bis diese Kopfschmerzen einsetzten. Zuerst nur ab und zu, dann immer häufiger. Manchmal war ihr schwindelig, und ihre Füße wurden zu Blei. „Hm“, sagte der dritte Arzt, den sie um Rat fragte, „Eheprobleme?“ Keine Eheprobleme. „Die Kinder?“ Keine Kinderprobleme. Das Übliche halt. Als die Kopfschmerzen sich zur echten Behinderung entwickelten und alle Labor- und Röntgenbefunde negativ ausgefallen waren, erklärte sie sich bereit, in eine psychosomatische Klinik zu gehen. Sie organisierte die Versorgung ihrer Familie perfekt, eine Freundin übernahm ihren wöchentlichen Dienst in der Bibliothek, und die Gemeindeschwester und der Diakon schworen, sich um die Jugendgruppe und den Altenkreis zu kümmern. Am Abend vor ihrer Abreise waren die Kopfschmerzen verschwunden. Wie vorm Zahnarztbesuch, sagte ihr Mann.

Nach der ersten Woche in der Klinik kehrten die Kopfschmerzen zurück. Dabei hatte sie sich so gut eingelebt. Es gab ja auch genug zu tun. Nach der Maltherapie räumte sie Pinsel und Farben auf, hatte immer ein offenes Ohr und Ratschläge für die Sorgen all dieser bemitleidenswerten Menschen – Schicksale gab es da! – , für die Wanderung hatte sie ein schönes Blatt mit Informationen über die häufigsten Wildblumen geschrieben und gemalt. Die anderen tranken derweil Kaffee, gingen schwimmen oder saßen einfach in der Sonne.

„Irgendeiner könnte mal danke sagen", fand sie. „Stimmt schon", sagte die Psychologin, „aber warum tun Sie das eigentlich ständig?" Warum? „Ich tu's gerne." „Sind Sie sicher?" fragte die Psychologin.

In der Nacht träumte Gisela, sie stehe vor einem riesigen Müllberg. Sie mußte diesen Berg aufräumen, wegschaffen, beseitigen. Unbedingt. Ständig schlenderten Menschen vorbei, die ihr seltsam bekannt vorkamen, deren Gesichter sie aber nicht erkennen konnte. Sie hatte auch keine Zeit, genauer hinzusehen, sie räumte und räumte und räumte, und als sie erschöpft eine Pause machen wollte, wurde der Berg immer größer, begann zu rutschen, bedeckte schon ihre Füße, ihre Knie, reichte bis zur Taille – es war viertel nach drei, als sie mit einem erstickten, krächzenden Schrei aufwachte. Ihr Kopf dröhnte zum Zerspringen, und durch die betäubenden Schmerzen spürte sie nur einen Gedanken: Ich will nicht mehr.

Das war der Anfang. Es dauerte noch eine ganze Weile, bis Gisela begriff, was sie nicht mehr wollte: pausenlos für andere dasein. Eine ganz alltägliche Geschichte, eine Frauengeschichte. Als älteste von fünf Geschwistern war es selbstverständlich, daß sie schon früh „Mamis kleine Stütze" wurde. „Ohne mich hätte meine Mutter gar nicht alles geschafft. Sie hat halbtags gearbeitet, mein Vater verdiente ja ziemlich wenig. Es war einfach selbstverständlich, daß ich dann alles in die Hand nahm, Schularbeiten machen mit den Kleinen, bügeln, was eben so anfiel. Sie war immer sehr stolz auf mich." Der Auftrag an Gisela, an das Kind Gisela, war eindeutig: Wenn du hilfst, geht alles gut. Wenn du nicht hilfst, bricht alles zusammen.

Das ist ein alter Auftrag, lernte Gisela, die erwachsene Frau Gisela, nun. Aufträge sind irgendwann erledigt, das Leben kennt keine Daueraufträge. „Die Gemeinde ist nicht Ihre

Mutter. Die hat Sie bei der Versorgung Ihrer Geschwister tatsächlich gebraucht. In der Gemeinde sind viele erwachsene ‚Geschwister', die auch mal was tun können. Wollen Sie den Auftrag nicht einfach zurückgeben?" fragte die Psychologin. „Er ist längst erfüllt und gilt nicht mehr."

Einfach zurückgeben. „Genau", sagte Gisela, „ich geb' ihn einfach zurück. Und tu' dafür das, was ich schon lange wollte: wieder als Bibliothekarin arbeiten, richtig mit Lohnsteuerkarte für Geld und eigene Rente. Und zu meinem Vergnügen."

Einfach war es nicht, das alte festgezurrte Lebensmuster zu durchbrechen. Und niemand war dankbar, als sie die Mitarbeit erst im Altenkreis und ein halbes Jahr später, als sie einen Arbeitsplatz als Bibliothekarin gefunden hatte, in der Jugendgruppe aufkündigte. Aber die Gemeindearbeit brach auch nicht zusammen. Es war beinahe kränkend, wie bald Ersatz für Gisela gefunden wurde. Dennoch war der Kampf mit dem schlechten Gewissen hart. Die Schuldgefühle darüber, sich nicht mehr wie „Mamis kleine Stütze" zu gebärden, sondern zu tun, worauf sie selbst Lust hatte und für diese Arbeit auch noch Geld zu fordern, kamen prompt. Sie war darauf vorbereitet. „Sie werden anpochen", hatte die Psychologin gesagt, „stecken Sie das nicht einfach weg. Suchen Sie sich jemanden, mit dem Sie darüber reden können, und der Ihnen kräftig Mut macht. Ihr Mann vielleicht, oder eine Freundin, der das Problem vertraut ist. Und fragen Sie doch Ihre Mutter mal, wie sie das alles findet."

Wir alle schleppen solche alten elterlichen „Aufträge" mit uns herum, große und kleine, von denen wir glauben, daß sie unsere eigene Entscheidung sind: Sei die Klassenbeste! Sei immer bescheiden! Als gute Mutter mußt du ganz für die Kinder dasein! Wer rastet, der rostet! Vertraue niemanden! Lust ist unmoralisch, meide sie! Denke nicht an dich, wenn andere Hilfe brauchen! Solche Aufträge sind nicht grundsätzlich negativ. Das werden sie nur, wenn sie sich verselbständigt haben, wenn sie nicht mehr als fremde Aufträge erkennbar tief im Unbewußten verankert sind und unseren gesamten Lebensrhythmus bestimmen.

Jeder hat so eine Liste. Ab und zu muß sie durchgesehen werden. Es stimmt nicht, daß Menschen von ihrer Vergangenheit „ferngesteuert“ werden. Jeder Mensch hat die Möglichkeit, das, was er tut, in Frage zu stellen und zu versuchen, sich zu verändern. Das erfordert Mühe und Mut. Unter der Liste liegt die Freiheit, jedenfalls ein Stück davon. Die Angst vor dieser Freiheit mag ein Grund sein, warum wir an den alten Aufträgen oft so beharrlich festhalten, warum wir ihnen nicht auf die Spur kommen, sie nicht hinterfragen: Alte Aufträge, seien sie auch noch so unbequem und erstickend, bedeuten auch Sicherheit vor Neuem, bedrohlich Unbekanntem. Aber der Preis für diese Sicherheit ist hoch: Die alten Aufträge blockieren die Entwicklung der eigenen Identität. Und vor allem schlucken sie unendlich viel von der Lust, die Leben sein kann.

Aber wir sind so erschöpft davon, den alten Aufträgen hinterherzurennen, so entmutigt davon, ständig in ihren Fesseln zu strampeln. „Möglicherweise haben wir sogar diffuse Schuldgefühle dabei“, so die Psychotherapeutin Verena Kast, „zu Recht, weil wir nicht wir selbst sind, weil wir nicht – in einem kontinuierlichen Prozeß der Entwicklung – immer mehr wir selbst werden, sondern unter dem ‚Schutz‘ unserer Komplexe die bleiben, die wir nicht wirklich sind. Sich selbst zu verpassen im Leben, ist wohl eine große Schuld – unser Unbewußtes reagiert in der Regel darauf. So besehen könnte man den ganzen Lebensprozeß als einen Geburtsprozeß verstehen, jede Stufe des Lebens ist also vorläufig zu betrachten, letztlich mit dem Ziel, geboren zu werden, bevor man stirbt.“[2)]

---

2) Verena Kast: Vatertöchter – Muttersöhne, Stuttgart 1994, S. 269

VII. KAPITEL

„Im Prinzip glaub' ich nicht, daß ich ihr sehr ähnlich bin“

Was junge Töchter von ihren Müttern halten, und was sie anders machen wollen

Ablösung ist ein Kompromiß zwischen dem, was das eigene Leben von einem Menschen will, und dem, was die Umwelt will, letztlich Vater, Mutter, die Lehrer, die Gesellschaftsschicht, in der wir leben.

VERENA KAST
Vatertöchter – Muttersöhne (1994)

Früher hat Inga nie gemerkt, wie ähnlich sie ihrer Mutter in vielen Bereichen ist. „Ich war immer sehr materialistisch. Sie ist das Gegenteil: sehr liebevoll, hat gerne Gäste und Harmonie. Ich war total cool, und es gab ein paar Jahre, da war ich ein echter Zornbeutel. Und in der Pubertät – eine Katastrophe, diese Auseinandersetzungen! Sie hat mir keine Vorträge darüber gehalten, wie ich sein soll, sie wußte, daß es dann bei mir genau in die Gegenrichtung geschossen wäre. Sie hat mir eher vorgelebt, wie schön es zu Hause sein kann, wenn man gemütlich zusammen kocht, wenn man sich kleine Überraschungen bereitet und solche scheinbar nebensächlichen Dinge. Nach und nach habe ich gemerkt, daß das alles auch Teile von mir selbst sind. Komisch, daß man so lange braucht, bis man das zulassen kann – sich ähnlich sein, gerade in diesen weichen Anteilen. Das habe ich auch von ihr für meine Partnerschaft gelernt, das Liebevollsein. Aber auch die Unabhängigkeit. Daß es wichtig ist für eine Frau, daß sie sich alleine durchbringen kann. Deshalb war sie dann doch mal unerbittlich, nämlich als ich die Lehre abbrechen wollte. Da hat sie sich mit mir hingesetzt und mir erklärt, was es bedeutet, keinen Beruf zu haben. Immer wieder, bis ich es begriffen hatte. Die menschliche Großzügigkeit und ihre Konsequenz bewundere ich wirklich an ihr. Ich hoffe, daß ich die auch noch an mir entdecke."

Die 27jährige lebt mit ihrem Freund in der gleichen süddeutschen Großstadt wie ihre Mutter, die seit zehn Jahren von Ingas Vater geschieden ist. Obwohl beide beruflich sehr eingespannt sind, sehen sie sich oft, und „wenn mal alle Stricke reißen würden" weiß die Tochter, daß sie in ihrer Mutter immer jemanden hat, auf den sie sich 100prozentig verlassen kann. Daß Ehen in die Brüche gehen können, das wisse man ja, aber dieser Rückhalt bei ihrer Mutter, der sei für sie absolut sicher. Das macht sie viel mutiger und unabhängiger in ihren Entscheidungen. Beruflich und privat.

Daß das Verhältnis von Mädchen und jungen Frauen zu ihren Müttern schwierig ist, ist eine zähe Überzeugung. Die harten Kämpfe in der Pubertät scheinen diese doch soviel vielschichtigere Beziehung in der öffentlichen Wahrnehmung zu bestimmen. Aber in der Regel überwinden Mutter und Tochter inzwischen diese Zeit, in der sich die alten Rollen für beide auf oft schmerzhafte Weise verändern. Das heißt nicht, daß sie einander die besten Freundinnen werden, sondern zwei einander lange vertraute Frauen, die sich bei allen Konflikten und Unterschieden nahe und verbunden fühlen.

Wenn die Ablösung, der große Schritt aus dem Verhältnis der gegenseitigen Abhängigkeit von Mutter und Kind in eine partnerschaftliche Beziehung zwischen zwei erwachsenen Frauen, gelingt, müssen beide nicht mehr erschrecken, wenn sie einander im Spiegel wiedererkennen.

Eine vom *Jugendwerk der Deutschen Shell* in Auftrag gegebene Studie, für die Jugendliche und junge Erwachsene zwischen 13 und 29 Jahren in den alten und neuen Bundesländern befragt wurden, ergab 1992, daß etwa 50 Prozent die Beziehung zu den Eltern genauso für „sehr wichtig" halten wie die zu Gleichaltrigen. Nur „eine kleine Minderheit" hat ein sehr schlechtes Verhältnis zu den Eltern.[1)]

Während die Väter bei den bis 19jährigen eher für Fragen der Berufswelt und der Politik zuständig sind, ist die Mutter die Vertraute in fast allen Gefühls- und Alltagsbereichen, zum Beispiel in Sachen Liebe und Freundschaft, Freizeit, Mode, Urlaub und auch für die ganz persönlichen Geheimnisse. Für Mädchen – im Westen wie im Osten – etwa doppelt so häufig

1) Jugendwerk der Deutschen Shell (Hrsg.): Jugend '92 – Lebenslagen, Orientierungen und Entwicklungsperspektiven im vereinigten Deutschland, Band 1, S. 294, Opladen 1992

wie der Vater. Vor allem West-Väter werden von den Töchtern häufig gar nicht mehr um Rat gefragt. Mütter genießen auch eher das Vertrauen ihrer Söhne, „gleichwohl weihen Töchter sie besonders häufig ein.“[2)]

Auch andere Befragungen zeigen, daß die Mutter-Tochter-Beziehung viel besser ist als ihr Ruf.

Rosmarie Welter-Enderlin: „Daß diese Beziehung schwierig sein muß, ist ein weitverbreiteter Mythos. Es gibt ja bis heute kaum Modelle, in denen Kinder wirklich von beiden Geschlechtern erzogen werden. Das bedeutet, daß diese ganze Ambivalenz zwischen Autonomie und Bindung, zwischen Festhalten und Loslassen, auf eine Person, eben auf die Mutter zentriert ist. Würden Väter diese Rolle ausfüllen, wäre es das sicher ebenso. Anders wäre es, wenn die Kinder in einer größeren Gemeinschaft leben und sich noch andere Bezugspersonen wie Großeltern, Nachbarn, eine Tante oder Angestellte wählen könnten. In diesem Treibhausklima der Kleinfamilie jedoch, das die Mutter-Kind-Beziehung so exklusiv macht, ist die Gefahr der ambivalenten Umklammerung natürlich größer. Wo man nicht ausweichen kann, kann jede Beziehung zu einem Gefängnis werden, das gilt genauso für die Beziehungen zwischen Mann und Frau oder für Freundschaften. Aber sie muß es nicht werden. Es kommt ja immer darauf an, wie Menschen mit ihrer Lebenssituation umgehen.“

Sie hätten mehr aus sich machen können!

Was halten die Töchter der „Nachkriegstöchter“ von ihren Müttern? Die saßen stets zwischen allen Stühlen der tradierten weiblichen Vorkriegsrollen, eigenen ambivalenten Wünschen und den Anforderungen und Möglichkeiten einer sich rapide verändernden Gesellschaft. Diese Müttergeneration hat wie keine zuvor daran gearbeitet, das Frauenbild zu verändern und ihr Rollenspektrum zu erweitern. Ihre Töchter, inzwischen (fast) erwachsen, können sich nur schwer vorstellen, was das Schwimmen in diesem aufgewühlten Strom bedeutete:

---

2) Jugendwerk der Deutschen Shell, S. 292 f.

Knapp die Hälfte der 1988 vom Deutschen Jugendinstitut München für die BRIGITTE-Studie *Kind? Beruf? Oder beides?* befragten 18-bis 33jährigen Frauen fanden, ihre Mutter „hätte mehr aus sich machen können", ein Viertel glaubt, daß sie im Grunde unzufrieden war.[3)]

Mädchen und junge Frauen sehen ihre Mütter durchaus kritisch. Sie finden, sie hätten mehr an sich selbst denken, sich weniger für die Familie abrackern sollen. Auch wenn sie sehen, daß sie selbst von diesem Abrackern profitiert haben. Sie bewundern ihre Mütter häufig für deren hausfrauliche Fähigkeiten, für den unermüdlichen Familieneinsatz. Ein wenig spricht aus dieser Bewunderung auch das schlechte Gewissen, selber ungern im Haushalt geholfen und soviel Mühe gemacht zu haben. Sie halten sich für „egoistischer" als ihre Mütter. Ein Wort, das in Gesprächen mit Mädchen und jungen Frauen oft fällt. Meistens mit einem leichten Bedauern in der Stimme, in dem die Sorge mitschwingt, ob das denn richtig war – und ob sie diesen Schuß gesunden Egoismus tatsächlich in ihrem späteren Leben als Mutter und Ehefrau so beibehalten können, wie sie es sich jetzt wünschen.

Je älter sie werden, desto mehr verstehen sie das Dilemma der Mütter zwischen eigenen Wünschen, realen Zwängen und den beschränkten Möglichkeiten, sich mehr für sich selbst zu entscheiden. Trotzdem wollen sie es besser machen: weniger Diplomatie, mehr Klarheit und gerechtere Aufgabenverteilung in der Partnerschaft. Ihre Mütter haben sie gelehrt, daß eine Frau einen Beruf nicht nur wegen so schwammiger Sachen wie Selbstverwirklichung und Spaß braucht, sondern vor allem, um auf „eigenen Beinen stehen zu können", um so weit wie möglich unabhängig von einem Ehemann zu sein. Auch wenn die mütterlichen Appelle an eine vernünftige Lebensplanung sie als Teenager oft genervt haben, haben sie als junge Frauen das Gefühl, gerade davon zu profitieren.

Denn sie haben sich viel vorgenommen: Sie wollen mehr Berufstätigkeit als ihre Mütter, ihren Kindern aber zugleich

3) Redaktion BRIGITTE/Deutsches Jugendinstitut: Brigitte-Untersuchung '88: Kind? Beruf? Oder beides? Hamburg /München 1988, Bericht S. 81

dieselbe Geborgenheit geben. Sie wollen sich weniger für die Familie abrackern, empfinden das mütterliche Engagement für Kind und Familie, das sie selbst erfahren haben, aber als vorbildlich. Sie setzen auf ihre Partner, auf die zukünftigen Väter ihrer zukünftigen Kinder. Und sie vertrauen auf die eigene Durchsetzungskraft in Sachen Arbeitsteilung in der Familie. Ja, sagen die Mütter, und nicken lächelnd dazu. Ihr werdet leider bald merken, wie zäh das alles ist. Das Leben ist nicht so einfach und hobelt vieles glatt. So wie ihre Mütter gelächelt haben, skeptisch, abgeklärt und ein kleines bißchen resigniert, und so wie sie ein großes Stück weiter gegangen sind, als es ihre Mütter ihnen zugetraut hätten, werden auch diese Töchter ein Stück weiter gehen. Stück für Stück. Eine Generation nach der anderen.

Nicht ganz Prozent der jungen Frauen, die für die BRIGITTE-Studie befragt wurden, betrachten die eigene Mutter als Vorbild – aber nicht unbedingt in allen Facetten.

Svenja, 20 Jahre alt und Fachschülerin: „Meine Mutter hat immer gearbeitet, erst in einer Buchhandlung, dann hat sie geputzt und alte Leute betreut. Aber trotzdem war sie irgendwie ständig in der Nähe, das hat sie wohl so organisiert. Ich konnte immer zu ihr gehen. Zu Hause hat auch immer alles geklappt und nur so geblitzt. Sie ist immer für andere da, Neinsagen gibt's nicht. Daß sie mal einen Tag krank ist, mal einen Tag für sich braucht – nie. Ich bewundere meine Mutter dafür, daß sie das so hinkriegt. Aber für mich wäre das nichts! Ich will mich nicht so ausnutzen lassen wie meine Mutter."

Svenja will mehr aus sich machen. Obwohl, das Soziale habe sie schon von ihrer Mutter, sonst hätte sie sich vielleicht nicht für die Ausbildung zur Erzieherin entschieden. Sie will mal Kinder und Familie haben, aber auch beruflich vorwärtskommen: „Vielleicht noch das Fachabitur, oder ich arbeite mich hoch zu 'ner Leitungsposition."

Vorbild ist die Mutter für viele Töchter auch als Erzieherin – mehr oder weniger. Die 22jährige Studentin Florentine möchte ihren Kinder mal genau das gleiche Selbstbewußtsein vermitteln, die Geborgenheit und das Vertrauen, daß immer jemand für sie da ist, wie sie und ihre Schwester es von ihrer Mutter erfahren haben: „Ich würd' aber stärker versuchen, meine Kinder gleich zu behandeln. Ich denk schon, daß sie sich öfter auf die Seite meiner älteren Schwester geschlagen hat. Meine Schwester findet allerdings genau das Gegenteil. Aber sie hat uns beide sehr selbständig erzogen. Durchsetzungsvermögen, Offenheit, Gradlinigkeit, also mehr die emanzipierte Richtung. Diese typischen Mädchenklischees – nett anziehen, ordentlich sitzen, brav lächeln – hat sie nie erwartet. Dafür aber Leistung, gute Noten mußten sein. Mach' dein Abitur, hat sie gesagt, dann kannst du machen, was du willst. Und wirklich toll finde ich, daß sie nach fast 20 Jahren Muttersein vor ein paar Jahren eine Boutique aufgemacht hat und auch damit richtig erfolgreich ist."

Und die 17jährige Gymnasiastin Carla: „Ich könnte wirklich nicht behaupten, daß sie mir das Leben schwermacht. Aber manchmal nervt mich, daß sie so oft sagt: ‚Sei bloß vernünftig und überlege dir alles noch mal genau.' Zum Beispiel, wenn ich einen Freund habe und sage: Mit dem möchte ich mein Leben verbringen. Dann gerät sie gleich in Panik und sorgt sich, daß ich mir jetzt schon mein ganzes Leben verplane. Sie könnte doch wissen, daß man so was denkt und sagt, daß man aber trotzdem später wieder anders entscheiden kann. Daß man sowas auf sich zukommen läßt. Dafür ist die Jugend doch da, daß man sich wieder umentscheidet. Wenn man nichts riskiert, womit man vielleicht aufs Maul fällt, dann bleibt man immer auf einer Stelle sitzen."

Manchmal nervt sie auch, daß sie bei sich dieses Mütterliche beobachtet, was ihr bei ihrer Mutter so auf den Geist geht: „Das hab ich total von ihr. Wenn einer was Blödes macht, zum Beispiel dauernd den Unterricht schwänzen oder sowas, denke ich, das ist doch einfach unvernünftig, weil er da nie sein Abi kriegt. Ist sein Problem – aber dann hab' ich Mitleid und denke: Dem muß man helfen, mal klar mit ihm drüber reden und auch nicht gleich locker lassen. Und das tu ich dann auch. Das ist schon komisch: Bei ihr nervt es mich, und ich mach es auch. Dann denk ich mir aber, sie hat schon recht. Dafür gibt es

Starke und Schwache, daß der eine dem anderen hilft. In andern Sachen können die dann vielleicht, was ich nicht kann."

Die Häutung der Tochter – ein langer Prozeß

„Ich möchte lieber doch nicht mehr mit Ihnen reden." Die Stimme der 25jährigen Silke klang am Telefon zugleich kühl und unsicher. „Ich muß da immer noch einiges aufarbeiten. Das möchte ich nicht mit einer Fremden. Das mache ich lieber mit mir selbst, mit Freundinnen und – wenn ich soweit bin – auch mit meiner Mutter aus. Das ist mir zu privat."

Gerade mit Silke hatte ich unbedingt reden wollen. Silke hat eine für die um 1970 geborenen Kinder intellektueller Eltern oft als exemplarisch geltende Biographie, die aber doch eine Ausnahme ist. Ihre Eltern, beide aus gutbürgerlichen, wohlgeordneten Stadtrand-Verhältnissen, hatten jung geheiratet. Im Urlaub lernten sie ein anderes junges Paar, auch mit einer Tochter, nicht nur kennen, sondern auch lieben. Man bezog gemeinsam ein großes Haus, gründete mit anderen Paaren einen Kinderladen, versuchte sich im antiautoritären Erziehen. Die Freiheit wurde geprobt – ein schwieriges Match zwischen den tief verinnerlichten kleinbürgerlichen und den letztlich kaum minder strengen neuen Normen: Gruppenleben und freie Liebe und der Versuch herauszubekommen, wer man tatsächlich war, und was man vom Leben wollte. Silkes Eltern trennten sich schließlich und zogen jeweils mit neuen Partnern zurück in die Stadt.

Da war Silke zwölf, und sie und ihre Mutter wuchsen von da an ganz eng „zu einer Einheit" zusammen. Die neue Partnerschaft der Mutter war schwierig, jahrelang, Silke und der Stiefvater waren einander immer im Weg. Sie war schon 19, als ihre Mutter es nach vielen quälenden Jahren schaffte, sich erneut zu trennen, und Silke nutzte die Chance: „Mutter", sagte sie, „such' dir eine Wohnung, die dir gefällt. Ich brauche Abstand und zieh' gleich nach dem Abitur aus." Das tat Silke auch, und ihre Mutter, nun 45, entdeckte mit großer Faszination, daß das Leben ohne Tochter und Freund nicht den Fall in das schwarze Loch bedeutete, sondern „ein einziges Abenteuer" sein kann.

Sie hing an Silke, aber sie klebte nun nicht mehr an ihr. Sie lernte neue Leute kennen, viele aktive, eigenständige Frauen, und verliebte sich leicht und lustvoll – „es war eine tolle Zeit."

Nun erst, mit der räumlichen Distanz und ohne einen gemeinsamen Feind, begann die Auseinandersetzung zwischen Mutter und Tochter. Schmerzhaft, heftig und beharrlich. Silke suchte lange nach ihrem eigenen Weg. Sie möchte einen Beruf, der Spaß und zugleich richtig Sinn macht. So studierte sie ein paar Semester Sprachen, tischlerte, „gammelte rum" oder jobbte und fand schließlich ihr berufliches Ziel, Dolmetscherin für Gebärdensprache. Sie ist politisch aktiv, verdient soweit wie möglich ihr eigenes Geld – und die Sache mit ihrer Mutter ist für sie noch lange nicht erledigt.

Es ist nur eine Theorie, daß die Ablösung von der Familie und ganz besonders von der Mutter in der Adoleszenz*) stattfindet. In diesen aufreibenden Jahren beginnt sie – und mit etwas Glück schaffen Mutter und Tochter den größten Teil des Weges. Aber häufiger ist die Ablösung ein jahrelanger Prozeß, der bis über den Tod der Mutter hinausgehen kann.

Jugendliche bleiben heute länger im Elternhaus als noch vor zehn Jahren. Weil es so bequem sei, heißt es – das „Hotel Mama" ist zum Begriff geworden. Das ist Jugendlichen kaum anzukreiden – nie ist der Mensch mehr auf sich selbst zentriert als in diesem Alter. Es ist Sache der Eltern, den Hotel-Service zu verweigern und entschieden aktive Beteiligung am Familienunternehmen zu verlangen. Es gibt noch andere Gründe: Schule und Ausbildung oder Studium dauern heute länger, die Mieten sind rapide geklettert, die alten Abbruchhäuser, in früheren Jahren von zahllosen Wohngemeinschaften mit wenig Geld und Komfort bevölkert, sind noblen Apartmenthäusern gewichen. Aber auch der Druck, der elterlichen Kontrolle und ihren altbackenen Normen zu entkommen, hat mächtig nachgelassen. Die Normen haben sich angeglichen und Jugendlichen werden heute mehr Rechte und Freiheiten zugestanden als in der Vergangenheit.

* Die Zeit vom Beginn der Geschlechtsreife bis zum Erwachsenwerden, bei Mädchen ca. vom 12. bis zum 21. Lebensjahr.

Vor allem in der Sexualität. Mußten die Mütter ihre ersten sexuellen Abenteuer noch heimlich und in steter Angst vor Entdeckung leben, weil bei aller wachsenden Liberalität in den 70er Jahren die Ehe für die meisten Eltern doch als eigentliches Monopol für ein gemeinsames Bett galt, sitzt der Freund der Tochter heute mit am Frühstückstisch. Galten damals rigide Beschränkungen für den Zapfenstreich beim Discobesuch, üben sich liberale Eltern heute darin, Töchter nicht mehr einzuschränken als Söhne und tapfer die nächtliche Angst zu überstehen, bis die Tochter morgens um drei endlich nach Hause kommt. Der Drang nach Freiheit ist entsprechend geringer.

Die schwierige Sache mit der Sexualität

Die Ablösung. Ein eigentümliches Wort. Es klingt nach Häutung, Trennung, Davonfliegen. Und tatsächlich hat es von allem etwas. Am Ende steht allerdings kein Nichts, sondern eine Beziehung von neuer Art und Qualität. Im Idealfall die zweier erwachsener Frauen, die ihre Grenzen abgesteckt haben, die einander kennen und respektieren, die sich freundschaftlich durch die neuen Lebensphasen begleiten können, die für jede von ihnen nun beginnt.

Es wird stets von der Ablösung der Tochter von der Mutter gesprochen und dabei oft vergessen, daß die Ablösung immer gegenseitig ist. Mit dem Erwachsenwerden der Kinder verliert die Mutter ihre Rolle und ihren Einfluß, es konfrontiert sie mit eigenen Lebensentscheidungen und dem Älterwerden, mit der Notwendigkeit, ihr Leben mit neuem Inhalt zu füllen.

Aber auch das „eigene Jungsein, die Beziehung zur eigenen Mutter in der Pubertät wird wieder lebendig. Sie selbst haben oft nicht die wohlwollende Unterstützung bekommen, die sie nun ihren Töchtern geben sollen und auch wollen. Manche Mutter stellt sich da die Frage, warum sich die Tochter so unzufrieden fühlt, wo diese doch sowieso viel besser dran ist, als sie es selbst seinerzeit war.“[4]

---

4) Angelika Burger/Gerlinde Seidenspinner: Töchter und Mütter. Ablösung als Konflikt und Chance, Opladen 1988, S. 170

Gerade die Mütter der heute 20jährigen haben sich so sehr bemüht, ihren Töchtern mehr Freiraum zu geben und sich stärker mit ihnen auseinanderzusetzen, als sie es selbst erfahren haben. Das hat den Kampf allerdings nicht leichter gemacht. Jugendliche wissen nur, was sie selbst erleben. Wen interessiert mit 15 schon, was Mutter mit 15 durfte, wenn alle Freunde und Freundinnen ganz andere Sachen dürfen! Und: Jugendliche, die gewöhnt sind, mit ihren Eltern zu diskutieren, gehört und ernstgenommen zu werden, forden in diesen konfliktreichen Jahren mit entsprechendem Nachdruck ihre Freiheit ein. Immer abwechselnd mit Phasen, in denen sie wieder das Kind sein wollen, das vor diesen verwirrenden Prozessen, die in Körper und Seele stattfinden, beschützt werden will. Selbstbewußtere, unabhängigere Kinder mögen der Stolz der Eltern und die Erfüllung eines Erziehungszieles sein – bequemer sind sie nicht.

Wenn die Mutter nicht bereit ist, die Tochter aus der Rolle des kleinen, abhängigen Mädchens in ein eigenständiges und eigenverantwortliches Leben freizugeben, wird der Kampf der Tochter um so härter und nicht nur von Wut, sondern auch von schweren Schuldgefühlen begleitet, die Mutter zu verraten.

Je weniger eine Frau auf die Mutterrolle als Zentrum ihrer Identität angewiesen ist, desto leichter kann sie ihre Kinder freigeben. Desto weniger muß sie die eigenen Ängste vor dem Funktions- und Sinnverlust und der Leere ohne ihre Mutterrolle auf die Kinder projizieren. Denn nichts anderes sind ja häufig mütterliche Ängste um die Zukunft der Kinder. Das und die Probleme bei einer späten Rückkehr ins Berufsleben, so Rosmarie Welter-Endlerlin, sei häufig der Preis, den Frauen für die beschützten Jahre, in denen sie sich auf das Muttersein konzentrieren konnten, bezahlen müssen.

Für die Söhne ist dieser Prozeß einfacher, denn nicht nur ihr anderes Geschlecht, auch die eindeutigere gesellschaftliche Rolle des Mannes, der „hinaus ins eigene Leben“ geht, erspart ihm das Gefühl, die Mutter zu verraten. Die Töchter erleben einen vielschichtigeren Konflikt. Die Zukunft der Söhne erscheint klar: Sie wollen zwar auch Familienväter werden, aber ihre berufliche Zukunft steht immer und eindeutig im Mittelpunkt. Für die Töchter beginnt nun die Auseinandersetzung mit ihren zukünftigen Rollen. Wünsche nach Beruf und Erfolg stehen neben dem Ziel und der gesellschaftlichen Erwartung, Mutter und Ehefrau zu werden. Auch wenn für die heutigen Töchter Berufstätigkeit selbstverständlich ist, haben sie es dennoch nur wenig leichter als ihre Mütter, die diese Rolle bis heute oft nur mit schlechtem Gewissen ausfüllen. Auch sie müssen sich – anders als die Männer auch ihrer Generation – überlegen, wie Beruf und Familie am besten unter einen Hut zu bekommen sind.

Für Töchter in der Pubertät ist die Mutter plötzlich nicht mehr selbstverständliche Autorität im Mittelpunkt des Lebens. Sie und ihre Werte stehen zur Diskussion. Warum ist sie, wie sie ist? Warum hat sie mir nicht mehr Selbstbewußtsein/ Schönheit/ Intelligenz/ Entschlossenheit/ Charme oder gar einen anderen Vater oder familiären Hintergrund mitgegeben? Hätte sie nicht anders sein können: interessanter, toleranter, liebevoller? Warum hat sie die Weichen gerade für dieses Leben gestellt? Auch wenn alle Freunde diese Mutter (im Gegensatz zu ihren eigenen!) noch so wunderbar finden, warum muß sie so jugendlich/ altmodisch/ kokett/ humorlos/ naiv/ pseudo-fortschrittlich tun? Warum redet sie wieder mal so peinliche Sachen? Und muß sie mit Vater schmusen, wenn gerade Freunde zu Besuch sind? Schrecklich!!!

„Die Mutter ist das Vorbild, gegen das die eigene Identität zunächst konzipiert wird“, so die Psychotherapeutin Verena Kast. „Die Mädchen spüren den Schatten, das ungelebte Leben ihrer Mütter, auf und beginnen das zu idealisieren, was im Leben der Mütter nicht zum Zuge kam.“[5] Sie wollen es anders, besser machen. Auch wenn das Andersmachen (noch) keine freie Entscheidung für einen eigenen Weg ist, sondern sich eher aus der Negation zum trotzigen Gegenprogramm entwickelt, ist es der notwendige Schritt aus der familiären Umklammerung. Erst so wird es möglich, andere Normen

5) Verena Kast: Vatertöchter – Muttersöhne, Stuttgart 1994, S. 31 f.

und Lebensmodelle zu betrachten, zu überprüfen und aus allem schließlich die Synthese für den eigenen Weg zu finden.

Dazu gehört auch der Schutz der eigenen Sexualität. Sexualität war für die Mütter in ihrer Jugend noch ein Tabu, Aufklärung fand kaum statt. Sexualität war gefährlich, konnte Schwangerschaft, ungewollte Kinder und Ehen, Schande für die ganze Familie bedeuten. Inzwischen sind zuverlässige Methoden der Empfängnis-Verhütung selbstverständlich und die sexuellen Normen liberalisiert. Aber dennoch ist Sexualität etwas Privates. Junge Mädchen suchen zwar gerade in der Zeit ihrer ersten sexuellen Erfahrungen Gespräche und Rat – aber lieber bei Freundinnen als bei der Mutter. Auch wenn Sexualität kein Tabu mehr ist, fällt es vielen Müttern schwer, unbefangen über Lust und Erotik zu reden. Um so mehr Mühe geben sie sich häufig, Unbefangenheit zu demonstrieren und sich ihren Töchtern als Vertraute in Sachen sexuelle Erfahrungen anzubieten. Aus Sorge um die Tochter und um ihr „schlechte Erfahrungen" zu ersparen – aber auch als Möglichkeit, noch ein wenig Kontrolle über deren Leben zu behalten. Denn wenn die Tochter beginnt, ihre Sexualität mit jungen Männern (oder Frauen) zu leben, hat sie endgültig den großen Schritt aus der Mutter-Kind-Beziehung getan. Aber bei aller Liberalität – die eigene Sexualität ist ein Bereich, der andere nichts angeht. Auch oder gerade Mütter nicht.

Rosmarie Welter-Enderlin sagt: „Ich höre oft, daß Mütter Probleme haben, mit ihren heranwachsenden Töchtern über Sexualität zu reden. Ich sehe da kein Problem, denn es ist in dieser Lebensphase gar nicht notwendig. Natürlich müssen Kinder aufgeklärt werden, aber das findet ja viele Jahre früher statt. Wir alle haben Schamgrenzen und brauchen eine Privatsphäre. Wenn die Töchter ihre Sexualität für sich behalten, nichts erzählen wollen, dann ist das gut so. Genausowenig geht die die Sexualität zwischen der Mutter und deren Partner an. Generationengrenzen – gerade in bezug auf Intimität und Sexualität – sind etwas sehr Wichtiges. Mütter sollten die Privatsphäre der Tochter respektieren und auch umgekehrt. Sie sollten weder in ihre Schränke, Tagebücher oder Briefe gucken, noch in die Tochter dringen, um etwas über deren Sexualität zu erfahren. Es geht sie einfach nichts an."

Ablösung findet nicht nur individuell, sondern auch kollektiv von einer Generation zur anderen statt: So wurden die Kinder der angepaßten, leistungsbewußten Elterngeneration der Nachkriegszeit „plötzlich ‚Blumenkinder', geprägt von musischem Erleben, Eros und Sinnlichkeit. Bis in die Kleidung hinein kann man diese Entwicklung verfolgen. Die Kinder der Jeansträgerinnen und Jeansträger haben heute einen ausgesprochenen Sinn für Designer-Klamotten." [6]

Und wie aus Blumenkindern mit dem (oft verspäteten) Ende der Ablösungsphase Erwachsene wurden, die Elemente ihrer Jugend-Ideale mit den Leistungszielen ihrer Eltern verbanden und sich so ihren eigenen Lebensstil schufen, werden auch die Designer-Kids ihre ganz eigene Synthese aus Altem und Neuem entwickeln.

Adoleszenz, Ablösung von Vertrautem und die Suche nach dem eigenen, erwachsenen Ich ist immer eine Identitätskrise. Der Wunsch nach Orientierung führt in Zeiten des Niedergangs der institutionalisierten Religionen in den westlichen Industrieländern bei vielen Jugendlichen zu einer intensiv religiösen Phase. In dieser unsicheren Umbruchzeit, in der die Werte der Eltern in Frage gestellt werden, suchen sie Halt und Orientierung in „einem starken Interesse an bestimmten religiösen Strömungen, (...) einem verpflichtenden Engagement für einen Gott oder eine Göttin, deren Botschaft man ins Leben tragen möchte." [7] Das Gefühl, „Kind einer höheren Macht" zu sein, gibt Sicherheit und seelische Stabilität, hilft, sich von den Eltern abzugrenzen. Deshalb sind Jugendliche leichter als Erwachsene von Sekten jeder Art verführbar – von religiösen wie politischen.

Jede Generation muß die Chance haben, ihre eigenen Werte und Lebensziele zu entwickeln. Und das erfordert eine Phase großer Distanz. Ablösung meint nicht dauerhafte Trennung oder Ablehnung all dessen, was Mutter und Tochter gemein-

6) Kast, S. 16 f.
7) Kast, S. 17

sam hatten, was sie als große und kleine Frau verband. Es bedeutet die notwendige Lösung einer alten Symbiose, die sonst die Entwicklung eigener Individualität verhindert. Erst der Schritt in die Welt jenseits des mütterlichen Horizonts ermöglicht nach einigen Jahren das Wachsen einer neuen, freundschaftlichen Beziehung zwischen zwei erwachsenen Frauen. Eine Beziehung, die Verbundenheit bedeutet, aber nicht länger die Erfüllung der Erwartungen von der jeweils anderen fordert. Erst wenn beide in diesem Sinne erwachsen sind und sich nicht mehr für das Glück der anderen verantwortlich fühlen, können sie einander freundschaftlich begleiten.

Viele Mütter wünschen sich das. Der Gedanke, als Vorbild zu dienen, macht nicht alle nur stolz. Gerda, Mutter von zwei studierenden Töchtern, ist diese Vorstellung eher unangenehm: „Ich bin bis vor ein paar Jahren immer zu Hause bei meinen Kindern gewesen. Wir haben viel zusammen gemacht, und es war sehr schön. Ich denke, ich habe da ein leichtes Leben gehabt. Aber Vorbild für meine Töchter sein? Da lande ich ja schon wieder auf einem Sockel. Ich bin lieber als Mensch mit allem Auf und Ab auf der Erde."

Barbaras Geschichte

Barbara ist 19 und Fachoberschülerin. Die Kämpfe, bis die Familie akzeptiert hat, daß sie nun erwachsen ist, waren ziemlich hart, mit Tränen, Geschrei, Türenknallen, Mißverständnissen und Versöhnungen. Die harten Jahre, sagt sie, seien nun vorbei. Irgendwann, wenn sie erst mal studiert, will sie zu Hause ausziehen, am liebsten in eine Wohngemeinschaft. Ihr älterer Bruder ist vor zwei Jahren in eine eigene Wohnung gezogen. Ein bißchen macht Barbara sich schon jetzt Sorgen, wie es ihrer Mutter denn gehen wird, wenn außer dem Vater keiner mehr da ist, den sie bemuttern kann. Schließlich habe sie keine Hobbies, nur das bißchen Garten. Aber das, darauf wolle sie einfach mal vertrauen, werde ihre Mutter schon in den Griff bekommen.

Barbaras Geschichte ist eine Alltagsgeschichte, ein Beispiel für einen umfassenden Blick hinter die Familienkulissen.

Deshalb steht sie hier, vom Anfang bis zum (vorläufigen) Ende.

Barbaras Mutter (50) ist Hausfrau und arbeitet seit zwölf Jahren stundenweise in einem Büro, ihr Vater (51) im Management eines Großkonzerns. Ihr Bruder (22) ist Angestellter und lebt mit seiner Freundin in einer eigenen Wohnung.

„Eigentlich hätten es meine Eltern lieber gehabt, daß ich nach der Schule 'ne Ausbildung fürs Büro mache. Vor allem mein Vater, da hätte ich es einfacher, fand er, und mehr Geld könnte ich da auch verdienen. Aber ich will Sozialpädagogik studieren. Also haben wir uns zusammengesetzt und lange geredet. Meine Mutter fand das mit dem Büro auch besser, aber sie weiß, daß ich da nicht glücklich wäre. Also hat sie mich unterstützt. Bei ihr weiß ich ganz genau, sie möchte für mich das, womit ich glücklich werde. Da sind wir uns natürlich nicht immer sofort einig. Aber das Soziale, da denkt sie, daß mir das gut liegt. Also hat sie mich unterstützt. Irgendwie haben meine Eltern es letztlich immer akzeptiert, wenn ich mich für was entschieden habe, ob es ihnen gefiel oder nicht. Jedenfalls, wenn ich's begründen konnte. Das mußte schon sein, da wurde immer lange geredet.

Meiner Mutter konnte ich eigentlich immer vertrauen. Wenn andere 'ne Sechs geschrieben haben, dann gab es Hausarrest oder Sprüche wie ‚Mein Gott, bist du aber blöd'. Ich weiß noch, wie die Sechs in Latein kam, mit der ich klebengeblieben bin. Ich weiß noch ganz genau, wie ich nach Hause kam, und wie sie gesagt hat: ‚So ein Mist, das ist aber blöde für dich.' Sie war nicht sauer, weil ihre Tochter jetzt vom Gymnasium auf die Realschule mußte, peinlich, peinlich, nee, sie fand das für mich traurig. Ich selbst fand das sehr schrecklich. ‚Es wird schon weitergehen', hat sie gesagt, ‚dann machst du eben was anderes.'

Das finde ich so wahnsinnig an ihr, diesen unendlichen Optimismus.

Daß ich 'ne gute Ausbildung brauche, war bei uns kein Thema, sowas ist doch selbstverständlich. Meine Mutter war Sekretärin, bis mein Bruder geboren wurde. Vier Jahre später kam ich, und als ich zur Schule kam, da hat sie wieder angefangen, vormittags stundenweise in einem Büro zu arbeiten. Macht sie immer noch. Aber wenn mein Bruder und ich aus der Schule kamen oder wenn wir Ferien hatten, war sie immer da.

Sie hat nie versucht, mich davon zu überzeugen, daß das, was sie lebt, das Ideale ist. Ich hab eher das Gefühl, daß sie versucht, mir was beizubringen, wo sie über ihren eigenen Schatten springen muß. Also daß sie meinem Vater immer das Essen macht, Hemden bügelt und das ganze Zeug, da hat sie immer gesagt, für sie sei das in Ordnung, aber ich solle das unbedingt anders machen, wenn ich auf ihre Art zu leben keine Lust hätte. Sie hat versucht, mir Sachen zu vermitteln, die sie selbst ganz anders macht. Also das versteht sie unheimlich gut, diesen Generationensprung. Ich kenne nicht viele Mütter, die sich da so reindenken. Und oft war das für sie unheimlich schwer, da mitzukommen. Aber dann springt sie mal wieder über ihren Schatten, setzt sich hin und sagt: ‚Okay, Barbara, ich muß jetzt mal darüber nachdenken. Irgendwie stimmt das schon, was du sagst.‘ Sie hat schon auch gerne recht, aber bemüht sich halt, auch die andere Seite anzuschauen. Also ich finde das Wahnsinn. Diesen doofen Satz ‚Bei uns war das alles ganz anders‘, den hör ich nie.

Na ja, einmal hat sie ihn doch gesagt. Wenn ich mit meiner neuen Clique in München unterwegs bin, also, davon kennt sie echt fast keinen, und die von früher, die hier aus dem Dorf, die kannte sie alle seit der Sandkastenzeit. Da hat sie sich eben Sorgen gemacht und hätte schon gern gehabt, wenn ich die hier mal vorzeige. Sie kann es schwer aushalten, wenn ich bis um drei wegbleibe und sie weiß nicht, wo und mit wem. Aber trotzdem hat sie mir das, seit ich 17 bin, erlaubt. Jetzt bin ich ja volljährig, aber solange ich zu Hause wohne, möchte sie schon gerne wissen, wo ich bin. Einfach, damit sie ruhig schlafen kann. Ich versteh das inzwischen irgendwie.

Also, ich würde nicht sagen, ich möchte total so werden wie sie. Aber diese Fröhlichkeit und diesen Optimismus, den sie ausstrahlt, den finde ich beeindruckend. Mir fehlt der ganz einfach. Wie sie das alles bewältigt, die Großeltern betreuen, meinen Vater und den ganzen Haushalt und ihren Bürojob, das ist bestimmt nicht einfach. Aber sie hangelt sich immer wieder hoch und ist gut gelaunt. Daß sie mal 'ne Stunde nicht ansprechbar ist, das gibt es einfach nicht. Aber sie frißt das auch nicht in sich rein, sie redet halt auch drüber, und da kann es auch mal mächtig krachen. Das ist schon vorbildhaft für mich. Ich muff' da eher rum.

Ich kenn' auch keinen, der sagt ‚Mein Gott, ist die doof'. Sie ist freundlich, aber ohne zu schleimen. Das könnte ich echt nicht ertragen, schleimen.

Sie versucht eben, zu verstehen. Sie hakt sehr viel nach. Das geht mir allerdings manchmal auch tierisch auf die Nerven. Ich erzähl eben nicht gern soviel über meine Feunde und sowas. Und dann kommt dieses Nachhaken. Manchmal hab ich das Gefühl, daß nichts unbeobachtet passiert. Deshalb genieße ich es auch immer, wenn meine Eltern verreisen. Oder wenn sie mal 'ne Woche mit meiner Tante ‚Schwestern-Urlaub' macht. Meinen Vater interessiert schon auch, was ich mache, aber nicht so sehr. Aber sie weiß immer, wo ich bin, was ich gemacht hab'. Ich würd nicht sagen, sie hat den Daumen drauf, aber sie weiß schon sehr gern genau Bescheid.

Ich versteh' ja, daß sie sich Sorgen macht, vom Kopf her. Aber im Bauch nicht. Da denke ich oft: ‚Mein Gott! Was soll das jetzt wieder!' und dann kracht es halt mal. Aber im großen ganzen verstehn wir uns wirklich gut. Sicher auch, weil wir nach 'nem Krach versuchen, darüber zu reden. Das hat sie gemacht, seit mein Bruder und ich klein waren. Das klappt echt gut, auch wenn es manchmal total anstrengend ist.

Ich weiß eigentlich wirklich wenig über sie. Also, daß sie früher Sekretärin war und so'n Zeug. Aber was sie für Träume hatte, was sie sich früher mal für'n Leben vorgestellt hat? Eigentlich interessiert es mich schon, wie das bei ihr war, als sie so alt war wie ich. Ich würd' da gerne mehr wissen, aber wir kommen irgendwie nicht dazu.

Dabei fühl' ich mich ihr wirklich nah. Viel näher als meinem Vater. Der ist schon in Ordnung, aber der war halt nicht soviel da. Wenn man ihn was gefragt hat, hieß es immer: ‚Frag deine Mutter, die weiß das.' Sie war auch immer viel verständnisvoller. Und sie geht mit der Zeit voll mit. Mein Vater weiß viele Sachen einfach nicht. Die kann er nicht verstehen, weil er sich früher eben nicht so interessiert hat. Als ich so 16, 17 war, hat er versucht, da was nachzuholen. Aber das ging nicht mehr. Da hat er angefangen, mir von hinter der Zeitung so Sachen verbieten zu wollen. Da hat er wohl das Gefühl gehabt, noch mal eingreifen zu müssen, wo er vorher immer gesagt hat ‚Frag deine Mutter'.

Also ich weiß nicht, ob ich mich ihr nur näher fühle, weil wir beide Frauen sind. Wenn er, so wie sie, immer dagewesen und ein ruhigerer Typ gewesen wäre ... Entweder sind mein Vater und ich uns zu ähnlich, oder wir sind zu verschieden, jedenfalls hat es ständig geknallt. Aber inzwischen geht das echt besser. Ich hab das Gefühl, daß er mich langsam als Erwachsene akzeptiert. Er nimmt mich jetzt ernst, da kommt kein Druckdaumen mehr.

Aber ich bin ziemlich sicher, daß meine Mutter unser Familienleben hochhält. Das ist voll der Hammer. Ich hab mir neulich mal vorgestellt, wie das wär', wenn sie nicht da wäre. Wahrscheinlich würden wir nur so nebeneinanderherleben. Sie hat das alles in der Hand, das ist schon super.

Man kann sich immer auf sie verlassen. Egal, was ich oder mein Bruder früher gemacht haben, sie hat sich immer vor uns gestellt. Nach innen gab's dann Krach, klar. Aber ich konnte mich drauf verlassen, wenn es mir schlecht ging, dann war sie da. Das war allerdings bei meinem Vater auch so. Wenn es in der Schule oder so Ärger gab, hat er sich vor uns gestellt. Das hat mich immer beeindruckt. Daß sie dann mal gesagt hätten ‚Die behandelt uns so ätzend, warum soll ich das jetzt eigentlich machen?' Haben sie nie getan. Das war wirklich toll.

Für meine Mutter war es aber schon ein großes Problem, wenn es zwischen meinem Vater und mir Krach gab. Da hat sie immer zwischen uns gehangen. Sie hat versucht, für mich zu vermitteln. Sie hat sich vielleicht zu oft auf meine Seite gestellt und dann Ärger mit meinem Vater gekriegt. Vielleicht hätte sie mich ruhig mal hängenlassen sollen. Hat sie aber nicht.

Das klingt jetzt vielleicht undankbar, aber eigentlich hat mich das auch ab und zu genervt. Daß sie immer die Sachen so mit Diplomatie versucht hat an den Mann zu bringen, anstatt einfach zu sagen, so ist das und zack!

Schwierig ist auch, mit ihr über meine Freunde und Beziehungen zu reden. Also, sie sagt immer, ‚Du kannst mit mir über alles reden', aber ich spür', daß das nicht geht. Ich könnte schon, aber ich will's nicht. Sexualität, das ist auch was, wo sie versucht, über ihren Schatten zu springen. Aber ich merke genau, das ist ihr unangenehm, darüber zu reden. Sie versucht, das zu überspielen, aber ich merk es doch. Ich finde das auch gar nicht nötig. Ich hab' da meine Freunde und Freundinnen, wir haben die gleichen Probleme und Ansichten, wir können sozusagen auf gleicher Stufe darüber reden. Also ich seh' für mich in der Sexualität echt nichts Oberpeinliches. Warum soll ich ihr da irgendwas aufbürden, was ihr vielleicht schwerfällt? Das muß doch nicht sein.

Ich verdanke ihr doch eh' schon viel. Ich hab so Erinnerungen an die Zeit, in der ich klein war. Dieses Geborgenheitsgefühl, und daß mein Bruder und ich in so einer guten Familie aufgewachsen sind. Da hab' ich viel Sicherheit gekriegt. Eben weil sie nie gegen mich gearbeitet hat, sondern mit mir. Die Mutter meiner Freundin macht das ganz anders. Als die sich neulich mal so fett fühlte, da hat ihre Mutter ganz kühl gesagt: ‚Na ja, zehn Kilo abnehmen müßtest du schon, wenn du nach was aussehn willst.' Das ist doch ätzend!! Gerade in der Zeit, als ich mich immer so häßlich fand, fett und Pickel und doofe Haare, da hat meine Mutter mir dann so was gesagt wie ‚Ich finde, du siehst toll aus. Vielleicht ein anderer Schal dazu oder 'ne frische Bluse ...'. Sie hat mich immer aufgebaut. Damals hab' ich ihr das nicht immer geglaubt, aber heute weiß ich, wie mir das geholfen hat. Gerade weil ich bei meiner Freundin dieses brutale Gegenprogramm erlebe.

Das Leben so richtig schwergemacht hat sie mir wirklich nicht. Nur, ich hab mich oft eingeengt gefühlt, aber das ist wahrscheinlich normal. Vielleicht hab' ich das ja auch überspitzt empfunden, aber sie hat schon tüchtig gegluckt. Es gab nichts, was sie nicht wußte. Bis zu einem gewissen Punkt natürlich, klar, dann macht man halt seine Sachen, ohne daß sie das weiß. Aber wo ich hingehe und so, das wußte sie immer. Und das hat mich schon gestört. Sie hat das nicht aus mir rausgelockt, das nicht, aber sie war immer da, wußte meinen Tagesplan und hat den auch voll in die Hand genommen. ‚Barbara, morgen um fünf, vergiß den Arzttermin nicht.' Also das wußte ich schließlich selber. Aber sie war mit meinen Terminen immer up to date. Das war natürlich auch sehr bequem für mich, klar, andererseits hatte ich schon das Gefühl, daß ich ein bißchen arg bemuttert werde. Es war ja nicht so, daß ich einen Arzttermin vergessen wollte. Aber ich hätte gerne alleine ausprobiert, daß ich meine Sachen selbst im Griff habe. Und so hatte das immer jemand anderes im Griff. Sie ist halt sehr pflichtbewußt.

Deswegen hat sie mir wahrscheinlich auch immer helfen wollen. Das kommt heute noch vor, daß sie sagt ‚Du läßt dir überhaupt nicht helfen.' Das sind oft so Lappalien. Wenn mir zum Beispiel was hinter die Kommode gefallen ist, und ich da rumhangel, dann kommt schon einer, meine Mutter oder mein Vater, und sagt: ‚Ich mach das!', schiebt ruckzuck die Kommode beiseite und fertig. Anstatt dankbar, werd' ich dann fuchsig, und das können sie nicht verstehen, daß ich die doofe Kommode gerne alleine gerückt hätte.

Ich habe schon oft Probleme mit meinem Selbstwertgefühl, eigentlich weiß ich nicht warum, niedergemacht hat mich ja hier keiner. Aber vielleicht liegt das auch mit daran, daß hier immer einer hilft. Ich hab' einen Freund, bei dem war das immer so, wenn der als Kind zum Beispiel ein Geschenk einpacken mußte und das nicht hinbekam, dann hat die Mutter gesagt: ‚Versuch's, bis du es kannst.' Dann hat er zwei Stunden oder so gerackert, aber dann hat er's hingekriegt und war total stolz. So positive Kicks bauen doch das Selbstwertgefühl total auf, oder? Bei 'nem anderen Freund war es so, daß die Mutter ihm immer alles aus den Händen gerissen hat. Der traut sich heute kaum was. Also ich denk', bei mir war das so in der Mitte. Ich trau' mich schon viel, und andere trauen mir auch viel zu. Wenn es darum geht, daß man irgendwo klingeln muß, oder was Unangenehmes fragen oder was organisieren – wer ist der, der das macht? Ich. Und eigentlich setz' ich mich auch ganz gut durch. Nur hab' ich oft ziemlich viel Angst dabei, ob ich es auch richtig gemacht hab' und so Sachen. Das kann schonmal quälen.

Meine Mutter hat mir eigentlich nie gesagt, 'ne Frau macht das so oder so. Ich glaube auch deswegen, weil sie nicht so hundertprozentig mit sich selbst und ihrem Frauenleben einverstanden ist. Ob sie das so richtig macht. Ich glaube, sie würde mir nicht unbedingt Ratschläge geben, weil sie das Gefühl hat, daß sie selbst es mir ja anders vorlebt. Und dann einen Ratschlag geben, der genau ins Gegenteil geht, so was würde sie nicht machen.

Sie bemüht sich, mir meine Entscheidungen offenzulassen. Und dann habe ich auch eine Tante, die Schwester meiner Mutter, die lebt ganz anders, ohne Familie, dafür voll im Beruf und auch nicht, na, ich will mal sagen, nicht so bürgerlich wie wir, unkonventioneller vielleicht. Meine Mutter und ihre Schwester verstehen sich echt gut, deshalb war meine Tante in unserem Leben immer sehr präsent. Ich habe mir das alles genau angeguckt, diese beiden ganz verschiedenen Arten, als Frau zu leben. Das hat dann zusammen so eine Form gegeben. Wer weiß, wenn ich nicht so eine Tante hätte, vielleicht wäre dann vieles ganz anders gelaufen.

Also, das finde ich wirklich, daß das meine Mutter von manchen anderen unterscheidet. Sie hat mir meine Zukunfts-Entscheidungen offengelassen, und ich weiß, daß ich bei meinen Eltern Rückhalt habe, auch finanziell, wenn es mir mal schlechtgeht. Insofern ist es auch einfacher für mich, Sachen wie 'ne Berufsausbildung zu entscheiden. Im Notfall, wenn die Entscheidung wirklich falsch war, kann ich dann noch was anderes machen. Aber eines ist ganz klar: Sie würde mir nie den Ratschlag geben, 'ne Frau gehört an den Kochtopf und soll nicht studieren. Obwohl sie das ja so gemacht hat.

Man kann nicht gerade sagen, daß sie mich ermuntert hat, unkonventionelle Wege zugehen. Man merkt schon sehr genau, wenn sie etwas toll oder nicht so toll findet. Sie ist nicht so dafür, daß man ausbricht oder so. Aber sie läßt mich machen. Sie ermuntert mich nicht, aber sie bremst mich auch nicht. Jedenfalls nicht direkt. Ich merke schon, daß ich mich da auch manchmal von ihr beeinflussen lasse. Aber sie ist offen für Neues. Und da ich ja wirklich nicht so unkonventionell bin, wie ich es vielleicht sein könnte, hat sie's da nicht so schwer mit mir. Wirklich nicht.

Wir haben schon viel Ärger gehabt in den letzten Jahren. Wenn man klein ist, so als Kind, dann findet man ja immer alles toll. Aber als ich älter wurde, da hab' ich schon gemerkt, daß ich so nicht leben möchte, mich nicht so für die Familie und den Mann abrackern. Insofern ist sie da nicht mein Vorbild. Aber es war nie 'ne echte Krise bei uns. Das hängt sicher damit zusammen, daß ich mich mein Leben lang auf sie verlassen konnte.

Also, im Prinzip glaube ich nicht unbedingt, daß ich ihr sehr ähnlich bin. Das fängt schon bei der Fröhlichkeit an, die sie ausstrahlt. Ich bin schon auch fröhlich, aber nicht so kompromißlos. Vielleicht kommt das ja noch. Hoffe ich. Ja, vielleicht werde ich ihr mal ähnlich. Ich glaube, wir haben den gleichen Humor. Da sind wir echt auf einer Linie. Aber ihre Toleranz, die ist echt der Hammer. Die fehlt mir total!

Ich finde, genau das ist eine gute Mutter: Eine, auf die man vertrauen kann, die, egal, was man gemacht hat, letztendlich zu einem hält. Und Toleranz, die muß eine Mutter auch haben. Also was das betrifft, habe ich eine Supermutter. Daß das Essen immer pünktlich auf dem Tisch steht, das ist da gar nicht wichtig. Für sie war das aber immer furchtbar wichtig. Das ist so was, was ich schon über das Bemuttern gesagt hab. Da sagt sie: ‚Barbara, heute steht leider das Essen nicht pünktlich um eins auf dem Tisch, ich hab' einen Arzttermin. Ich koch' dir was vor, du mußt es dir nur warm machen.' Das ist doch scheißegal, dann steht's eben nicht auf dem Tisch, ist doch kein Drama. Aber für sie ist das wirklich ein Drama. Jedenfalls als wir noch ein bißchen jünger waren. Sie hat sich da total unter Streß gesetzt. Inzwischen ist sie da auch lockerer. Aber, zugegeben, es war auch ein Superservice und ist es immer noch.

Ich finde es schon toll, daß sie nicht gearbeitet hat, als ich klein war. So ab 12 oder 13, da hätte es mir nichts augemacht. Aber ich hab' das bei 'ner Freundin in der Nachbarschaft gesehen: Seit die sieben war, war keiner zu Hause, wenn die mittags aus der Schule kam. Da mußte die sich 'ne Suppe kochen, und keiner war da zum Reden, weil beide Eltern immer gearbeitet haben. Die haben nicht mal 'ne Tagesmutter oder so organisiert. Die war einfach alleine.

Ich würd' schon sagen, daß meine Mutter inzwischen auch so 'ne Art Freundin für mich ist. So 'ne Art. Ich meine, sie ist meine Mutter. Freundinnen habe ich woanders. Dafür hat sie andere Qualitäten, die diese Freundinnen eben nicht haben können. Ich meine das auch nur im Vergleich zu dem, was ich höre, wenn meine Mutter und meine Tante zum Beispiel über das Verhältnis erzählen, das die jungen Frauen damals zu ihren Müttern hatten. Da ist doch bei uns sehr viel mehr Offenheit. Ich denk', daß sich da schon viel geändert hat, daß viele Mütter umgedacht haben und nicht mehr diese steifen Regeln haben oder auf so was pochen. Es ist heute halt auch nicht mehr so kraß wichtig, was andere Leute über einen sagen, weil das alles offener geworden ist. Es ist einfacher geworden. Weil eben dieses Klischee langsam weg ist, daß 'ne Frau zur guten Köchin und zu 'ner guten Mutter erzogen werden muß. Und der Mann darf als Junge mit dem Spielzeug spielen und muß nachher 'n tollen Job und 'ne Karriere machen. Das ist zwar noch meistens so, aber das Klischee ist nicht mehr so kraß wie früher. Das denk' ich schon.

Eine Familie will ich später auch haben. Und zwei Kinder, einen Sohn und eine Tochter. Nee, das ist ganz falsch. Ich hätte gerne 'ne Schwester gehabt, die geht mir voll ab, deswegen hätte ich auch gerne zwei Töchter. Ich habe meinen Bruder total gerne, aber ich könnte nicht sagen, daß ich ihn wirklich kenne. Also ich bin irrsinig stolz, wenn er mich mal fragt, ob ich mit ihm weggehen will oder am Sonntag zum Skilaufen oder so, aber wir haben ganz andere Freunde und ganz andere Vorstellungen vom Leben. Wir haben eine sehr gute Beziehung, aber überhaupt nicht so eng und vertraulich, wie ich das bei meiner Mutter und ihrer Schwester sehe, obwohl die ja auch sehr unterschiedlich leben. Aber drei Kinder sind mir zuviel. Einen Sohn hätte ich gerne so zum Gegensatz zu der Tochter. Das fände ich gut. Aber ich stelle mir vor, daß es schön ist, eine Tochter zu haben, weil ich zu meiner Mutter 'ne ganz andere, irgendwie sehr viel engere Beziehung habe als mein Bruder. Und es wär schön, das selbst auch zu erleben.

Aber ich würde meine Tochter schon etwas anders erziehen. Ich würde ihr vielleicht beibringen, selbständiger zu sein, mehr selbst zu machen. Das ist wohl ein egoistischer Aspekt. Aber sie soll halt vor allem checken, ihre Termine und so was selber zu ordnen. Wenn sie es dann mal vergißt, dann muß sie halt mal auf die Schnauze fallen. Wahrscheinlich könnte ich das aber gar nicht durchhalten, ich seh ja, wie angenehm der Service hier für mich ist. Aber ich möchte schon versuchen, meinen Kindern mehr Verantwortung zu übertragen.

Und noch was anderes wäre mir sehr wichtig, Das würde ich auch anders machen. Es ist mir unbegreiflich, daß sie kein eigenes Zimmer hat. Das möchte ich unbedingt schaffen. Ein Raum für mich. Es geht ja jedem mal dreckig. Und dann möchte ich mich nicht ins Wohnzimmer setzen, wo alle fünf Minuten einer reintrampelt und was will. Da möchte ich meine Tür zumachen und sagen: Haut ab, ich hör' Musik, ich lese, ich mag euch jetzt nicht sehen oder so. Ich finde einen eigenen Raum unheimlich wichtig. Sie hat das mal versucht mit dem kleinen Zimmer im Dachgeschoß. Aber irgendwie ist das schiefgelaufen. Da war dann bald immer was anderes oder einer von uns oder ein Gast drin. Wir haben nämlich sehr oft Freunde oder Verwandte zu Besuch.

Ich weiß nicht, wie sie das gemacht hat. Sie war immer für uns da, sicher war sie oft total überlastet, aber man hat nie was gemerkt. Kein Wunder, daß sie manchmal käseweiß im Gesicht war oder bei 'ner Lappalie geheult hat. Wir haben sie wirklich immer mit Beschlag belegt, nach dem Motto: Das ist meine Mutter, auf der trampele ich rum, die benutz' ich, die ist sowieso immer da. Das kann doch nicht so sein. Ich weiß nicht, wie sie so was ausgelebt hat. Wir waren immer um sie rum, im Schlafzimmer war mein Vater da – höchstens auf dem Klo war sie für sich. Das möchte ich auf jeden Fall anders schaffen. So einen eigenen Raum möchte ich unbedingt haben.

Und ich möchte auch berufstätig sein. Aber wir haben es als Kinder ja sehr genossen, daß sie immer da war, und das möchte ich meinen Kindern schon auch geben. Ich möchte nicht einen Full-time-Job machen und mein Mann ist Hausmann. Ich habe das ja bei meinem Vater gesehen. Der hat wenig davon mitbekommen, wie wir größer geworden sind. Ich will so eine Bezugsperson für meine Kinder werden, wie meine Mutter eine für uns war. Es ist doch so, daß, wenn der Vater abends geschafft nach Hause kommt, dann lieben ihn die Kinder heiß, weil er endlich da ist. Aber man erlebt doch so wenig miteinander. Trösten, ermutigen, das aufgeschlagene Knie verarzten – da ist er ja nie da. Also, das bedeutet nicht so 'ne Rollenverteilung wie ‚Ich mache den Haushalt, und er geht arbeiten', da muß man schon eine andere Regelung finden. Die Hausarbeit muß fair aufgeteilt werden, und nicht nach dem Frauen- oder Männerbild. Das möchte ich meinen Kindern vorleben. Also ich bin im Haushalt ziemlich faul, und das liegt sicher auch daran, daß mir immer alles hinterhergeräumt worden ist. Ich hätt' natürlich auch selbst räumen können, aber, na ja, das tut man dann halt nicht.

Aber bis die Kinder zwölf sind, oder zumindest während der Kindergartenzeit, möchte ich schon präsent sein. Ich möchte mein Kind nicht morgens um sieben in die Krippe bringen, dann wird es von der Tagesmutter für den Nachmittag abgeholt, und ich sehe es am Abend gerade noch für eine Stunde. Wir haben halt immer viel zusammen gemacht, auch mit anderen Kinder, bei uns ist schon immer ein sehr offenes Haus. Und wenn wir gerade essen, wenn einer kommt, dann ißt der eben mit.

Das ist noch so ein Phänomen bei meiner Mutter: Sie arbeitet ständig dran, daß die Beziehungen gut laufen. Nicht nur die Auseinandersetzungen mit mir, auch in ihrer Ehe mit meinem Vater, immer all die Jahre. Wo sie das Kraftpotential her hat, da hab' ich echt keine Ahnung. Aber sie arbeitet dran, diesen Generationensprung zu überwinden, und sie arbeitet auch dran, mit meinem Bruder harmonischer auszukommen, wenn der mal wieder 'ne hektische Phase hat. Und sie versucht, Probleme mit den Großeltern in den Griff zu bekommen. Das ist eigentlich unglaublich.

Ich denk', sie hat ein unheimlich großes Bedürfnis, glücklich zu sein. Und dafür tut sie was. Sie setzt sich nicht hin und wartet, daß es einfach so kommt. Sie tut was, jeden Tag, und auch, wenn es bei manchen Sachen wirklich sehr lange dauert, sie schafft es.

Früher gab es bei uns schon viel Streß, die Eltern haben sich auch ordentlich gefetzt. Aber es hat wohl was gebracht. Wenn ich mir angucke, wie lustig es bei uns jetzt meistens ist, einfach fröhlich und nichts aufgesetzt, echt lustig, dann tut es mir schon weh, wenn ich bei anderen manchmal seh', daß die kaum mit ihren Eltern reden. Daß das bei uns so anders ist, ich glaub', das ist wirklich ihr Verdienst.

Also wenn ich es mir jetzt noch mal überlege: Eigentlich bin ich doch froh, daß ich keine Schwester habe. Vielleicht wär' es ja – mal ganz ehrlich gesagt – doch nicht so toll, Tochter Nummer zwei zu sein."

VIII. KAPITEL

Superwoman oder die achtarmige Göttin

Von der Lust und Last, eine berufstätige Mutter zu haben oder zu sein

Der Mann muß hinaus ins feindliche Leben,
muß wirken und streben und pflanzen und schaffen,
erlisten, erraffen, muß wetten und wagen,
das Glück zu erjagen.
Und drinnen waltet die züchtige Hausfrau,
die Mutter der Kinder, und herrschet weise,
im häuslichen Kreise,
und lehret die Mädchen und wehret den Knaben
und reget ohn' Ende die fleißigen Hände
und mehrt den Gewinn mit ordnendem Sinn ...

FRIEDRICH SCHILLER
Das Lied von der Glocke (1799)

Und mehrt den Gewinn mit ordnendem Sinn. Friedrich Schiller beschrieb den Beruf der Frau anno 1799 mit wenigen Zeilen. Von schnurrender Spindel und schimmernder Wolle ist noch die Rede in dem „Hohenlied vom ehrenfesten, wohlgeordneten, familienhaften Bürgerleben."[1] Es ist fast 200 Jahre alt, aber in vielen Köpfen des späten 20. Jahrhunderts spukt „die züchtige Hausfrau, die Mutter der Kinder" immer noch als der romantische Inbegriff der weiblichen Bestimmung herum. Und immer noch wird an Stammtischen, in Büros und Werkhallen oder auf dem Sportplatz hinter vorgehaltener Hand diskutiert, warum sich denn die Frauen nicht mehr ganz auf ihre Natur und diese schöne und verantwortungsvolle Aufgabe der Mutter und Familienversorgerin konzentrieren mögen. Die Frage, warum nicht alle Männer Jäger und Ackerbauer sein mögen, kommt allerdings nicht auf.

Daß die Berufstätigkeit einer Mutter Kindern, Familie und nicht zuletzt ihr selbst schadet, ist nach wie vor eine weitverbreitete Einstellung: Zu wenig mütterliche Zeit für die Kinder hemme deren Entwicklung, sei Ursache für Schulversagen,

1) Deutsche Schillergesellschaft (Hrsg.): Schiller – Dramen und Gedichte, Stuttgart 1959, S. 14

Aggressivität und den allgemeinen Niedergang jugendlicher Moral, Höflichkeit und Disziplin. Die Doppelbelastung mache Frauen krank, hektisch und unzufrieden. Das belaste die Partnerschaft, wirke sich entsprechend auf die Kinder aus. Solche Mütter seien schlechte Vorbilder für die Töchter, da sie an ihnen nicht erfahren könnten, daß Frausein Spaß macht.

Nun ist der Anteil der berufstätigen Mütter beständig gestiegen. Steht uns deswegen das große Elend der Familien ins Haus? Sind die berufstätigen Mütter schuld? Eigentlich haben wir die Frage der Schuld in diesem Buch ja schon ausführlich abgehandelt, aber sie ist zäh. Sie taucht immer wieder auf und muß immer wieder beantwortet werden. Weniger wegen der allgemeinen Schuldzuweiserei, sondern weil dieser Vorwurf als Selbstvorwurf noch tief in den Köpfen und Seelen der Frauen sitzt. Er ist eine unnütze Last, die in den Familien häufig mehr Hektik und Konflikte verursacht als die mütterliche Berufstätigkeit selbst.

Meine Frau hat das nicht nötig

Frauen waren immer berufstätig. Es gab von jeher Wissenschaftlerinnen, Unternehmerinnen und Politikerinnen. In der vorindustriellen Haus- und Dorfgemeinschaft waren die Tätigkeiten der Frauen vielfältig und unverzichtbar, vor allem als Spezialistinnen in vielen Bereichen des Handwerks, der Ernährungs- und Gesundheitsversorgung. Die Versorgung und Erziehung der Kinder war eine von vielen und die am wenigsten aufwendige. Kinder waren in den Arbeitsalltag einer Gemeinschaft integriert, sie bedurften keiner besonderen Aufsicht. Die Hausfrau als Erzieherin, Hausbesorgerin und Bedienerin für Kinder und Ehemann ist in der Geschichte der Zivilisation noch jung, und sie hat stets nur für das Bürgertum gegolten. Arbeiterinnen und Landfrauen mußten immer für den Broterwerb arbeiten. Ihre Sehnsucht nach einem Leben als „Nur-Hausfrau“ nach bürgerlichem Muster entsprang ihren harten Arbeits- und Lebensbedingungen, die Fabrik- und Landarbeit zusätzlich zur Hausarbeit bedeuteten. Der männliche Satz „Meine Frau hat es nicht nötig zu arbeiten“ ist Ausdruck dieser Lebenssituation gewesen, die aushäusige Frauenarbeit nur unter dem Zwang der Geldnot armer Leute sah. Eine Familie, die allein vom Einkommen des Ehemannes leben konnte, hatte den ersehnten Aufstieg in die Bürgerlichkeit geschafft. Sie war der Beweis für den tüchtigen Mann.

Seit etwa 70 Jahren haben auch bürgerliche Frauen ihren Platz im modernen Berufsleben, in den letzten Jahrzehnten zunehmend als qualifizierte, gut ausgebildete Arbeitskräfte. 69 Prozent der erwerbstätigen Frauen (80 Prozent der Männer)[2] haben eine abgeschlossene Berufsausbildung. Weibliche Berufstätigkeit bedeutet längst nicht mehr nur Broterwerb für Ledige und Arme. Sie ist zum selbstverständlichen Teil der Identität vieler Frauen geworden. Sie bedeutet ein eigenes Einkommen, mehr Selbstbewußtsein und größere Unabhängigkeit vom Partner und der Familie.

Mütter sind erwerbstätig, weil sie Geld verdienen müssen oder wollen, meistens aber auch, weil sie es gerne sind und sich in einen Betrieb und einen Kreis von Kollegen und Kolleginnen eingebunden zufriedener fühlen, als wenn sie allein zu Hause Haushalt und Familie managen. Weil Arbeit und Lohn ihnen Bestätigung geben, weil sie dadurch, egal ob sie als Verkäuferin oder als Oberärztin arbeiten, zu denen gehören, die am großen Ganzen mitarbeiten. Die Anforderungen des Arbeitslebens bedeuten nicht nur Anstrengung, sondern auch Anregung.

Daß viele dennoch unter der Doppel- oder Dreifachbelastung leiden und sich danach sehnen, sich zumindest ein paar Jahre einfach mal auf die Familienarbeit beschränken zu können, liegt weniger an der Last der Erwerbsarbeit, als an dem Mangel an Unterstützung, den Mütter, und ganz besonders erwerbstätige Mütter, von ihren Partnern und von der Familien-, Sozial- und Schulpolitik erfahren.

Berufstätige Mütter sind längst eine Alltäglichkeit. In der Bundesrepublik Deutschland-West[*] sind zirka 55 Prozent aller Mütter erwerbstätig, weniger auf dem Land, mehr in den

2) Zitiert nach WSI-Mitteilungen – Frauen und Arbeitsmarktpolitik, 1.7.92
*) Zur Entwicklung in der DDR, bzw. in den neuen Bundesländern siehe Exkurs „Arbeit hat ja viele Komponenten..."

Städten, in Hamburg zum Beispiel knapp 62 Prozent. Bei den ausländischen versicherungspflichtig Beschäftigten beträgt der Frauenanteil 35 Prozent. Daß Muttersein und Beruf sich in unserer Realität dennoch nur schwer vereinbaren lassen, zeigt nicht zuletzt, daß 90 Prozent aller Teilzeitarbeitsplätze von Frauen besetzt sind,[3] von knapp 40 Prozent[4] aller erwerbstätigen Frauen. Viele Mütter, die nicht berufstätig sind, weil sie keine Betreuungsmöglichkeiten für ihre Kinder finden, wären es gerne 20 bis 30 Stunden in der Woche, wenn sie eine Teilzeitarbeitsstelle finden würden. Aber die sind immer noch knapp. Die Folge: Rund 1,4 Millionen Frauen arbeiten als „geringfügig Beschäftigte“ stundenweise und sozialversicherungsfrei – vor allem als Putzfrau, in der Gastronomie oder im Supermarkt um die Ecke und oft unter ihrer Qualifikation.

Berufstätige Mütter schlagen sich immer (noch) mit dem Gefühl der Schuld herum, nicht gut genug für ihre Kinder zu sorgen, nicht genug Zeit zu haben. Besonders die, die einen gut verdienenden Ehemann an ihrer Seite haben, werden beargwöhnt, der Karriere wegen Kinder und Familie zu vernachlässigen. Zwar finden mehr als 60 Prozent der Deutschen, daß für die Gleichberechtigung mehr getan werden müßte, aber zugleich sind 63 Prozent der Westdeutschen der Ansicht, daß die Betreuung von Kleinkindern außerhalb der Familie schädlich ist.[5] Die Familie ist zuständig – und das bedeutet in der Regel: die Mutter. „Nur Mütter sind Eltern“, sagt Rosmarie Welter-Enderlin, „auch wenn Väter einen Teil der Familienarbeit übernehmen, bleiben Mütter häufig die wichtigsten Ansprechpartnerinnen für Kinder und für deren Bezugspersonen in der Welt draußen: Die Musiklehrerin beklagt sich bei der Mutter, nicht beim Vater, des Kindes, wenn es nicht geübt hat, und Lehrer oder Lehrerin schickt selbstverständlich Müttern den Auftrag zum Kuchenbacken für den Elternabend.“[6]

---

3) Senatsamt für die Gleichstellung (Hrsg.): Frauenbericht, Hamburg 1992, S. 1
4) Sibylle Meyer/Eva Schulze: Frauen in der Modernisierungsfalle. In: Gisela Helwig u. Hildegard M. Nickel (Hrsg.): Frauen in Deutschland 1945-1992, Berlin 1993, S. 167
5) Repräsentativumfrage im Auftrag der Bundesfrauenministerin Angela Merkel. Zitiert nach *die tageszeitung* vom 18.01.1994
6) Rosmarie Welter-Enderlin: Paare – Leidenschaft und lange Weile, München 1992, S. 242 f.

Ein Automatismus, über den sich Mütter zwar oft ärgern, den sie aber nur selten durchbrechen. Es sitzt ja tief in ihren Köpfen, daß sie „zuständig" sind, und als Berufstätige, besonders wenn ein Karrierewunsch dabei ist, bemühen sich viele Frauen ganz besonders, perfekte Mütter zu sein.

Carla, 44, Abteilungsleiterin in einer Import-Export-Firma: „Ich arbeite voll, seit meine Töchter acht und zehn Jahre alt sind. Sie sind gut versorgt, in den ersten Jahren hatten wir eine Halbtagshilfe. Aber trotzdem rackere ich mich ab wie eine Verrückte, um den Kindern möglichst viel abzunehmen und den Haushalt immer gut in Schuß zu haben. Ich hab mal irgendwo gelesen, daß eine perfekte Frau wie ein achtarmige Göttin sein muß: Mächtig, gelassen und vor allem immer mit noch einer Hand und noch einer Hand, die alles regelt, was so anfällt. Da hab' ich mich total verstanden gefühlt. Mein Mann sagt immer, ich soll doch einfach mal fünf gerade sein lassen, aber der hat gut reden mit seinen ewigen Überstunden für irgendwelche wichtigen Sitzungen und Tagungen. Aber was soll er machen? Soll er sagen: Ich muß pünktlich nach Hause, weil ich die Treppe putzen muß? Da nimmt ihn im Betrieb ja keiner mehr ernst."

Die Berufstätigkeit des Vaters hat in fast allen Familien automatisch einen höheren Stellenwert als die der Mutter. Männer haben in der Regel die besser bezahlten Berufe und Positionen, und ihre Rolle als Familienernährer wird schon deshalb selten in Frage gestellt. Vater muß also geschont werden, damit er in seiner Karriere keine Rückschläge erleidet. (Für viele Frauen rächt sich das allerspätestens nach einer Scheidung, die immerhin jede dritte Ehe ereilt.) So beteiligen sich Väter nach wie vor kaum an der Versorgung und Betreuung ihres Nachwuchses. Der Hausmann gar ist ein so exotisches Exemplar, daß er mehr einer geheimnisvollen unbekannten Spezies gleicht als einem Nachbarn oder Kollegen. Nur drei Prozent aller deutschen Männer halten diese Rolle überhaupt für wünschenswert.[7)]

7) Robert Hettlage: Familienreport. Eine Lebensform im Umbruch, München 1992, S. 106

Mutter ist die Beste?

Die Mär, daß ein Kind die besten Startbedingungen fürs Leben nur in der Geborgenheit der Familie und durch die völlige Hinwendung der Mutter zum Kind bekommt, ist genau das: eine Mär.

Das Leben in der Kleinfamilie bedeutet für Kinder nahezu dieselbe Isolation wie für die nicht erwerbstätigen Mütter. In einer deutschen Familie leben heute durchschnittlich ein bis zwei Kinder, in den Großstädten in der Regel nur eines. Die Hälfte aller Kinder hat keine Geschwister mehr. Wer um 1900 heiratete, bekam im Durchschnitt noch vier bis fünf Kinder. Von denen überlebten zwar nur drei das Kindesalter[8)], aber für die waren immer noch viele Geschwister und Nachbarskinder in der Nähe. Der kurze Weg in den Hof, in dem die alle spielen, ist inzwischen eine nostalgische Erinnerung. Im Hof, wenn es ihn denn gibt, parken die Autos, wenn sie nicht gerade über die Straße sausen, die das Kind vom nächsten Spielplatz trennt. Aber auch wenn es den Spielplatz unversehrt – oft nur an der festen Hand der besorgten Mutter – erreicht, wird es da wenig Altersgenossen finden. Nicht nur, weil es heute weniger Kinder gibt, sondern auch weil die wenigen unterwegs sind: in eine andere Schule, zum Kindergarten, zum Flötenunterricht oder zum Judo, sie sind beim Nachhilfelehrer oder wo auch immer. Mütter, die ihren Kindern zu Spielkameraden verhelfen wollen, sind ständig „on the road", Fahrdienste für den Kinderalltag kosten sie heute viel Zeit.

Auch in ländlichen Regionen treffen Kinder Spiel- und Klassenkameraden nicht mehr immer nebenan. Jedes zweite Kind ist hier täglich mit dem Schulbus unterwegs. Freundschaften entwickeln sich über viele Kilometer hinweg, bleiben auf den Schulvormittag beschränkt oder müssen mit viel Aufwand gepflegt werden.

Das kleine Einzelkind der modernen Familie ist – wenn es das Pech hat, keinen Platz in einer Kinderbetreuungseinrichtung zu bekommen – überwiegend mit der Mutter allein. Es ist

8) Hettlage, S. 140 f.

auf einen einzigen Menschen angewiesen, zu dessen Lebensinhalt und -aufgabe es wird – und für dessen Selbstwertgefühl es nun ‚sorgen‘ muß.

Beate, 39, Diätassistentin und Mutter einer elfjährigen Tochter, ist seit zwei Jahren wieder halbtags berufstätig. Vorher ertappte sie sich oft dabei, daß sie ungeduldig auf ihre Tochter wartete. „Mir war ja klar, daß Kinder auch mal trödeln oder die Zeit vergessen dürfen. Ich fand das selber blöd, aber wenn Rebecca mal zu spät aus der Schule kam, war ich immer total sauer. Wegen des Essens, schimpfte ich dann, das werde ja ganz matschig, und das sei ungesund. Aber ich glaube, ich war einfach scharf drauf, endlich jemanden zu haben, mit dem ich reden konnte, der mir was von da draußen erzählte. Mein Mann kam ja immer erst spät heim. Und ich wollte hören, daß ich was Gutes gekocht hatte.“

Eine Mutter, die ihre ganze Kraft auf ein Kind konzentriert, läuft leicht Gefahr, es übermäßig zu behüten und zu kontrollieren, es über die Bedürfnisse seines Alters festzuhalten oder ihm gar die Umsetzung eigener Wünsche und Bedürfnisse aufzubürden.

Inga, 27, arbeitet als Visagistin. Zu den Models, die sie für die Foto-Termine vorbereiten muß, gehören oft Kinder: „Auch das habe ich bei meiner Arbeit gelernt: Wenn ich demnächst Kinder bekomme, werde ich immer darauf achten, daß ich selbst mit meinen Erfolgsbedürfnissen nicht zu kurz komme. Wenn ich in den Studios seh', wie die Mütter mit ihren Kindern rummachen, was die alles tun, damit die vor die Kamera gehen – für mich ist das was Unnatürliches. Kinder haben dazu überhaupt keine Lust. Das ist denen viel zu stressig. Die machen das, weil sie müssen. Die Mütter lassen da ihre Kinder ausleben, was eigentlich ihr Wunsch für sich selbst ist. Das hübsche Kind auf dem Photo, das sind sie selbst, das ist ihr Erfolg. Für die Kinder find' ich das schrecklich. Es gibt kein Kind, daß sich jede Woche dreimal von allein vor die Kamera stellen würde. Die Mütter kriegen dafür Geld, viele brauchen das sicher auch, aber am wichtigsten scheint, sagen zu können: ‚Hier! Das hübsche Kind da in dem Katalog, das ist meins!‘ “

Natürlich braucht ein Kind seine Mutter. Aber es braucht sie nicht rund um die Uhr. Die Sorge der berufstätigen Mütter, daß ihre Kinder in Betreuungseinrichtungen nicht die Zuwendung bekommen, die sie brauchen, ist groß und oft auch berechtigt, da in den meisten Kindergärten zu wenige Erzieherinnen für zu viele Kinder zuständig sind. Aber auf alle Fälle finden Kinder in Kindertagesstätten und Kindergruppen andere Kinder. Und die brauchen sie für ihre Entwicklung ebensosehr wie die liebevolle Betreuung durch Erwachsene. Miteinander üben sie das Leben, in das sie gerade hineinwachsen. Sie brauchen ihre eigene Welt, in der sie nicht nur kleine, den übermächtigen Erwachsenen stets unterlegene Knirpse sind, sondern gleichberechtigte Partner und Partnerinnen in einer „erwachsenenfreien Zone", in einer Welt, in der sie Geheimnisse haben können. Mit anderen Kindern lernen sie, wie man zum Freund oder zum Feind wird, was Hilfsbereitschaft und Verantwortung bedeuten. Unter Kindern können Kinder ihre ganz eigene – von den Erwachsenen oft nicht mehr verstandenen und als Lüge und Spinnerei abgetane – Phantasie und kindliche Neugier ausleben. Daß Kinder Kinder brauchen, ist nicht neu. Aber daß viele Eltern für ihre Kinder das Zusammensein mit anderen Kindern organisieren müssen, ist neu, weil Kinder kaum noch Geschwister haben und weil es nur noch wenig Räume gibt, in denen sie sich unorganisiert und ungefährdet treffen können.

„Der Umgang mit ihresgleichen, meinen viele Forscher, sei es letztlich, der Kinder moralisches Empfinden lehrt – und nicht vor allem das Vorbild der Erzieher. So wichtig eine liebevolle Atmosphäre im Elternhaus für den Start ins Leben ist, so stark Erwachsene ihre Kinder durch beständiges Beispiel beeinflussen und formen können, so sehr die Kleinen von den Großen eine Erklärung der Welt brauchen – letztlich bleiben alle Bemühungen der Eltern Rohmaterial, aus dem sich die Sprößlinge ihr eigenes Weltbild zurechtzimmern. Denn Kinder erziehen sich zum guten Teil selbst und gegenseitig." [9)]

9) Franz Mechsner: Trau keinem über dreizehn. In: *Geo Wissen*/Kindheit und Jugend, Nr. 2/1993, S. 147 ff.

Eine gute Mutter ist eine zufriedene Mutter

Die Schuldgefühle der Mütter: Nicht genug Zeit gehabt zu haben, zu streng oder zu wenig streng gewesen zu sein, schuld zu sein an schlechten Noten, an Übergewicht oder schlechter Laune. Schuld, wenn ein Kind drogenabhängig wird, wenn es phasenweise prügelt oder klaut. Schuld, wenn die Teenager-Tochter schwanger wird. Vor allem die berufstätigen Mütter, immer im hektischen Pendelverkehr zwischen zwei Welten, haben stets Sorge, weder der einen noch der anderen Welt gerecht zu werden.

Sie werden für ihre Kraft, ihr Organisationstalent und ihren Erfolg bewundert, sobald ein Kind jedoch „auffällig" wird, weicht die Bewunderung schlagartig der Anklage: Sie hat sich nicht genug gekümmert! Sie hat ihr Kind verwahrlosen lassen!

Die Sozialisationsforschung hat diesen „Kurz-Schluß" schon lange widerlegt. Ende der 60er Jahre zeigten erste Vergleiche von Kindern, die im Kibbuz oder in der Kleinfamilie aufwuchsen, daß die Kibbuz-Kinder – tagsüber im Kinderkollektiv, abends bei den Eltern – sich zwar anders, aber nicht unbedingt schlechter entwickelten. Sie zeigten u. a. mehr Solidarität und Verantwortung, waren selbständiger und konkurrierten weniger.

Inzwischen hat es zahlreiche Untersuchungen zur „mütterlichen Erwerbstätigkeit", „Fremdbetreuung" und den Folgen für die Kinder gegeben. Die Ergebnisse zeigen, daß nicht die Berufstätigkeit als solche ausschlaggebend ist, sondern die Umstände, die damit für Mutter und Kind verbunden sind.

Kinder brauchen Wärme, Sicherheit, Zuneigung und regelmäßige Versorgung. All das brauchen sie aber nicht unbedingt und auch nicht ausschließlich von der Mutter (oder vom Vater). Kinder brauchen für ihr Wohlbefinden und ihre gesunde Entwicklung eine oder besser noch einige vertraute, zuverlässige Bezugsperson(en). Wo nur eine ist, entsteht viel schneller die Angst, verlassen zu werden. Wo mehrere sind, haben sie eine größere, anregendere Auswahl an Menschen mit Eigenheiten, Vorlieben und Abneigungen, die auf ihre Bedürfnisse entsprechend unterschiedlich reagieren (können).

Kinder wollen nicht permanent beaufsichtigt und betreut werden. Sie wollen, daß immer jemand da ist, wenn sie ein Butterbrot oder ein Taschentuch und eine liebevoll tröstende Hand bei Tränen oder einem aufgeschlagenen Knie brauchen. Und wenn sie fragen müssen, warum Hunde nicht fliegen können und ob Milchtüten auf der Wiese wachsen, wenn sie Bewunderung für ein neues Bild oder das tiefste Loch in der Buddelkiste brauchen. Aber sie brauchen genauso dringend Freiräume. Nicht die Quantität, sondern die Qualität der elterlichen Betreuung und Zuwendung gibt Kindern Sicherheit und das Gefühl, geliebt zu werden und wichtig zu sein. Das heißt, auch Väter könnten intensivere Beziehungen zu ihren Kindern aufbauen, wenn sie sich in der abendlichen Familienzeit weniger auf Zeitung und Tagesschau konzentrieren würden, sondern mehr auf die Kinder.

Regina, 38, Krankengymnastin und Mutter von Janina (10) und Lily (13): „Ich komme abends um halb sechs oder sechs nach Hause. Und dann bin ich auch ganz für meine beiden Töchter da. Wenn sie es wollen – oft genug haben die ja auch was anderes zu tun, als mit ihrer Mutter zu ratschen. Dann kommen sie zuerst angetobt, sind aber gleich wieder in ihren Zimmern oder bei den Nachbarn verschwunden, die haben zum Glück auch zwei Kinder. Eine Zeitlang habe ich dann darauf bestanden, daß sie diese Zeit mit mir verbringen. Ich hatte Angst, nicht genug von ihnen mitzubekommen und als Mutter bald nur noch unter „ferner liefen" zu rangieren. Das hat sie ziemlich genervt, und die Stimmung zwischen uns war entsprechend. Inzwischen bin ich da viel lockerer. Aber im Prinzip ist die Zeit zwischen halb sechs und neun die Familienzeit. Wir haben da so unsere kleinen Rituale, da lasse ich mich durch nichts stören. Die beiden sind immer sehr stolz darauf gewesen, daß sie so eine Zeit haben, in der sie die absolute Nummer eins sind. Diese paar Stunden am Abend mögen wenig erscheinen, aber ich hab' das Gefühl, daß wir in dieser Zeit unendlich viel von einander haben. Und dann ist da ja noch das Wochenende, und da ist mein Mann ja auch meistens zu Hause."

Eine Mutter, die gerne berufstätig sein möchte, aber ihrem

Kind zuliebe darauf verzichtet, tut ihm nicht so gut wie eine, die ihre Berufstätigkeit genießen kann, aber weniger Zeit hat. Unterdrückte oder verdrängte mütterliche Bedürfnisse rächen sich: Sie verursachen latente oder konkrete Unzufriedenheit, die sich letztlich in Ungeduld und Groll gegen das Kind wendet. Je mehr eine Mutter für das Kind auf die Umsetzung eigener Interessen verzichten muß, um so stärker sind ihre Erwartungen an das Kind, sie dafür zu entschädigen.

Daß Kinder am besten in einer fröhlichen, anregenden Atmosphäre gedeihen, ist eine Binsenweisheit. Doch diese Atmosphäre entsteht eben nicht automatisch, wenn Mutter nur immer verfügbar ist. Viele Faktoren gehören dazu. Eine Mutter, die ständig für ihre Kinder auf eigene Lebenspläne verzichtet, kann diese Atmosphäre mit noch soviel Zeit und Betreuungsaufwand wahrscheinlich nur schwer herstellen. Mütter, die sich von ihren Kindern nicht eingeengt oder angebunden fühlen, können eher ein partnerschaftliches Verhältnis zu ihnen aufbauen und ihnen mehr Raum für die eigene Entwicklung geben. „Berufstätige Mütter", so die Soziologin und Psychologin Elisabeth Beck-Gernsheim, „haben eine etwas positivere Einstellung zu Kindern und beschreiben Elternschaft als weniger einengend und belastend als nicht-berufstätige Mütter. Sie sind vielfach mit ihrer Lebenssituation zufriedener, fröhlicher, interessierter." [10)]

„Mütter haben nicht nur Bringpflichten", sagt Rosmarie Welter-Enderlin, „Kinder können auch lernen, sich selber das zu holen, was sie brauchen. Als Mutter möchte ich ihnen auch beibringen, daß ich sie nicht einfach versorge, sondern daß sie auch für sich selbst sorgen lernen und sich holen, was sie brauchen. Ich halte das auch aus ethischer und politischer Überzeugung für wichtig, daß sie auch auf diese Weise lernen, an dieser Welt teilzunehmen, indem sie etwas dafür tun, daß es ihnen gutgeht. So mit dem Satz: ‚Ich habe dir nie einen Rosengarten versprochen'. Dann kommt es auch nicht so sehr auf gemeinsam verbrachte Minuten und Stunden an, weil ich mich

10) Elisabeth Beck-Gernsheim: Vom Geburtenrückgang zur Neuen Mütterlichkeit? – Über private und politische Interessen am Kind, Frankfurt a. M. 1984, S. 176 f.

darauf verlassen kann, daß sie sich melden, wenn sie etwas brauchen.“ Sie selbst habe da viel von ihren Kindern gelernt. Sie habe natürlich auch immer diese Schuldgefühle gehabt, wenn ein Kind mal unglücklich war oder sich über die Schule beklagte und sofort versucht, Lösungen zu organisieren, ihnen zum Beispiel bei den Schularbeiten zu helfen. „Bis unsere damals zehnjährige Tochter zu mir sagte: ‚Mutter, du hast da etwas nicht verstanden. Wenn ich über die Schule schimpfe und jammere, dann will ich keine Lösungen. Dann will ich einen offenen Mülleimer, der das schluckt. Dann Deckel zu, du machst mir ein Brot, und alles ist gut. Ich will keine Therapeutin, die sagt: Jetzt verbringen wir eine Stunde zusammen mit Schularbeiten.‘ Ich war wahnsinnig stolz auf sie, denn das ist, wie ich finde, genau, was Kinder lernen sollen: Für sich selber ja und nein zu sagen, anstatt sich von den Eltern verwalten zu lassen.“

Die Psychologin Prof. Ursula Lehr stellte in ihren Untersuchungen fest, daß Jugendliche zu ihren berufstätigen Müttern eine engeren Kontakt haben. Sie suchen häufiger ihren Rat, vertrauen ihr stärker und erwarten größeres Verständnis. Sie erleben ihre berufstätige Mutter – immer vorausgesetzt, daß sie gerne berufstätig ist – zudem in der Partnerschaft der Eltern als gleichberechtigter. Bei „ausgeglichenen Machtverhältnissen“ [11] zwischen den Eltern bewiesen Kinder mehr Leistungs- und Verantwortungsbewußtsein, sie waren selbständiger und sicherer im eigenen Urteil.

Allerdings: Auch im schönsten Beruf kann eine Mutter nur zufrieden sein, wenn sie weiß, daß ihre Kinder gut versorgt sind. Und genau das ist das Dilemma berufstätiger Mütter: nicht die wenige gemeinsame Zeit, sondern der Streß, die Kinder gut zu versorgen.

„Meine Mutter fing wieder an zu arbeiten, als ich zehn oder elf war“, erinnert sich die 21jährige Rosi. „Sie ist Sachbearbeiterin in einer Behörde, da hat sie immer sehr regelmäßige Arbeitszeiten. Das war mir in der Anfangszeit sehr wichtig: genau zu wissen, wann sie nach Hause kommt. Mein Vater ist Lkw-

11) Ursula Lehr: Ist Frauenarbeit schädlich? Zitiert nach Suse Weidenbach-Janositz: Die berufstätige Mutter, München 1990, S. 53

Fahrer, der ist ja immer sehr unregelmäßig zu Hause. Mein Bruder und ich waren dann nachmittags meistens allein, und ich habe schon manchmal Freundinnen beneidet, deren Mutter immer da war. Auf einem Klassentreffen im letzten Jahr hat mir eine von denen erzählt, daß sie immer mich beneidet hat, weil's bei uns nie so picobello aussehen mußte. Das war mir als Kind gar nicht aufgefallen, aber es stimmt schon, sie hatte ja einfach nicht mehr soviel Zeit zum Putzen und Aufräumen, da wird man wohl großzügiger. Nur ungemütlich darf's nicht werden, hat sie immer gesagt – und uns alle, meinen Vater eingeschlossen, dann schon mal zur großen Putz- und Aufräumaktion gescheucht. Mich hat das nicht gestört, dafür hatte ich halt sonst 'ne Menge Freiräume. Wenn ich mittags mal etwas später heimkam, saß mir niemand im Genick, und keiner wollte sofort wissen, wie's denn in der Schule gewesen war. Ich hatte erst mal meine Ruhe."

Manchmal sei es natürlich auch doof gewesen. „Aber wenn mich echt was drückte, konnte ich nach der Schule bei meiner Mutter im Büro reinschauen, ein paar Minuten hatte sie immer Zeit. Ganz toll fand ich's, wenn sie mich dann zum Mittagessen in die Kantine mitnahm. Sie kannte da alle Leute, und ich war sehr stolz, wenn sie mich denen vorstellte. Bestimmt war das furchtbar anstrengend, gleichzeitig den Beruf und den Haushalt zu bewältigen. Sie wußte auch immer, was bei meinem Bruder und mir gerade los war, wenn einer schlecht drauf war – das merkte sie immer sofort und fragte nach. Aber sie ist auch ein echtes Energiebündel, und ich glaube wirklich, daß es ihr bei allem Streß auch Spaß machte, das alles hinzukriegen." Natürlich hätten sie, Rosi und ihr Bruder, als Kinder auch schon tüchtig mithelfen müssen, aber das findet sie nur gerecht: „Mit zehn, zwölf Jahren kann man schon ein bißchen Familienverantwortung mittragen. Das würd' ich mit meinen Kindern genauso machen. Und wenn es damals auch manchmal lästig war – heute bin ich froh, daß sie mich so sehr zur Selbständigkeit erzogen hat. Da traut man sich doch viel mehr."

Eine zufriedene, fröhliche und interessierte Mutter, auf die man stolz sein kann, ist das beste Vorbild für die Tochter. Sie lernt so, daß es Spaß macht, eine Frau zu sein. Eine Mutter, auf die man stolz sein kann, die ein Eigenleben jenseits der Mutterschaft hat und genug eigene Abenteuer erlebt, um der Tochter die eigenen zu lassen, bedeutet auch Freiheit für die Tochter. Schon im Kinderalltag, aber besonders, wenn sie beginnt, eigene Wege zu gehen. Die Sorge vieler Töchter, die Mutter allein und im Stich zu lassen, wenn sie aus dem Elternhaus in das eigene Leben ziehen, wird überflüssig. Und das erspart ihnen das schlechte Gewissen, sich nicht genug ‚zu kümmern'.

Wenn die „neuen Töchter" Mütter werden

Gäbe es nicht dieses ewige Gefühl der Unzulänglichkeit der Mütter, dann wäre die Debatte um das Für und Wider der Berufstätigkeit längst ein alter Hut. Und alle Energien würden frei für entschiedenere Forderungen nach besseren Lebens- und Arbeitsbedingungen für Mütter und Kinder. Hier wird deutlich, daß die Pflege von Schuldgefühlen für die Politiker (und Politikerinnen?) außerordentlich bequem ist. Es ist höchste Zeit, daß Frauen damit aufhören.

„Wir wollen alles – und wir wollen es jetzt" ist ein Motto aus den wilden 70er Jahren. Ein trotziges Motto, bei dem wir ordentlichen Bürger und Bürgerinnen sofort Bedenken bekommen: Man kann eben nicht alles haben! Man muß sich entscheiden! Entweder oder! Die Mütter der 70er und der 80er Jahre haben versucht, alles zu haben: Kinder, Beruf, Leidenschaft. Sie haben sich dabei abgerackert wie keine andere Frauengeneration, denn sie wollten auch noch alles perfekt machen: Die perfekte Hausfrau legitimierte die Berufstätigkeit, die perfekte Berufstätige legitimierte die Hausfrau, die perfekte Mutter den Erfolg im Beruf – ein rasender Kreislauf. Das Ende vom Lied nennen die Psychologen „burn out syndrome". Kein Wunder, daß schließlich wieder „die neue Mütterlichkeit" ausbrach. Der Beweis schien erbracht: Man kann eben doch nicht alles haben. Selber schuld, wenn dann nichts richtig klappt oder wenn alles einfach zuviel wird.

Alles zu wollen ist für viele Menschen offenbar ein vermessener Wunsch, der, wie Rosmarie Welter-Enderlin sagt, „gegen die puritanische Ethik verstößt“ [12]. Aber alle Facetten der eigenen Persönlichkeit leben zu wollen, ist ein *legitimer* Wunsch nach mehr Lebensqualität, der sich weitgehend verwirklichen läßt, allerdings ohne Anspruch auf Perfektion – eher spielerisch, nach dem Prinzip Versuch und Irrtum, Chaos und Lebenslust statt angestrengter Persönlichkeitsentfaltung und Beziehungsarbeit nach Plan. Das klingt leicht, und ist für uns bürgerliche Musterkinder mit dem ewigen Drang zu bravem Richtigmachen doch sehr schwer. Aber es lohnt den Versuch – schließlich ist gerade Chaos der Zustand, der zur Ordnung führt.

Rosmarie Welter-Enderlin: „Frauen können lernen, von diesem elenden Perfektionismus loszukommen, von diesem Anspruch, neben der Berufstätigkeit auch noch Super-Ehefrauen und Super-Mütter sein zu müssen. Sie können lernen, daß es für alles bestimmte Zeiten gibt. Das heißt, daß sie für sich planen lernen und sich nicht einfach von der Familie vereinnahmen lassen. Dazu gehören auch langfristige Planungen, daß sie zum Beispiel mit dem Partner besprechen, nun drei oder vier Jahre als Mutter zu Hause zu bleiben, aber durch Weiterbildung ein Bein im Berufsleben behalten werden, um dann wieder einzusteigen. Dazu gehört auch, daß sie sich alles an Hilfe und Unterstützung holen, was es nur gibt. Kinder sind ja nicht nur Privatsache, sondern auch Sache des Gemeinwesens. Da muß man Frauen immer wieder den Rücken stärken und ermuntern, nicht vor den gesellschaftlichen Widerständen und Gegebenheiten zu kapitulieren, sondern sich zu überlegen, was kann ich tun? Wo kann ich mich mit Frauen in der gleichen Situation zusammenschließen? Was kann ich von denen lernen und was können wir bewegen?“

Gerade dazu sind berufstätige Mütter nur selten bereit. Job, Familie sind doch schon genug. Und dann noch Aktivitäten mit anderen Müttern? „Das ist ein häufiges Argument“, sagt Rosmarie Welter-Enderlin, „aber es gibt dazu einen treffenden Satz von Christa Wolf in *Nachdenken über Christa T.:* ‚Soviel ist si-

12) Welter-Enderlin, S. 245 ff.

cher: Niemals kann man durch das, was man tut, so müde werden wie durch das, was man nicht tut oder nicht tun kann'".

Für junge Frauen heute gehört Berufstätigkeit neben dem Muttersein zur selbstverständlichen Lebensplanung. Sie wollen auf eigenen Beinen stehen, und sie empfinden einen Beruf als selbstverständlichen Bestandteil ihres Lebens. Sie träumen vom Glück wie Jugendliche jeder Generation, aber für ihr Glück setzen sie nicht mehr nur auf den Traumprinzen. Der Mann ihrer Träume soll nur in einer Hand Rosen tragen – in der anderen lieber Mülleimer und Windelpakete, eben die Hälfte der familiären Aufgaben.

Nach den Ergebnissen der BRIGITTE-Studie *Kind? Beruf? Oder beides?* schätzen 18- bis 33jährige Frauen (und auch ihre Partner) Berufstätigkeit höher als Hausfrauentätigkeit. Die Reglementierungen, die die Arbeit in einem Betrieb mit sich bringt, verbinden sie eher mit Freiheit als die Möglichkeiten der individuellen Zeiteinteilung im Haushalt. Auch Begriffe wie „sinnvoll", „bunt", „macht selbstbewußt" oder „Chancen" wird von ihnen stärker der Berufsarbeit zugeordnet. Männer und Frauen waren sich darin einig, daß Männer es grundsätzlich besser haben als Frauen, daß Menschen ohne Kinder besser leben als Eltern und daß erwerbstätige Frauen besser als Hausfrauen.

Die jungen Frauen haben, anders als noch die Generation ihrer Mütter, in wichtigen Bereichen die gleichen Erwartungen an ihren Beruf wie die gleichaltrigen Männer: Für etwa 80 Prozent soll die Arbeit vor allem interessant sein, Freiraum für das Privatleben geben und einen möglichst großen Entscheidungsspielraum gewähren. 43 Prozent der Frauen würden gerne Führungsaufgaben übernehmen. Karriere durch Ellenbogen und große Anpassung lehnen die meisten jedoch ab.

Dennoch wollen fast alle Kinder haben, weil erst die dem Leben wirklich einen Sinn geben. Ihre Berufstätigkeit wollen sie für die Kinderzeit aber nur für einige Jahre unterbrechen.

Die 27jährige Inga und ihr Freund träumen von drei Kindern: „Dazu so 'ne riesige Familienkutsche, ein Hund und dann auf dem Land wohnen. Das ist unser Traum. Aber die

Realität ist nicht so. Zwei Kinder sind genug, mehr kann man sich heute ja auch gar nicht leisten. Ich würde zwar gerne im Grünen wohnen, aber mit meinem Beruf als Visagistin ist das schwierig. Und natürlich will ich wieder arbeiten, sobald das mit dem Kind oder den Kindern geht."

Wie Inga erwarten die meisten jungen Frauen von ihren Partnern erheblich mehr aktive Vaterschaft, als sie sie bei ihren eigenen Vätern erlebt haben. Und einige ahnen, daß das ein schwerer Kampf werden könnte. Florentine, 22, Betriebswirtschaftstudentin: „Sicher will ich auch mal Kinder haben. Aber ich werde auch dann weiter berufstätig sein. Warum soll 'ne Frau, wenn das Kind im Kindergarten oder in der Schule ist, zu Hause sitzen und warten? Ich werd' nie aufhören zu arbeiten, höchstens während des Säuglingsalters. Meiner Mutter ist eine kluge, aktive Frau, der ist wirklich die Decke auf den Kopf gefallen. Und das hat sie, da bin ich ganz sicher, auch manchmal an uns ausgelassen. Ist doch klar. Mein Vater kam ja nie vor neun aus seinem Büro nach Hause. Es käme für mich auch überhaupt nicht in Frage, daß ich für die Familie immer kochen und putzen müßte. Für mich käme kein Mann in Frage, der sich so was vorstellt. Mein Vater hat immer die ‚Männerarbeiten' gemacht, Rasenmähen und so. Und meine Mutter hatte den ganzen Blödsinn am Hals. Ich weiß nicht, ob es Probleme mit Kindern gibt, wenn die Mutter arbeitet. Aber ich weiß, daß es welche gibt, wenn sie immer zu Hause ist. Es gibt auch in meiner Generation 'ne Menge Frauen, die denken: Heiraten, ein bißchen klein beigeben, das bißchen Haushalt machen, Kinderkriegen, und dann paßt das alles schon. Mit mir geht so was nicht. Aber die passenden Männer für die Vorstellungen von solchen Frauen gibt's genug. Ich bin wirklich oft erschrocken, wenn ich die Jungs so an der Uni höre. Da denk' ich oft, ich höre meinen Vater. Oder meinen Opa. Das ist doch furchtbar."

Die neuen Töchter wollen zwar für die Familie nur eine Berufspause einlegen und erwarten engagierte Hilfe von ihren Partnern; aber daß sie als Mutter trotzdem letztlich für die Organisation der Kinderbetreuung zuständig bleiben, ist für sie selbstverständlich. Deshalb entscheiden sie sich gerne für traditionelle Frauenberufe und solche, die ihnen zukünftige Sicherheit bieten: Berufe, mit denen sich eine Kinderpause leichter verbinden läßt. Das ist pragmatisch, aber es engt ihre Lebensentwürfe stark ein.

Carola, 17 und Gymnasiastin, hat sich noch nicht endgültig für einen Beruf entschieden: „Wenn man einen Beruf wählt, in dem keine Rücksicht darauf genommen wird, ob eine Frau Kinder hat, dann muß man sich für das eine oder das andere entscheiden. Ich bin zwar sicher, daß ich beides hinkriege, aber deswegen muß ich den Beruf auch sehr genau überlegen. Ich würde gerne was Kaufmännisches machen oder Jura studieren, um Rechtsanwältin zu werden. Aber ich werde wohl Sprachen studieren. Ich finde Sprachen so toll, weil ich mich dann überall mit den Menschen unterhalten kann und viele Kontakte kriege. Ich möchte auch gerne für eine Zeit ins Ausland gehen oder eine lange Reise durch Südamerika machen. Ich werd' letztlich wohl Lehrerin werden, so ein Beamtenberuf ist später für die Familie doch sehr praktisch. Sprachen und Biologie, das interessiert mich. Wenn ich Kinder gekriegt hab', möchte ich aber auf jeden Fall später wieder in den Beruf. Ich bin nicht so für die typische Mutterrolle, für mich muß der Mann genauso im Haushalt helfen. Wenn ich drei Kinder hätte, würde ich von meinem Mann schon erwarten, daß er beim dritten die Berufspause einlegt, damit ich in meinem Beruf weitermachen kann."

Trotz aller Überlegungen und Wünsche nach einem Beruf, der mit der Familie vereinbar ist, haben sich die Berufswünsche zumindest bei den Studentinnen verschoben. Überproportional viele Frauen finden sich heute in den Fachbereichen Wirtschaftswissenschaften, Germanistik, Humanmedizin und Rechtswissenschaften. Erziehungswissenschaften, der direkte Weg in den für zukünftige Mütter so praktischen Lehrerinnenberuf, kommt erst auf Platz fünf.[13)]

13) Bundesministerium für Bildung und Wissenschaft (Hrsg.:) Grund- und Strukturdaten 1975 bis 1991/2, Bonn 1992. Zitiert nach Barbara Hille: Geschlechtsspezifische Präferenzen und Benachteiligungen. In: Helwig/Nickel, S. 224

Und was ist nun eine gute Mutter? „Eine Person, die in sich ruht“, sagt Ingrid, 47, berufstätige Mutter zweier fast erwachsener Töchter. „Denn aus dem In-sich-ruhen wächst unwahrscheinlich viel Kraft, und die braucht eine Mutter. Schon, um in diesem permenten ‚Gut sein‘ nicht unterzugehen. Das ist ein Kreislauf: Ich kann nicht gut sein, wenn ich mich verliere, und dann kann ich auch nicht in mir ruhen.“

Sie möchte nicht entscheiden, ob mütterliche Berufstätigkeit dafür eine Voraussetzung ist. Sie sei da gegen ein Entweder – Oder. Das möge jede Frau anders empfinden.

„Vor allem aber“, sagt sie, „hat das Muttersein ja ganz unterschiedliche Phasen. Stellen wir uns mal ein Zeitkonto vor: 100 Prozent. Je kleiner die Kinder sind, umso mehr muß man von dem Zeitkonto abgeben. Wenn sie älter werden, gibt man weniger ab und ist trotzdem oder gerade deswegen eine gute Mutter. So schlicht ist das. Es müßte einfach viel mehr Teilzeitarbeit mit flexibleren Möglichkeiten geben. Das wünsche ich meinen Töchtern. Dann ließe sich alles besser organisieren, und dann wäre es auch einfacher, mit dem Zeitkonto umzugehen. Es gibt viele Berufssparten, in denen Frauen gezwungen werden, sich für das eine oder andere zu entscheiden. Das finde ich schlecht. Es entspricht auch nicht der Biologie der Frau. Wir bekommen nun mal die Kinder, und es gibt eine Phase der Aufzucht wie bei allen Tieren. Aber die Jungen werden halt irgendwann aus dem Nest geworfen.

Ich denke, das müssen die Frauen nach einer Zeit, in der die Kinder sie unbedingt brauchen, auch tun. Aber um das halbwegs kinder- und familienfreundlich organisieren zu können, brauchen wir genug gute Betreuungseinrichtungen und flexiblere Arbeitsbedingungen. Da hat die Politik eine Verantwortung, um eine zufriedene Gesellschaft zu ermöglichen. Unsere erwachsenen Töchter werden ja noch sehr viel mehr als meine Generation für die Doppelrolle als Mutter und Berufstätige votieren. Die wollen sich nicht entscheiden müssen: entweder oder. Die wollen beides. Und ich hoffe, daß sie das entschlossen einfordern werden.“

Sechsmal vielleicht oder Aufforderung zu einem neuen Bündnis

Frauen, die mit fröhlicher Leidenschaft Mutter, Hausfrau und vielleicht auch Ehefrau sind und das als ihren Lebensberuf betrachten, der sie zufrieden macht, werden nach der Lektüre dieses Kapitels (wenn sie es überhaupt zu Ende gelesen haben!) wahrscheinlich sehr unzufrieden, noch wahrscheinlicher ziemlich erbost sein. Aber: Ich habe mich bemüht, deutlich zu machen, daß eine zufriedene Mutter immer noch die beste ist. Wenn Sie also keine Sehnsucht nach der Arbeitswelt da draußen verspüren, sondern Ihre Tage als ausgefüllt empfinden, müßten Sie eine zufriedene Mutter sein. Dann werden Sie dieses Kapitel auch nicht als das verstehen, was es nicht sein soll: eine Mißachtung Ihrer Entscheidung und Ihrer Arbeit. Dieses Kapitel konzentriert sich auf die berufstätigen Mütter und ihre vermeintlichen Unzulänglichkeiten. Es will diese Mütter darüber aufklären, daß allein ihre lange Abwesenheit ihren Kindern nicht schadet.

Ich finde, daß Mütter endlich damit aufhören sollten, sich gegenseitig mies zu machen. Bei aller Solidarität, die sich unter Frauen entwickelt hat, gibt es einen tiefen Graben zwischen Hausfrauen-Müttern und Berufsfrauen-Müttern:

Die einen unterstellen den anderen, sie kümmerten sich nicht genug, pflegten vor allem ihre eitlen Karrierewünsche, überforderten ihre Kinder durch zuviel Selbständigkeit und zuwenig Geborgenheit – und so weiter.

Die anderen unterstellen den einen, sie gluckten auf ihren Kindern, nähmen den Haushalt und die eigene Person viel zu wichtig und hätschelten ihre Ehemänner wie im vorigen Jahrhundert – und so weiter.

Es sind die üblichen Vorwürfe, tausendfach gehört, tausendfach gedacht. Vielleicht haben beide Seiten ein bißchen recht, vielleicht beneiden sich beide Seiten gegenseitig ein wenig. Um Anregungen und Bedeutung im Beruf, eigenes Geld, um das Entkommen aus dem Familientrott einerseits. Um viel Zeit für Kinder und Haushalt, Freiräume und ein Leben ohne Stechuhr andererseits. Vielleicht wünschen sich beide Seiten letztlich einfach eine gute Mischung aus beiden Leben. Vielleicht könnten sie die ja organisieren, wenn sie sich gegenseitig unterstützten anstatt sich zu beargwöhnen, wenn sie die jeweils andere Lebensform einfach als gegeben hinnähmen und sich zu einem nachbarschaftlichen Netzwerk zusammentäten. Das ist eine schöne Vision – und vielleicht der nächste Schritt, den Frauen miteinander bewältigen werden.

EXKURS

„Arbeit hat ja viele Komponenten"

Vom Müttern in der DDR und der Zukunft ihrer Töchter in der BRD

Berufstätige Mütter. Was in der Bundesrepublik jahrzehntelang ein heiß diskutiertes Thema war, war im anderen Teil Deutschlands, in der Deutschen Demokratischen Republik, selbstverständlich: Das politische Frauenideal war dort die berufstätige Mutter. Die Kinderversorgung wurde staatlich organisiert. Die heute 20jährigen Frauen stehen mit der Auflösung ihres Staates und den abrupten Veränderungen gesellschaftlicher Normen vor einem doppelten Aufbruch: vor dem Abschied von der Familie in ein eigenes Leben und vor dem Abschied von dem gesellschaftlichen und politischen System, in dem sie aufgewachsen sind. Wie war das mit den Müttern (und Vätern) in der DDR? Und welche Pläne haben ihre Töchter für die Zukunft?

„Uns wurde die Entscheidung für Kinder *und* Beruf in den 70er Jahren erleichtert", sagt Dr. Elke Harre, 38, Sozialwissenschaftlerin und Mutter von zwei 12- und 15-jährigen Töchtern in Berlin-Ost. „Ich konnte nach den Geburten ein Jahr bezahlt zu Hause bleiben und wurde dann ohne Probleme wieder eingestellt. Ich wußte, daß ich meinen Arbeitsplatz wiederbekomme und Betreuung für die Kinder finde. Mein Mann und ich konnten auch freinehmen, wenn ein Kind krank war. Ältere Frauen beschwerten sich manchmal. Da gab es dann Konflikte, weil sie solche Vergünstigungen nicht gehabt hatten, und weil für ältere Menschen nicht in vergleichbarem Umfang soziale Absicherungen eingeführt wurden."

Nicht berufstätig zu sein, das war für die meisten Frauen in der DDR undenkbar. Die DDR hatte die höchste Frauenerwerbsquote der Welt: 80 bis 90 Prozent waren bis zur sogenannten Wende berufstätig. Mehr als 20 Prozent von ihnen sind nun offiziell ohne Arbeit, die Dunkelziffer wird als beträchtlich eingeschätzt. Frauen machen zwei Drittel der Arbeitslosen in der ehemaligen DDR aus. Den Trost, nun könnten sie sich doch endlich so richtig um ihre Kinder kümmern, nun seien sie doch die doppelte Plackerei von Haushalt und Beruf los, empfinden die meisten als zynisch. Abgestellt, aussortiert, weggeschoben – das sind die Begriffe, die Frauen dazu einfallen, die ihr ganzes Erwachsenenleben lang berufstätig waren. Neun von zehn wollen einen Arbeitsplatz, selbst wenn sie auf das Einkommen nicht angewiesen wären.

„Berufsarbeit", so Dr. Harre, „hat ja viele Komponenten. Natürlich haben die meisten, wie in anderen Ländern auch, gearbeitet, weil sie das Einkommen brauchten. Aber berufstätig zu sein, bedeutet auch, Befriedigung und Spaß in der Arbeit zu finden, eingebunden zu sein und dazuzugehören. Man trifft Menschen und hat einen eigenen Erfahrungs- und Erlebnisraum. Das alles macht doch selbstbewußt." Wenn „das alles" plötzlich weg ist, bleibt die große Leere, das Gefühl, versagt zu haben. Daß das Frauen nicht so stark betrifft, weil sie sich durch ihre Hausfrauen- und Mutterrolle einen Ausgleich schaffen können, ist eine Behauptung der Politiker. Gerade für die Frauen in den neuen Bundesländern trifft sie nicht zu.

In der DDR war das Ideal der Frau die berufstätige Mutter. Wegen des Geburtenrückgangs in den 60er Jahren und des wachsenden Wunsches der Frauen nach Teilzeitarbeit, wurde die Gleichwertigkeit von Erwerbs- und Familienarbeit besonders intensiv propagiert. 1988 waren 91 Prozent aller Frauen im erwerbsfähigen Alter berufstätig, davon hatten 87 Prozent eine

---

1) Hildegard M. Nickel: Geschlechterverhältnis in der Wende? In: Frauen in den neuen Bundesländern: Rückzug in die Familie oder Aufbruch zur Gleichstellung in Beruf und Familie? Fr.Ebert Stiftung, Reihe Frauenpolitik/2, Bonn 1991, S. 5

abgeschlossenen Berufsausbildung.[1] Berufstätigkeit galt als Beweis für den hohen Grad der Emanzipation der DDR-Frauen, Mutterschaft gehörte selbstverständlich dazu. „Probleme der Frauen bei der Vereinbarkeit der verschiedenen Lebensrollen wurden unterschlagen; Klagen über den zu langen Arbeitstag, über fehlende Zeit für die Kinder und über die schlechten Versorgungsbedingungen für die Familie galten in der offiziellen Berichterstattung als Tabu“[2].

Familienpolitik war letztlich Mutterpolitik. Das Babyjahr galt für Mütter, die freien Tage für die Betreuung kranker Kinder konnten aber auch von den Vätern in Anspruch genommen werden. Über die Vereinbarkeit von Beruf und Vaterschaft wurde – ähnlich wie im Westen – nicht nachgedacht. Und – anders als im Westen – von den Frauen außer im privaten Alltag auch nicht gefordert. Auch wenn in der DDR mehr Frauen in technischen Berufen arbeiteten als in der BRD, waren und sind sie in beiden Teilen Deutschlands an der Spitze der Hierarchien kaum zu finden. Förderungsprogramme in der Wissenschaft bewirkten zwar, daß Frauen in technischen Berufen stärker vertreten waren, aber die Frauenquote bei den Promotionen betrug nur 33 Prozent. Zwar waren 1987 die Hälfte der Studierenden Frauen, aber nur 4,3 Prozent der Lehrstühle von Professorinnen besetzt. Wie der Westen, so der Osten.

Aber die Berufstätigkeit war dort für den größeren Teil der Frauen unverzichtbar: Bei einer Befragung 1982 bewerteten mehr als 60 Prozent der 20- bis 60jährigen Frauen Beruf und Familie für sich als gleichrangig. Nur rund 38 Prozent, überwiegend weniger qualifizierte Arbeiterinnen mit entsprechend eintönigen Jobs, fanden das Familienleben bedeutsamer.

Viele hätten gerne weniger im Beruf gearbeitet, aber „Nur-Hausfrau“ zu sein, das hatte für die meisten Frauen in der DDR wenig Reiz. Es bedeutet(e) Isolation und Anderssein. Und ein eigenes Einkommen schaffte Unabhängigkeit – wie für ihre westlichen Schwestern.

---

2) Jutta Gysi/Dagmar Meyer: Leitbild: berufstätige Mutter. In: Gisela Helwig/Hildegard M. Nickel (Hrsg.): Frauen in Deutschland 1945–1992, Berlin 1993, S. 140

Die Sache mit dem mütterlichen Schuldgefühl gestaltete sich im Osten Deutschlands komplizierter. Mütter hatten auch hier oft das Gefühl, den Kindern nicht gerecht werden zu können und fühlten sich schuldig, wenn sie nicht genug Zeit und Ruhe für Gespräche und Spiele finden konnten. Aber das schlechte Gewissen plagte vor allem die, die sich gegen eine Erwerbstätigkeit entschieden. Nicht nur Frauen von begüterten, privilegierten DDR-Bürgern standen leicht im Ruf einer Schmarotzerin, wenn sie lediglich stundenweise oder gar nicht in ihrem Beruf arbeiteten.

Das schlechte Gewissen ist ein schlichtes Gebilde. Es ist stets ein Spiegel der herrschenden Norm. In den alten Bundesländern wurden berufstätige Mütter verdächtigt, aus Egoismus ihre Kinder fremden Händen zu überlassen und sie zu vernachlässigen; in der DDR dagegen galt eine Frau, die sich für den Hausfrauenberuf entschied, als Egoistin und uninteressiert am Wohlergehen der Gemeinschaft.

In der DDR wurden Frauen jünger Mütter als in der BRD. 75 Prozent der Kinder wurden dort von bis 25jährigen Müttern geboren, 90 Prozent von Frauen bis zu ihrem 30. Lebensjahr. [3)] In der BRD waren 1988 knapp ein Viertel aller Mütter bei der Geburt ihres ersten Kindes 30 Jahre und älter. [4)]

Dr. Harre: „Ich wollte Kinder und eine junge Mutter sein. Ich hatte das Gefühl, alles schaffen zu können. Es gab ja auch genug Versorgungseinrichtungen. Als Studentin habe ich mein erstes Kind für das fünfte Studienjahr geplant. Da war neben Prüfungen nur noch die Diplomarbeit fällig. Die schrieb ich im wesentlichen vor der Entbindung, so daß alles gut zusammenpaßte. Das werden meine Töchter nicht mehr so machen."

Dr. Harre hat 1993/4 mit Dr. Ines Schmidt „Wandel und Kontinuität in den Grundhaltungen ostdeutscher Mütter und Töchter zu Erwerbstätigkeit und Familie" [5)] untersucht.

---

3) Gysi/Meyer, S. 139
4) Sibylle Meyer/Eva Schulze: Frauen in der Modernisierungsfalle. In: Helwig/Nickel, S. 170
5) Befragt wurden Schülerinnen in 12. und 13. Klassen an zehn Gymnasien in Berlin und Umgebung und deren Mütter, die überwiegend in akademischen oder ähnlich hochqualifizierten Berufen gearbeitet hatten oder noch arbeiteten.

Was wollen diese ostdeutschen Töchter anders machen als die Mütter? Knapp zwölf Prozent wollen ganz auf Kinder verzichten, ein Lebensplan, der in der DDR offiziell nicht existierte. Aber die meisten wünschen sich, wie auch die meisten ihrer westdeutschen Altersgenossinnen, Beruf und Familie. Anders als ihre Mütter wollen sie jedoch mit Ehe und Mutterschaft länger warten; sie möchten erst fünf, zehn Jahre nach dem Abitur oder „später in der Zukunft“ Mutter werden. Vor allem, um sich ihre Berufs-Chancen nicht zu verbauen. Viele Abiturientinnen würden auch gerne für einige Zeit ins Ausland gehen, was die Ausbildungsdauer weiter verlängert. Sie sind neugierig auf die neuen Möglichkeiten, die sie durch die Öffnung nach Westen sehen. Sie wollen sie nutzen.

Die jungen Frauen im Osten Deutschlands, das ergab eine Untersuchung durch das Jugendinstitut Leipzig, sehen mit großem Optimismus in die Zukunft. Sie sind selbstbewußt, leistungsbewußt und glauben daran, zu schaffen, was sie sich vornehmen. Daß sie als Frauen diskriminiert werden, ist bisher nur wenigen klar. Die meisten erleben diskriminierende Erfahrung als individuelle Ablehnung.

Fast alle der von Dr. Harre und Dr. Schmidt befragten Mädchen sind als Kinder in einer staatlichen Kindereinrichtung betreut worden. Sie erinnern sich gerne daran, denn dort hätten sie ihre Freunde gehabt und seien zu der Selbständigkeit erzogen worden, von der sie heute profitierten. Das Leben in der Gruppe haben sie sehr positiv in Erinnerung. Sie selber würden ihre Kinder auch gerne in solche Einrichtungen geben, aber ihnen ist bewußt, daß das dichte Netz bezahlbarer Betreuungseinrichtungen inzwischen weitgehend aufgelöst ist. Auch deshalb wird der Kinderwunsch für sie – wie auch für die jungen Frauen im Westen – zum Problem und zum Konflikt mit ihren Berufswünschen.

Denn eines wollen sie – auch wie im Westen! – ganz bestimmt anders machen als ihre Mütter: Sie wollen sich nicht so für die Familie abrackern, sondern mehr von ihrem (Eigen-) Leben haben. Von den Vätern ihrer Kinder erwarten sie deshalb eine gleichberechtigte Partnerschaft und eine entsprechend aktive Beteiligung an der Kinder- und Familienarbeit.

Viel stärker als ihre Mütter sind die DDR-Töchter bereit, sich aktuellen Gegebenheiten anzupassen. Für die Mütter, so vermuten Dr. Harre und Dr. Schmidt, sei der Begriff Anpassung stark mit der Vorstellung von Selbstaufgabe verbunden. Sie reflektieren weit stärker als ihre Töchter die öffentliche Diskussion über Anpassung in der DDR, die ihnen das Gefühl gibt, sich vielleicht nicht genug gewehrt, sondern zu sehr angepaßt zu haben. Die Töchter verstünden dagegen unter Anpassung eher ein flexibles Reagieren auf die veränderten Lebensbedingungen, von denen sie sich allerdings mehr Möglichkeiten und Freiheiten versprechen, als ihre Mütter sie gehabt haben.

Etwas lernen sie mit ihren Müttern nun gemeinsam kennen: die Existenzangst. Ihre Mütter sind in einem Staat aufgewachsen, der seinen Bürgern ein Recht auf Arbeit garantierte. Die Töchter werden ihre Berufsjahre in einem Staat leben, der – wie in allen westlichen Industriestaaten – immer mehr Arbeitslose produziert. Auch zukünftig wird die Mehrheit von ihnen weiblich sein.

DDR und BRD, zwei Staaten, in denen die Frauen auf den ersten Blick sehr unterschiedliche Kämpfe gekämpft haben. Eine Frauenbewegung hat es in der DDR nicht gegeben, Feminismus galt als dekadent, Berufstätigkeit für alle als Beweis der realen Gleichberechtigung. Ein Kampf gegen männliche Dominanz hätte einen Kampf gegen das System bedeutet.

Die Veränderung des Frauenalltags und Frauenbewußtseins in der BRD ist in den letzten 20 Jahren turbulent und sehr vielschichtig verlaufen. Das Frauenbewußtsein in der DDR hatte andere Qualitäten. Es wird noch einige Jahre dauern, bis Ost- und West-Frauen sich ohne Vorbehalte begegnen werden. Den Töchtern, den heute 15-20jährigen, wird die Annäherung leichter fallen. Sie haben mehr Gemeinsamkeiten als ihre Mütter in Ost und West. Und gemeinsam haben sie auch ein kritisch-freundschaftliches Verhältnis zu ihren Müttern.

IX. KAPITEL

Sag' mir, wo die Väter sind ...

Von alleinerziehenden Müttern, ihren Töchtern und den Schatten-Vätern

Das ist ein weiser Vater, der sein eigenes Kind kennt!

WILLIAM SHAKESPEARE
Der Kaufmann von Venedig (1596)

Samstagmorgens klopfte es an Maries Fenster, fast an jedem Samstagmorgen. Nur wenn ihr Vater verreist war, eine Tagung besuchte, mit seiner Frau Urlaub machte oder ausnahmsweise mal kein Frühaufsteher sein wollte, blieb das vertraute leise Pochen an der Scheibe aus.

Marie war, wie ihr Vater, immer früh wach. Deshalb klopfte er bei ihr, nicht bei Brigitte, Maries Mutter. Die schlief am Samstagmorgen um acht gerne noch. Marie sprang aus dem Bett, machte das Fenster auf und nahm die Brötchentüte in Empfang. Nach einem kleinen Schwätzchen mit seiner ältesten Tochter machte sich Martin dann auf den Weg nach Hause – die nächste Querstraße rechts, dann das 5. Haus links – zu seiner Frau, deren Sohn und der gemeinsamen Tochter.

Marie, damals 12, heute 17 Jahre alt, ist ein Scheidungskind. Marie hatte Glück. Ihre Eltern trennten sich trotz allen Kummers und Zorns in dem Bewußtsein, daß da zu Anfang mal eine große Liebe gewesen war. Und um dieser Liebe und um der beiden Kinder willen, die daraus hervorgegangen waren, bemühten sie sich, ihre Trennung möglichst fair zu vollziehen.

„Sicher gab es Krach zwischen meinen Eltern", erinnert sie sich, „und gerade in der ersten Zeit war da oft ein ziemlicher Hickhack, und ich wußte überhaupt nicht, was richtig war und wo ich hingehörte. Aber irgendwie haben sie es wohl hingekriegt. Ich glaube, meine Mutter war sogar mal in einer Familienberatung."

Marie und ihr drei Jahre jüngerer Bruder Theo haben den intensiven Kontakt zu ihrem Vater nie verloren. Einige Zeit nach der Scheidung zog er in eine Wohnung in der Nähe seiner früheren Familie, so daß ihn die Kinder auch außerhalb der üblichen Besuchstage mit dem Fahrrad oder zu Fuß besuchen konnten. „Und genauso konnten wir an den Wochenenden und Abenden, die wir bei ihm verbrachten, zwischendurch mal kurz bei unserer Mutter reingucken; und wenn wir was vergessen hatten, war das auch kein Drama. Wir haben zwar nach der Scheidung immer bei unserer Mutter gelebt, aber weil mein Vater nur fünf Minuten entfernt wohnte und meine Eltern nach und nach ganz gut miteinander klarkamen, hatte ich nie das Gefühl, mein Vater wär' nicht mehr da. Jedenfalls fast nie."

Wie gesagt: Marie und ihr Bruder Theo haben Glück gehabt. Sie gehören zwar zu dem Viertel aller Kinder, deren Eltern sich in Deutschland trennen, aber sie sind keine „Scheidungswaisen" geworden. Vater und Mutter sind ihnen – mit veränderten Spielregeln – erhalten geblieben. Ihren Eltern ist das Kunststück gelungen, Enttäuschungen und Verletzungen einer gescheiterten Ehe nicht an den Kindern auszulassen. Das ist eher die Ausnahme. 40 Prozent der geschiedenen, knapp 60 Prozent der nichtehelichen Väter haben gar keinen Kontakt zu ihren Kindern. Bei den übrigen ist er sporadisch bis regelmäßig.

Die „Ein-Eltern-Familie" ist inzwischen zu häufig, um sie noch als „Abweichung" zu sehen. Wie in den meisten europäischen Ländern wird in Deutschland jede dritte Ehe geschieden, in den Großstädten und Ballungsgebieten sogar jede zweite. In der Hälfte dieser „Trennungsfamilien" leben Kinder, von denen die meisten bei der Mutter bleiben. In den etwa 2 Millionen Ein-Eltern-Familien in Deutschland leben etwa 1,75 Millionen Kinder bei der Mutter, 265 000 beim Vater.[1)] Alleinerziehen ist also in mehr als neun von zehn Fällen Frauensache.

Die Gründe für den Rückzug der Väter nach einer Trennung sind vielfältig. In der Regel ist es den Eltern nicht gelungen, die Trennung zu verarbeiten, weil zu viel Groll, Schuldzuweisung und Gekränktheit übriggeblieben sind – Treffen werden über lange Zeit zur mehr oder weniger subtilen Schlacht. Meistens geht der Vater bald eine neue Beziehung ein, die auch

1) Alleinerziehende Mütter sind nur zu etwa 60 Prozent geschiedene oder getrennt lebende Frauen. Knapp ein Viertel sind ledige Mütter, die anderen sind verwitwet. Knapp 300 000 ledige Mütter gibt es in Deutschland. Zitiert nach Gleichstellungsstelle der Stadt Essen (Hrsg.): Alleinerziehende zwischen Haushalt und Beruf, Essen 1992, S. 3

neue Kinder bedeutet und die Verbindung zur alten Familie abbröckeln läßt. Oft sind Väter nicht in der Lage, mit ihren Kindern, die in der ersten Zeit nach der Trennung der Eltern häufig sehr „schwierig“ sind, umzugehen. Oft ziehen sich auch die Kinder zurück: Weil die Eltern ihnen nicht erlauben können, den jeweils anderen auch zu lieben, und weil sie es nicht aushalten, als Objekt für den Dauerkampf der Eltern mißbraucht zu werden.

Ob der Verlust des Vaters für die Töchter oder für die Söhne einschneidender ist, ist ungewiß. Für jede Variante gibt es wissenschaftliche Belege. Letztlich kommt es „immer darauf an“. Die Trennung der Eltern kann für Vater, Mutter und auch für die Kinder eine Verbesserung der Lebenssituation bedeuten, wenn damit ein zermürbender Ehekrieg beendet wird. Und sie kann trotz aller Stürme und Untiefen der Anfangszeit bewältigt werden. Am besten natürlich, wenn den Eltern gelingt, was Maries und Theos Eltern gelungen ist. Aber auch wenn der Kontakt zum Vater ganz verloren geht, muß das nicht lebenslange Neurosen bedeuten. Manchmal müssen Kinder auch vor einem Elternteil geschützt werden.

Schuldgefühle in zwei Richtungen gehören für viele geschiedene Mütter zur Last des neuen Alltags. Den Kindern gegenüber fühlen sie sich schuldig, weil sie „es nicht geschafft haben“, ihnen die heile Familie, den Vater, und den damit verbundenen Lebensstandard zu erhalten. Und ihrer eigenen Mutter gegenüber, weil sie sich nicht als erfolgreiche Tochter erwiesen und sie somit zu einer „Versagerin“ gemacht haben: Sie hat es nicht geschafft, eine gute, erfolgreiche Tochter zu erziehen, denn so eine ist nicht geschieden. Die Ehe der Tochter ist „gescheitert“. Und da Männer gewöhnlich von einer Beziehung ohne lange Umwege in die nächste gehen, erlebt die (Schwieger-)Mutter eine doppelte Niederlage: Der Schwiegersohn zieht eine andere Frau der eigenen Tochter vor. Also muß die Tochter besonders viele Fehler gemacht haben: „Konntest du nicht ein bißchen nachgiebiger (interessierter, gepflegter, sportlicher, weniger selbständig etc.) sein? Männer sind halt so, ein bißchen muß sich jeder Mensch anpassen ...“

Aber geschiedene Frauen brauchen keine Ermahnungen und Ratschläge, sie sind auch nicht für Erfolg oder Zufriedenheit ihrer Mütter zuständig. Geschiedene Frauen brauchen Solidarität. Auch von ihren Müttern.

Die Ein-Eltern-Familie ist heute eine normale Familienform. Alleinerziehende Mütter gehören jedoch häufiger als alle andere Frauen (und auch häufiger als die alleinerziehenden Väter) zu den Armen. Die Rückkehr in den Beruf ist für sie besonders wichtig und besonders schwer. Sie können nur Geld verdienen, wenn die Betreuung ihrer Kinder gesichert ist. Einen der viel zu wenigen Plätze in einer Betreuungseinrichtung bekommen sie aber in vielen Kommunen nur, wenn sie eine Arbeitsstelle nachweisen können. Die wiederum ist für sie besonders schwer zu finden. Die Frage: „Und was machen Sie während der Arbeitszeit mit Ihren Kindern?“ zeugt von der Befürchtung zukünftiger Chefs, daß Alleinerziehende häufig der Arbeit fernbleiben, weil ein Kind krank wird. Das betrifft nicht nur „kleine Angestellte“, sondern auch Frauen in Führungspositionen, die es sich leisten können, viel Geld für eine zuverlässige Betreuung ihrer Kinder auszugeben.

Auch Margret, Abteilungsleiterin und zur Beförderung zur stellvertretenden Direktorin vorgeschlagen, wurde von einem besorgten Vorstandsmitglied gefragt, ob sie als alleinerziehende Mutter diesen verantwortungsvollen Posten denn überhaupt ausfüllen könne. „Ich war empört, aber ich habe ihm ganz kühl gesagt: Wenn Sie einen Mann einstellen, wissen Sie nicht, ob der eine depressive Frau zu Hause hat und sich um die und um die Kinder kümmern muß. Ich habe eine gute Haushälterin, bei mir ist alles perfekt organisiert.“

Nur wenigen Frauen gelingt der berufliche Aufstieg in eine Kategorie, die ihnen die Anstellung einer Kinderfrau oder Haushälterin erlaubt. Für die meisten alleinerziehenden, berufstätigen Mütter ist der Tag von engen Terminplänen bestimmt: Arbeits- und Schul- oder Kindergartenbeginn müssen koordiniert werden; das Einkaufen zwischen Büro- und Geschäftsschluß ist ein ständiger Wettlauf mit den Ladenschlußzeiten, abends schnell vorkochen für die größeren Kinder, die den Nachmittag allein zu Hause verbringen, Schularbeiten überprüfen, Elternabende besuchen und die nächsten Tage organisieren – für eigene Interessen und ein bißchen Muße bleibt kaum Zeit.

Erika, 46, Krankenschwester: „Alles, was man sich sonst zu zweit teilen kann, bleibt nun an der Mutter hängen. Aber genau besehen habe ich vor meiner Scheidung genausoviel regeln müssen. Daß mein Mann sich kaum an Hausarbeit und Kinderbetreuung beteiligt hat, sondern ständigen Service erwartete, war einer unserer größten Konfliktpunkte."

Alleinerziehende Mütter sind hochmotiviert, im Beruf vorwärtszukommen und deshalb auch an Fortbildung und Schulungen besonders interessiert. „Karriere? Sicher", sagt Margret, „Karriere ist nicht schlecht. Aber als Alleinerziehende bleibt mir auch nichts anderes übrig, wenn ich meinen Kindern einen guten Lebensstandard bieten und eine gute, verläßliche Betreuung finanzieren will. Deshalb habe ich auch nie ein schlechtes Gewissen gehabt, voll berufstätig zu sein. Wäre ich verheiratet gewesen, hätte ich grübeln können, ob ich besser halbtags arbeite. Aber da ich immer das Geld verdienen mußte und genau wußte, daß ich mir eine tüchtige Kinderfrau nur leisten kann, wenn ich tüchtig bin, hatte ich nicht die Qual der Wahl. Daß es mir auch noch Spaß macht, tut den Kindern genauso gut wie mir. Wenn ich frustriert zu Hause immer auf sie warten würde, würde ich sie ganz schön nerven."

Nur gut die Hälfte können den Lebensunterhalt für sich und die Kinder durch eigene Erwerbsarbeit sichern, entweder weil sie wegen der Versorgung ihrer Kinder gar nicht oder nur stundenweise berufstätig sein können oder weil ihr Einkommen in einem typischen Frauenberuf (zum Beispiel als Verkäuferin oder Friseurin) zu gering ist. Alleinerziehende Frauen und ihre Kinder müssen deshalb besonders häufig von der Sozialhilfe leben. Das bedeutet etwa: 570 Mark monatlich plus Miete und Zuschüsse zu Heizkosten und einmal im Jahr 500 Mark für Bekleidung, dazu pro Kind je nach Alter 260 bis 426 Mark.[2)]

2) Zum Beispiel in Essen/Nordrhein-Westfalen 1992

Nicht die Tatsache, daß sie in einer Teil-Familie aufwachsen, macht Scheidungskindern und ihren Müttern das Leben schwer, sondern die damit verbundenen sozialen und ökonomischen Einschränkungen. Aber zumindest eines sind sie heute nicht mehr: Sonderfälle. Erika: „In meiner Klasse war damals nur ein Mädchen, deren Eltern geschieden waren. Das war was Besonderes, und es wurde auch darüber getuschelt, was ihre Mutter wohl für eine ist. In der Klasse meiner Zwillinge leben ungefähr ein Drittel der Kinder mit der Mutter allein oder mit Mutter und Stiefvater. Für die Kinder ist das heute völlig normal. Ich denke, daß sie keine Sonderlinge mehr sind, macht ihnen alles ein bißchen leichter. Wenn Vater oder Mutter gestorben sind, ist das für die anderen Kinder viel interessanter."

Wenn ein Elternteil stirbt, ist das eine Tragödie. Aber die kann, auch wenn es makaber klingt, ein Verlust sein, der weniger Narben hinterläßt und leichter zu bewältigen ist, als eine in Haß und Schikane durchlebte Scheidung der Eltern. Auch der Tod von Mutter oder Vater bedeutet Verlassenwerden. Aber die Eltern haben sich nicht bewußt gegeneinander entschieden. Tod ist etwas Endgültiges und kann als solches betrauert und verarbeitet werden. Zu wissen, daß der Vater irgendwo lebt, daß er aber wenig oder gar keine Zeit oder Lust hat, seine Tochter zu sehen, daß er mit einer anderen Familie womöglich glücklicher ist, bedeutet Ablehnung, Schmach, Wut und jahrelange Hoffnung, die zerbrochene Beziehung wiederherstellen zu können. Viele Kinder fühlen sich schuldig an der Scheidung ihrer Eltern, weil sie keinen anderen Grund für das Zerbrechen der Familie erkennen können als die eigene – vermeintliche – Unzulänglichkeit.

Das Scheidungstrauma – gibt's das?

Scheidungskinder sind gefährdete Kinder. Die Trennung der Eltern ist für sie traumatisch und wird für sie ihr ganzes Leben lang eine mehr oder weniger verheilte seelische Wunde sein. Meistens bleiben die Kinder bei der Mutter. Dann fehlt den Jungen der Vater als Identifikationsobjekt, den Mädchen der erste Mann im Leben, an dem sie ihr Frausein erproben können. Beiden fehlt der Vater als Hilfe bei der Ablösung von der Mutter. Die Erfahrung, verlassen worden zu sein, wird ihre späteren Beziehungen prägen und beeinträchtigen.

All das ist ein alter Hut. Alte Hüte müssen nicht unbedingt schlechte Hüte sein, aber ab und zu müssen sie abgestaubt oder sogar ausgewechselt werden.

Die US-amerikanische Psychotherapeutin und Expertin für Scheidungsfolgen, Dr. Judith Wallerstein, hat als erste eine Langzeit-Studie über die seelischen Folgen von Scheidungen bei Kindern gemacht. Sie interviewte Kinder ein, fünf, zehn und fünfzehn Jahre nach der Trennung der Eltern. Zu Beginn ihrer Forschungen hatte sie angenommen, daß Kinder eine Scheidung nach zwei oder drei Jahren überwunden hätten. Die Ergebnisse ihrer Untersuchung bewiesen jedoch lebenslange Folgen. Die Hälfte der Kinder waren beim Eintritt ins Erwachsenenleben deprimierte, manchmal aggressive junge Männer und Frauen, die nicht das leisteten, was sie hätten leisten können. Sie verachteten sich selbst. Sowohl Jungen wie Mädchen fiel es als Erwachsenen z. B. schwer, so Judith Wallerstein, dauerhafte glückliche Beziehungen aufzubauen. Während die jungen Männer dazu neigten, sich vor Gefühlen und Beziehungen hinter ihrem Beruf zu verschanzen, schlossen die jungen Frauen früh Ehen, die jedoch häufig sehr schnell wieder scheiterten.

Judith Wallersteins Forschungsergebnisse sind von ihren Fachkollegen und -kolleginnen kritisiert worden. Man bemängelte, sie habe sich in ihrer Untersuchung überwiegend auf weiße Mittelschichtsfamilien beschränkt, auf eine Kontrollgruppe verzichtet und – vor allem – mit ihrer Erhebung erst begonnen, nachdem die Eltern sich getrennt hatten. Andere Studien, die auf alte Erhebungen zurückgreifen und so kindliche Störungen vor und nach der Scheidung untersuchen konnten, kamen nämlich zu einem anderen Ergebnis: Tatsächlich litten Kinder getrennter Eltern häufiger unter seelischen Störungen – aber die waren kaum zu unterscheiden von denen, die diese Kinder schon vor der Scheidung ihrer Eltern gezeigt hatten. Nicht die Trennung der Eltern und der damit oft einhergehende Verlust des Vaters verursacht ein kindliches Scheidungstrauma. Viel gravierender wirken sich die quälende Familienatmosphäre und die bis zur körperlichen Gewalt reichenden Auseinandersetzungen aus, die einer Scheidung vorausgehen. Es ist also unsinnig, wenn Eltern eine schlechte Ehe „um der Kinder willen" aufrechterhalten. Eine Scheidung ist dann für alle Beteiligten eine Befreiung und die Chance für einen neuen Anfang. Auch Judith Wallerstein spricht sich nicht gegen Scheidungen aus, sondern ist der Meinung, daß Kinder unter den Konflikten einer schlechten Ehe ihrer Eltern kurz- und langfristig in jedem Fall mehr leiden als unter einer Trennung.

Aus noch einem Grund wurde die Studie von Judith Wallerstein kritisiert. Familientherapeutin Rosmarie Welter-Enderlin: „Das Ergebnis dieser Studie ist, daß geschiedene Mütter selten in der Lage sind, ihr Leben selbst in die Hand zu nehmen und ihren Kindern den Weg hinaus in die Welt zu ebnen. Das stimmt so generell einfach nicht. Andere Untersuchungen kommen zu anderen Ergebnissen, und auch meine Erfahrungen mit alleinerziehenden Müttern sind andere. Viele starten nach so einer Trennung richtig durch und erziehen prächtige Kinder. Aber natürlich ist das um so einfacher, je besser eine Frau ausgebildet und sozial vernetzt ist. Das weist noch einmal darauf hin, wie wichtig eine gute Bildung und Ausbildung für eine Frau auch im Hinblick auf Kinder ist, die sie vielleicht später einmal haben wird."

Das Klischee von der alleinerziehenden Mutter: Leid, Einsamkeit, Verzicht und wirtschaftliche Not. Alleinerziehende sind ständig abgehetzt, weil sie Beruf und Kinder ohne Unterstützung eines Partners kaum bewältigen können. Sie leben der Tochter deshalb vor, daß Berufstätigkeit und Selbständigkeit vor allem deprimierenden Streß bedeutet und die alte Versorgerehe doch ein lohnendes Lebensziel für Frauen ist. Alleinerziehende Mütter überfordern ihre Töchter, indem sie sie zu früh mit zuviel Verantwortung belasten. Wenn sie nach der Trennung allein zurückgeblieben sind, binden sie ihre Töchter so eng an sich, daß es denen schwerfallen wird, sich abzulösen. Die Töchter werden folglich nur mit einem Gefühl nagender

Schuld ein eigenes Leben und ganz besonders – wenn überhaupt – glückliche Beziehungen zu Männern aufbauen können.

Dieses Negativbild hält sich hartnäckig. Auch wenn es nur ein Ausschnitt aus einer weiten Palette von Möglichkeiten ist, wirkt es auf viele Frauen wie eine sich selbst erfüllende Prophezeiung. Wer stets als defizitär bezeichnet wird, fühlt (und verhält) sich schießlich auch so.

Das ewig lauernde Schuldgefühl, die nagende Sorge, ob die Kinder gut genug versorgt sind, ist für alleinerziehende Mütter das drängendste Problem. Die Erwartung der Umwelt, eine Frau alleine könne eine solche Situation kaum bewältigen, macht es nur größer. (Um so mehr, wenn es bei der Erwartung bleibt und aus der mitfühlenden Sorge keine konkreten Hilfsangebote werden.) Fast allen Müttern fällt es schwer, ihren Kindern früh Selbständigkeit zuzumuten. Alleinerziehende aber haben ein besonders schlechtes Gewissen, wenn sie wenig Zeit für ihre Kinder haben, sich im Beruf engagieren und von den Kindern Unterstützung im Haushalt erwarten. Sie können jedoch kaum darauf verzichten, denn schließlich müssen sie oft allein für ihre Familie sorgen: Der väterliche Unterhalt für die Kinder – der häufig nur unregelmäßig gezahlt wird oder ganz ausbleibt – ist fast immer nur ein Zuschuß zu den tatsächlichen Kosten. Durch ihr Bemühen, sich selbst, den Kindern und allen anderen zu beweisen, daß sie sehr wohl in der Lage sind, den Verlust des Vaters auszugleichen und ihre Kinder zu fröhlichen und leistungsfähigen Erwachsenen zu erziehen, setzen sie sich und ihre Kinder leicht stärker unter Druck, als es die konkrete Lebenssituation erfordert.

Es gibt aber noch eine andere Sicht: Danach sind alleinerziehende Mütter – entschlossen oder gezwungen, ihr Leben selbst in die Hand zu nehmen – aktive Frauen, die sich den neuen, schwierigen Lebensdingungen stellen und versuchen, das Beste für sich und ihre Kinder daraus zu machen. Die Töchter erleben diese Mütter als selbständig und offen für die Welt; als Chefin des Kleinunternehmens Familie schaffen sie demokratischere Strukturen, fordern und fördern mehr Verantwortung und Selbstbewußtsein bei Töchtern und Söhnen. Die traditionellen Geschlechterrollen und Arbeitsteilungen verlieren an Starrheit. Während in der „Vater-Familie" der Tagesablauf und die Hierarchie vor allem auf die Normen und Bedürfnisse des Vaters ausgerichtet sind, haben in der Mutter-Kind-Familie die Bedürfnisse der Kinder Vorrang.

Bisher hält sich das alte Klischee jedoch beharrlich. Frauen, die das Leben allein mit ihren Kinder bei allen Problemen und Einschränkungen energisch bewältigen und wieder genießen können, die das Alleinleben als befreiend und unbelasteter empfinden, statt beharrlich unter ihrer schwierigen Situation zu leiden – diesen Frauen wird oft unterstellt, kühl zu sein, die Probleme ihrer Kinder nicht wahrzunehmen und letztlich nur an sich selbst zu denken. Wäre es anders, müßte die Gesellschaft anerkennen, daß Familienleben auch ohne den Mann an der Spitze ein schönes Leben sein kann.

Brauchen Kinder Väter?

Dies ist kein Plädoyer für die Verbannung der Väter aus der Familie. Im Gegenteil. Es ist eine Aufforderung an die Väter, hinter der Zeitungswand hervorzukommen. Und es ist zugleich ein Plädoyer gegen die Romantisierung der „vollständigen" Familien, auf die wir immer wieder hereinfallen, wenn es um Trennung und Scheidung geht. Denn mit der Vollständigkeit ist das so eine Sache. Vielleicht hatte der britische Philosoph Bertrand Russell mit seinem harten Urteil nicht ganz unrecht: „Sicherlich ist ein idealer Vater besser als gar keiner, aber viele Väter sind so wenig ideal, daß ihr Nichtvorhandensein für das Kind ein positiver Vorteil wäre."

Wenn wir heute beobachten, daß sich die Komunikation zwischen Eltern und Kindern verändert hat, daß sie offener, diskursiver und gleichberechtigter geworden ist, meint das in der Realität meistens die Beziehung zwischen den Müttern und ihren Kindern. Vielleicht ist auch die Beziehung zwischen Vätern und Söhnen partnerschaftlicher geworden. Die zwischen Vätern und Töchtern hat sich offenbar in den letzten 20 Jahren wenig geändert. In der Regel sind für sie die Väter ziemlich unbekannte Männer. Für die Töchter der Nachkriegseltern waren sie die Instanz im Hintergrund, die im Zweifelsfall immer das letzte Wort hatte. Und wenn es heute in Familien demokratischer zugeht, so erleben doch auch die heutigen Töchter ihre Väter vor allem als abwesend. Spätestens wenn sie in die Pubertät kommen, ziehen sich die meisten vor den nun einsetzenden, verwirrenden Konflikten zurück. Mehr denn je wird die Tochter nun zur „Mutter-Sache". Wenn das Mädchen in der Metamorphose zur Frau, im Schwanken zwischen Kind- und Erwachsensein, zwischen heftigem Gefühlschaos und Verunsicherungen, zwischen süßer Schmeichelei, melancholischem Weltschmerz und ruppigem Aufbegehren unberechenbar wird, überlassen Väter die täglichen Auseinandersetzungen gerne den Müttern (siehe auch den Exkurs *Wie mache ich meine Tochter stark?* ab Seite 116).

In diesem Alter haben viele Töchter allerdings den Vater als möglichen Vertrauten schon nicht mehr im Blick. Väter sind eben nie da. Und wenn sie da sind, brauchen sie ihre Ruhe, die Tagesschau und ihre Zeitung. Daß gerade in den Jahren, in denen Kinder heranwachsen, auch im Berufsleben harte Karrierekämpfe vollen Einsatz fordern, mag die Väter entschuldigen – hilft aber den Töchtern bei der Suche nach einem Beispiel für männliche Zugewandtheit und Verläßlichkeit wenig.

Auch wenn Väter sich auf Gespräche mit ihren heranwachsenden Töchtern einlassen, entsteht die gesuchte Vertrautheit nur schwer. Väter kommunizieren anders als Mütter. Wenn die Tochter die Diskussion sucht, Fragen nach dem Leben stellen oder sich einfach streiten will, stößt sie auf kühle, sachliche Argumente, auf im Berufsleben geschulte Rethorik, die ihr umgehend beweist, daß sie spinnt und unsachlich ist, daß ihre Gedanken unausgegoren und ihre Wünsche absurd sind.

„Ich würd' schon sagen, daß ich meinen Vater liebe. Aber ich würde nicht sagen, daß ich ihn kenne oder daß er mich wirklich kennt. Eigentlich habe ich jahrelang gar nicht wirklich mit ihm gesprochen", erinnert sich die 25jährige Bella. „Nur das Nötigste und belangloses Zeug wie: ‚Gib mir mal die Butter' oder ‚Was macht dein Schnupfen?' Dabei hatte ich solche Sehnsucht danach, von ihm ernstgenommen zu werden. Aber er hatte immer auf alles eine fertige Antwort, egal, ob die auch für mich stimmte. Eine andere Meinung konnte er nie wirklich gelten lassen. Und er war immer so tödlich sachlich mit diesem Senken der Stimme am Ende des Satzes, die für mich die totale Herablassung bedeutet. Und so hat er es auch gemeint: Die Kleine spinnt! Werd' du erst mal erwachsen, hat er gesagt, wenn ihm gar nichts mehr einfiel. Ich habe lange dran geknabbert, daß er nicht reden, sondern gewinnen wollte, recht haben. Meine Mutter hat immer gesagt, ich soll ihm das nicht so übelnehmen, das sei er vom Job her so gewohnt. Wozu gibt's denn diese ganzen Ratgeber-Bücher? Männer könnten so was doch auch mal lesen."

Die Beziehung zwischen Tochter und Vater ist oft von Mangel gekennzeichnet – und von der Sehnsucht nach dem Vater.

Der Vater der 22jährigen Florentine kam während ihrer ganzen Kindheit selten vor neun aus dem Büro nach Hause. „Spielen kam dann nicht mehr in Frage, da waren wir ja schon im Bett. Auch samstags ging er oft ins Büro. Tut er heute noch. Da gab es ganz krasse Situationen. Wenn ich mit ihm sprechen wollte, weil irgendwas anlag oder wenn's ums Taschengeld ging, dann schlug er seinen Terminkalender auf und guckte nach, wann er Zeit hatte. Ich glaube wirklich, es liegt daran, daß ich auf diese Managertypen nicht fliege, ich mag lieber Handwerker- und Künstlertypen."

Gerade dieser neuen, selbstbewußteren Generation von Mädchen und jungen Frauen ist der väterliche Rückzug sehr bewußt. Weitaus selbstverständlicher noch als ihre Mütter erlauben sie sich Kritik an ihren Vätern. Nicht nur in Sachen Hausarbeit und Kinderbetreuung sollen ihre Partner „anders sein" als die Väter, engagierter und solidarischer, auch in puncto Kommunikation erwarten die jungen Frauen mehr. Und dieses „Mehr" wird immer an dem „Zuwenig" gemessen, das sie bei ihren Vätern empfunden haben.

Wenn die Beziehung zu den Vätern oft so von Defiziten geprägt ist, müßte die Trennung doch weniger schmerzhaft sein. Leider nicht. Die Seele ist komplizierter. Eine Beziehung, die nicht die ersehnte Tiefe und Sicherheit erreicht hat, bleibt immer eine unsichere Beziehung. Die Trennung der Eltern, der Auszug des Vaters, ist dann wie eine Bestätigung für das bis dahin unbestimmte Gefühl, nicht wirklich erwünscht zu sein. Und die Trennung bedeutet ja nicht nur das Ende des Zusammenlebens mit dem Vater. Sein Umzug in eine andere Wohnung oder sein völliger Rückzug sind auch die erste und schmerzhafteste Erfahrung, daß Beziehungen zerbrechlich sind, die ganz reale Konfrontation mit der Unsicherheit.

Kinder, Töchter wie Söhne, brauchen Väter. Sie sind die Hälfte ihrer Wurzeln, und fast immer hat es zumindest einige Jahre inniger Verbundenheit gegeben. Für die Tochter bedeutet die Nähe zum Vater erste Erfahrungen mit der „männlichen" Welt, in der sie sich später behaupten muß. Kinder brauchen auch den Kontakt zum getrennt lebenden Vater. Nicht nur, weil er ihnen als die Person fehlt, die er konkret ist, und weil sie seine Liebe vermissen. Nicht nur, weil dem Kind sonst das männliche Element in seinem Leben fehlt. Das können mit etwas Glück andere ersetzen. Zu einer Familie gehört in unserer Gesellschaft nun mal ein Vater. Das ist trotz der vielen vaterlosen Familien die tiefverwurzelte Tradition, und das erleben, sehen und hören Kinder täglich bei ihren Freunden und Freundinnen, im Kino und im Fernsehen. Es ist für ein Kind schwer zu ertragen, wenn der eigene Vater es nicht sehen will. Bei der Suche nach dem Grund findet das Kind gewöhnlich zwei Antworten: Ich bin nicht gut genug, oder: Er ist ein böser Mensch. Übersetzt heißt das: Ich habe versagt, oder: Ich muß mich für meinen Vater schämen.

Der zumindest sporadische Kontakt zum Vater ist auch dann wichtig, wenn sein Lebenswandel nicht den Vorstellungen der Mutter entspricht. Die Auseinandesetzung mit dem Vater und die Verarbeitung der Trennung gelingt besser, wenn das Kind diesen Mann, der nun irgendwo anders lebt, als reale Person erleben kann. Sonst entsteht ein Vater-Phantom: ein unerreichbarer Superheld, dem kein anderer Mann je entsprechen kann oder ein verachtenswertes Subjekt, dessen Erbe ein Kind und ganz besonders ein Heranwachsender angstvoll in sich selbst zu entdecken fürchtet.

Achtung: Symbiose!

„Meine Tochter war gerade acht, als ich mich vor sechs Jahren von meinem Mann trennte“, erinnert sich Angelika, 40. „Zu Anfang war es furchtbar schwer für sie, weil sie ja ihren Vater liebte und auch sehr vermißte. Sie hat lange darauf gewartet, daß wir uns wieder vertragen und alles wieder gut wird. Ich habe ihr von Anfang an gesagt, daß daraus nichts wird, daß sie aber ihren Vater jedes zweite Wochenende besuchen kann. Was man halt so sagt und organisiert. Aber das hat sie wenig beeindruckt. Sie hat viel Angst gehabt damals. Ich konnte abends lange Zeit nicht weggehen, auch nicht, wenn meine Schwester als Babysitterin da war, ohne daß sie Panik bekam, ich könnte nicht wiederkommen. Wir sind in der ersten Zeit zwei richtige Klammeraffen gewesen.“

Mutter und Tochter schließen sich, wenn sie ohne Mann und Vater leben, besonders in den ersten Monaten eng aneinander an. Das ist bei ledigen Müttern nicht anders als bei geschiedenen oder verwitweten. Die Gefahr der Symbiose ist besonders groß, wenn die Mutter nicht berufstätig ist oder sein kann, und wenn sie mit der Trennung ihren alten Freundeskreis verliert. Die Tocher wird zum Lebensinhalt der Mutter und letztlich – als liebevolles Bollwerk gegen die kalte Welt – verantwortlich für das Wohlergehen der Mutter. Mädchen übernehmen diese Rolle leicht und gerne. Selbst wenn sie in das Alter kommen, in dem sie normalerweise beginnen, eigene Wege zu gehen, Freunde zu haben und sich Schritt für Schritt von der Mutter und der Familie als Lebensmittelpunkt zu lösen. Als kleine Hausmutter und Gesprächspartnerin fühlen sie sich wichtig und können so die Angst kompensieren, auch noch die Mutter zu verlieren. Eine Tochter, die nach einer Trennung der Eltern nur lieb, brav, fleißig und bescheiden ist, ist ein Kind in Angst.

Mütter brauchen für erwachsene Probleme erwachsene Ansprechpartner und -partnerinnen. Sonst ist die Versuchung tatsächlich sehr groß, die fürsorgliche kleine Tochter als liebevolle Trösterin und bequeme Partnerin zu überfordern.

Elisabeth, 36, fühlte sich in den ersten Monaten nach der

Trennung von ihrem Mann sehr allein. Sie hatte zwar in ihrem alten Beruf als Sekretärin wieder Arbeit gefunden, aber die Zukunft machte ihr angst: „Eigentlich sehnte ich mich nach einer richtig starken Schulter und nach diesem Gefühl Alles-wird-gut. Gab's aber beides nicht. Da war es so schön, wenn ich am Spätnachmittag von der Arbeit nach Hause kam, ausgepowert und alleingelassen. Dann saß ich auf dem Sofa, Thea servierte mir Tee, hielt meine Hand oder massierte mir mit ihren flinken kleinen Händen den steifen Nacken und hörte sich geduldig meine Geschichten an. Ich heulte mich manchmal richtig bei ihr aus. Aber sie war ja erst zehn. Sie war so mütterlich. Dabei war ich doch die Mutter, und sie hätte sich bei mir ausheulen sollen."

In der Psychologie heißt das „Parentifizierung" und meint, ein Kind zu Mutter oder Vater umzufunktionieren.[3)]

Rosmarie Welter-Enderlin: „Weil die Tochter so abhängig ist vom Wohl der Mutter, wird sie alles tun, sie zu trösten und zu beschützen. Sie verhält sich erwachsener als die Mutter und übernimmt eine Rolle, die deren Mutter oder Freundinnen übernehmen müßten. Sie wird dabei emotional von der Mutter ausgebeutet. Wenn das zum Dauerzustand wird, kann das zum Grundmuster werden, und die Tochter wird sich unter Umständen ihr Leben lang auf diese Weise selbst ausbeuten und ausbeuten lassen."

Je mehr Kontakte Mutter und Tochter (und/oder Sohn) haben, um so weniger sind sie darauf angewiesen, sich gegenseitig Rollen zuzuschieben, die ihnen nicht passen. Aktivitäten und Freundschaften außerhalb ihrer Zweisamkeit helfen dabei, selbstbewußter und lockerer miteinander umzugehen. In der turbulenten, oft quälenden Anfangszeit sind Selbstbewußtsein und Lockerheit schwer herzustellen. Aber nach und nach entstehen neue Spielregeln und Verhaltensmuster, die auch „die Öffnung nach außen" wieder möglich machen. „Es entsteht eine Familienstruktur", so die Soziologin Anneke Napp-Peters,

3) Die Gefahr der Parentifizierung ist kein Spezialproblem Alleinerziehender; sie besteht genauso in konfliktreichen Ehen, in denen sich die Ehefrau von ihrem Ehemann im Stich gelassen fühlt.

„in der geschlechtsspezifische Arbeitsteilung aufgehoben und die Rollenteilung weit weniger ausgeprägt ist als in Familien mit Vater und Mutter. (...) Die neuen Muster stellen einen Fundus an Erfahrungen und Einsichten dar, die für den Prozeß des allmählichen und mit Konflikten ausgetragenen Geschlechtsrollenwandels in unserer Gesellschaft von großer Bedeutung ist."[4] Wenn sich die schwierige Familiensituation nach der Trennungsphase zu stabilisieren beginnt, bilden sich in der Regel Strukturen, die den Kindern gleichzeitig mehr Mitspracherecht und Verantwortung übertragen und so häufig mehr Freiräume für ihre Entwicklung bieten.

Irene, 48, ist seit fünf Jahren geschieden und lebt seither mit ihren drei Kindern Martin, 18, Carmen, 14, und Joschi, 12, allein: „Bis dahin hatten mein Mann und ich alles untereinander besprochen. Wir haben die Kinder wohl nach ihrer Meinung gefragt, aber letztlich war allen klar, daß die Entscheidungen von den Eltern getroffen wurden. Darauf waren die Kinder eingestellt und hatten sozusagen ein intellektuelles Konsumverhalten entwickelt: Mama und Papa machen schon. Jetzt beziehe ich die Kinder viel mehr in Entscheidungen mit ein. Ich wälze sie nicht auf sie ab, ich habe die Verantwortung, und die trage ich auch. Aber unsere Gespräche am runden Tisch sind Diskussionen, in denen die Argumente von allen ernstgenommen werden und die Entscheidungen mitbestimmen. Egal, ob es um die Aufteilung der Arbeit im Haushalt geht, um die Anschaffung einer Katze oder Veränderungen in meinem Job, die uns alle betreffen. Ich finde es toll, wie ernsthaft Kinder sich auseinandersetzen können, wenn sie wissen, daß ihre Meinung wirklich gefragt ist."

Auf diese Weise ernstgenommen, fällt es Kindern auch leichter zu akzeptieren, daß sie nun mehr Aufgaben und Verantwortung übernehmen müssen. Die Familie ist nicht mehr ein Versorgungsinstitut mit dem perfekten Mutterservice rund um die Uhr und ums Jahr, sondern ein Gemeinschaftsunternehmen, das nur funktioniert, wenn sich alle den Möglichkei-

4) Zitiert nach Anita Heiliger: Alleinerziehen als Befreiung, Pfaffenweiler 1993, S. 32 f

ten ihres Alters entsprechend beteiligen. Mit diesen neuen Spielregeln und dem auf diese Weise veränderten Familienalltag haben Mädchen größere Chancen, Weiblichkeit als selbstverständliches Potential von Stärke, Verantwortlichkeit und Aktivität zu begreifen.

Daniela ist 18 und erlebt ihre Mutter, die ihre beiden Töchter seit 14 Jahren alleine erzieht, so: „Das haben meine ältere Schwester und ich ganz klar von ihr gelernt, die ist zu Hause und auch in ihrem Beruf eine echte Kämpfernatur. Und das Diskutieren – bei uns wird ständig diskutiert. Auch den Fleiß hab' ich von ihr, daß ich mir sag', ich will was erreichen. Wenn ich ein bestimmtes Ziel habe, überlege ich mir, wie ich das erreichen kann und setz' mich dann auch richtig ein. Das habe ich schon von ihr gelernt. Ich denk', das kommt auch dadurch, daß mein Vater nicht da ist. Da ist man gewöhnt, zu kämpfen."

Das alte neue Modell der Netzwerke

Die beste Familiendemokratie und der beste Beruf nützen wenig, wenn die Versorgung der Kinder nicht funktioniert. Was tun, wenn Betreuungseinrichtungen knapp oder zu weit entfernt sind oder mit dem Arbeitsalltag unvereinbare Öffnungszeiten haben? Wenn Schichtdienst oder Dienstreisen eine Mutter dazu zwingen, die Kinder gerade dann allein zu lassen, wenn alle Kindergärtnerinnen Feierabend haben?

Die Zeiten, als Großeltern, Tanten, Geschwister und kinderreiche Nachbarn gleich um die Ecke wohnten und sich bereitwillig für diese Aufgaben zur Verfügung stellten, sind vorbei. Großeltern unterstützen ihre alleinerziehende oder berufstätige Tochter zwar auch heute oft noch mit großem Engagement. Aber häufig sind sie selbst noch berufstätig oder wohnen viele Kilometer entfernt. Viele Geschwister hat auch die heutige Elterngeneration schon nicht mehr, und kinderreiche Nachbarn, denen es nichts ausmacht, wenn ein Esser mehr am Mittagstisch sitzt, sind längst ausgestorben. Die alten Netzwerke funktionieren nicht mehr. Also müssen neue geknüpft werden.

Als Charlotte sich vor zwölf Jahren von ihrem Mann trennte, waren ihre Töchter vier und sechs Jahre alt. Schon während ihrer Ehe hatte sie als kaufmännische Angestellte gearbeitet; die Kinder waren es gewöhnt, von einer Tagesmutter und später in einem Kindertagesheim betreut zu werden. Ein Jahr nach der Scheidung begann sie zu studieren. Der Vater bezahlte für die Kinder Unterhalt und sie bekam Bafög. Weil das nicht reichte, jobbte sie ab und zu nachts in einer Kneipe und begann, als Referentin in der Erwachsenenbildung zu arbeiten. „Ich habe sie sehr früh auch nachts allein gelassen. Sie waren sehr stolz darauf, daß sie das alleine schafften, und daß ich stolz auf sie war."

Als die jüngste Töchter in die fünfte Klasse kam, wollte sie in der Kirchengemeinde einen Mittagstisch und für den Nachmittag Schularbeitenhilfe organisieren. Sie fand das prima, allein schon deshalb, weil sie sich dann das tägliche Kochen ersparen würde. Nee, haben die beiden gesagt. Jetzt sei's mal genug mit Betreuung. Sie könnten das nun allein. Also hat sie abends für den nächsten Tag vorgekocht und auf die Selbständigkeit ihrer Töchter vertraut. Seit einigen Jahren – sie arbeitet inzwischen als Bildungsreferentin und ist deshalb häufig für Seminare verreist – läßt sie die beiden auch schon mal einige Tage oder eine ganze Woche alleine. „Das geht nicht anders, aber wir finden das alle in Ordnung. Sie sind sehr selbständig und wissen, daß ich ihnen vertraue, und sie enttäuschen mich auch nicht. Klar, gibt's mal Probleme, und natürlich machen sie auch mal 'ne richtig dolle Fete, wenn ich nicht da bin. Aber im Prinzip kann ich mich darauf verlassen, daß sie die Wohnung wieder so herrichten, wie ich es gerne hab'."

Zehnjährige allein zu Hause? Das klingt nach einsamen Schlüsselkindern. Charlottes Töchter waren aber nie wirklich allein: „Ich habe mir von Anfang an ein Netz von Freundinnen in der direkten Nachbarschaft aufgebaut. Babysitter habe ich nur in der Anfangszeit gebraucht. Allein in dem Haus, in dem ich wohne, leben inzwischen vier alleinerziehende Mütter. Das hat immer prima geklappt. Als die Kinder klein waren, hat eine von uns sie morgens zur Schule oder zum Kindergarten gebracht, eine andere wieder abgeholt. Irgendwer war immer da oder erreichbar. Es waren immer Leute im Haus, die die Kinder kannten, zu denen sie Vertrauen hatten und zu denen sie jederzeit gehen konnten. Da gab's auch was zu essen, wenn sie keine Lust hatten, sich was warm zu machen. Sie konnten mich jederzeit anrufen. Das war sehr wichtig für sie: zu wissen, daß ich immer erreichbar war. Aber das war in all den Jahren ziemlich selten nötig."

Charlotte findet, daß Alleinerziehen auch leichter sein kann als mit einem Partner. „Immer zu erleben, daß man sich auf ihn verlassen möchte und etwas von ihm erwartet, was er nicht einhält, ist doch ziemlicher Streß. Und das Alleinerziehen erspart auch viele nutzlose Debatten, denn letztlich überlassen die Väter es ja doch den Müttern, die gemeinsamen Kinder zu erziehen und zu versorgen – und wollen auch noch selbst versorgt werden." Vielleicht sei es auch so gut gegangen, weil sie mit ihrer Lebenssituation zufrieden war: „Ich habe mich von meinem Mann getrennt, nicht er von mir. Ich war also nicht die Leidende, das ist bei der Sache wohl auch ziemlich wichtig."

Nur während einer kurzen Zeitspanne hat sie sich sehnlichst gewünscht, die Elternschaft teilen zu können: „Als sie beide in der Pubertät waren, die eine 13, die andere 15, da hab ich mir manchmal gewünscht, daß noch einer da ist, an dem sie sich abarbeiten können. Es war manchmal schwer zu ertragen, daß ich alles alleine abbekam. Es wäre zu schön gewesen, einfach mal sagen zu können: Geh nach nebenan, da ist dein Vater, mach das mal mit dem aus. Aber die Zeiten haben wir schließlich auch überstanden."

Netzwerke mit Freundinnen und Freunden, Geschwistern und anderen Familien funktionieren natürlich am besten, wenn der größte Teil des Netzes in der Nachbarschaft ist. Gerade in Großstädten ist das oft nicht möglich. Aber einen Versuch ist es immer wert, auch wenn die Organisiation in der Anfangsphase viel Mühe und Zeitaufwand bedeutet. Die meisten Alleinerziehenden konzentrieren sich beim Aufbau eines solchen Netzes – ebenso wie Paare – auf Menschen in der gleichen Lebenssituation. Das ist schade, denn so entstehen viele kleine Ghettos, in denen Kinder immer wieder die Familienstruktur erleben, die sie von zu Hause kennen. Besonders für Mädchen ist es jedoch wichtig, daß sie auf der Suche nach einer eigenen Lebensgestaltung viele verschiedene Möglichkeiten zu leben und zu arbeiten kennenlernen. Jungen bekommen durch die Dominanz der Männerwelt in der Öffentlichkeit automatisch mehr Lebensmuster präsentiert. Auch wenn Töchter heute in der Öffentlichkeit eine größere Auswahl an weiblichen Vorbildern haben als vor zwanzig Jahren, gibt ihnen vor allem die alltägliche Begegnung mit Menschen, die anders leben, als sie es von zu Hause gewöhnt sind, die Möglichkeit, für ihre Leben vielfältige Perspektiven zu entwickeln.

Mamas neuer Lover

Wie sag' ich's meiner Tochter: Ich bin verliebt. Eine echte Hürde im Leben der Mutter-Tochter-Familie. Gerade haben die beiden sich in ihrem neuen Leben einigermaßen eingerichtet, da kommt so ein fremder Mann, legt den Arm um Mamas Schultern und meldet Ansprüche an. Darf er das?

Mit dieser Frage haben nicht nur die Töchter, sondern auch die Mütter Probleme. Sie glauben, sich ganz auf ihre Tochter konzentrieren zu müssen und fürchten, dem Kind eine neue Enttäuschung zu bereiten, wenn die neue Liebe nur eine kurze Affäre wird.

Befragungen der Soziologin Anneke Napp-Peters Mitte der 80er Jahre zeigten, daß nur knapp die Hälfte der Frauen (wieder) heiraten möchte – überwiegend Frauen unter dreißig, ohne oder mit geringer beruflicher Qualifikation, und etwa die Hälfte der Ledigen. Vor allem berufstätige geschiedene Mütter haben wenig Interesse an einer neuen Ehe: Nur etwa jede vierte möchte wieder aufs Standesamt. Die anderen wollen weder ihre mühsam erkämpfte Selbständigkeit wieder aufgeben noch in die alte Rolle der Versorgerin zurückkehren. Das bedeutet jedoch nicht den Verzicht auf Liebesbeziehungen: Nahezu jede zweite Alleinerziehende gab an, eine Liebesbeziehung zu haben.[5)]

---

5) In Heiliger, S. 35 ff.

Sicher ist es klug, der jüngeren Tochter nicht jeden Flirt als Liebhaber und somit (in ihren Augen) als potentiellen Stiefvater vorzustellen. Mütter haben aber durchaus das Recht auf ein bißchen Privatleben ganz für sich allein. Kinder brauchen Geheimnisse, Mütter dürfen welche haben. Wenn die neue Liebe tatsächlich in eine feste Partnerschaft mündet, müssen Kinder gut darauf vorbereitet werden. Der neue Mann ist für sie der letzte Beweis dafür, daß der Vater tatsächlich nicht zurückkehren wird. Kinder sind zäh in ihren Hoffnungen und im Wünschen, daß alles wieder so wird wie früher. Der Neue wird schon deshalb nicht übergangslos als Bereicherung, sondern oft schlichtweg als Eindringling und endgültiger Verdränger des Vaters empfunden.

Aber das Leben geht weiter, und zum Leben gehören Liebe und Sexualität. Kein Grund, darauf zu verzichten, um den Kindern (und sich selbst) einen Konflikt zu ersparen. Viele Mütter scheuen sich, ihren Töchtern einen neuen Freund zu präsentieren. Denn die Mutter-Tochter-Beziehung, nach der Trennung vom Vater meistens besonders eng geworden, verliert dann ihren Nimbus der Ausschließlichkeit. „Die Palette ihrer Reaktionen ist groß“, schreibt Sabine Kartte-Pfähler in ihrem Buch über den Alltag alleinerziehender Mütter, „die einen schmeißen sich auf den Freund, weil sie nicht im Abseits stehen wollen, weil sie spüren, daß die Mutter das erwartet, oder weil sie meinen, daß da jetzt so was wie ein neuer Papa entsteht. Andere sind eifersüchtig, eklig und nerven, wo sie nur können. Die Unproblematischen sind einfach nur neugierig und fragen sich ungeniert herbei, was sie wissen wollen und brauchen.“ [6)]

Es ist ebenso falsch, aus Rücksicht auf die Tochter auf neue Beziehungen zu verzichten, wie möglichst schnell eine neue Bindung einzugehen, nur „damit das Kind einen Vater hat“. Solche überstürzten Verbindungen haben gewöhnlich wenig Bestand, und eine neue Trennung ist für die Tochter schwerer zu verarbeiten als ohne Vater oder Stiefvater zu leben.

---

6) Sabine Kartte-Pfähler: Die alleinerziehende Mutter und ihre Probleme im Alltag, München 1991, S. 174

Die Scham der Mütter, Sexualität zu leben, ist unnötig. Wenn sie das mit Freude und Lebenslust tun kann, erlebt auch die Tochter Sexualität als etwas Positives. Sie erfährt so, daß der Kontakt mit Männern tatsächlich auch für die Mutter schön sein kann und ganz einfach zum Leben gehört. Und nicht zuletzt: Die Eroberung der eigenen Sexualität und die ersten Liebesbeziehungen sind große Schritte für die heranwachsende Tochter und führen von der Mutter fort in ein eigenes Leben. Häufig sind damit Schuldgefühle und die Sorge verbunden, die Mutter im Stich zu lassen. Je intensiver das Eigenleben der Mutter ist, desto freier kann die Tochter ihren eigenen Weg gehen.

Alte Jungfern gibt es nicht mehr

Eine ganz und gar unsachliche Geschichte über das Los der Kinderlosen

Kaum eine Frau, die ich in der Zeit meiner Recherche zu diesem Buch traf und die mich fragte, woran ich denn gerade arbeite, nahm meine Auskunft einfach zur Kenntnis. Jede hatte eine Geschichte zu erzählen. Manchmal war die Geschichte nur ein langer, abwehrender Seufzer (aber das sagt ja auch einiges), manchmal entstand ein Interview-Termin daraus.

Eine Geschichte ganz anderer Art hörte ich im ICE zwischen Frankfurt und Hamburg an einem Dienstagabend auf der Rückfahrt von einer Recherche-Reise. Und weil diese Geschichte so ganz anders ist als die Geschichten sonst in diesem Buch, aber dennoch zum Thema gehört, habe ich sie aufgeschrieben.

Die Frau, die sich zu mir ins Abteil setzte, war etwa vierzig und von dezenter Eleganz. Mein Journalistinnen-Auge schätzte automatisch ab: mittleres Management, mindestens. Oder arrivierte selbständige Juristin. (So oder so also ein seltenes Exemplar.) Hat eine romantische Vorliebe für das Reisen auf der Schiene oder Angst vorm Fliegen, würde sonst nicht mit der Bahn reisen, sondern mit dem Flugzeug.

Wir holten beide Papierstapel aus unseren Taschen, ihrer war von Sekretärinnenhand wohlgeordnet in einer Mappe, meiner das übliche Sammelsurium von Notizen, Prospekten, Broschüren und überflüssigen Zetteln. Wahrscheinlich wären wir nie ins Gespräch gekommen, wäre mir mein nach einer halben Stunde gerade mühsam geordneter Stapel nicht von den Knien und genau unter ihren Sitz gerutscht. Katastrophen machen immer kommunikativ. Und die Aufsammelei der verstreuten Papiere endete mit der unvermeidlichen Frage: „Woran arbeiten Sie denn da?"

„Am Thema Mütter", murmelte ich unwillig, und sah die schöne entspannende Bahnfahrt in der nächsten Mutter-Geschichte versinken. (Auch die engagierteste Autorin braucht mal Pause von ihrem Thema!)

„Ach! Mütter", sagte sie, lehnte sich zurück, zog mit kurzem Blick auf das Nichtraucherzeichen ein Päckchen Zigaretten aus der Tasche „Es stört Sie doch nicht?" und begann zu plaudern. Über ihre Freundinnen, die Mütter sind, über ihre Schwestern, überhaupt über diese Frauen. Die sie manchmal beneidet.

„Ach nein", sagte sie dann, „eigentlich doch nicht. Nicht mehr. Es gab mal eine Zeit, da hab ich gedacht, also, ein Kind, das möchtest du auch noch. Es macht doch das Leben angenehmer, leichter. Das darf man natürlich keiner Total-Mutter sagen – tu ich auch nicht. Nicht mehr. Bin damit böse ins Fettnäpfchen getreten. Warum habt ihr denn Kinder, wenn es immer so schrecklich ist? habe ich mal eine gefragt. Wenn ihr zu nichts kommt, nicht mehr wißt, wer ihr seid? Ist ja nicht so, daß die Frauen in meinem Freundeskreis trocken Brot essen müssen. Natürlich sind Kinder furchtbar teuer. Bis auf eine haben auch alle diese Frauen einen Mann, na, nicht, daß sich einer von denen gerade als Hausmann profiliert, aber immerhin funktionieren die Ehen doch. Mehr oder weniger, nun gut. Aber dieses Gefühl, zusammenzugehören, eine Familie zu sein, das haben sie doch. Das ist doch auch was. Oder?

Und inzwischen haben die meisten sich auch gut zusammengerauft. Man weiß ja nie, was die nächsten Jahre bringen, wenn die zweite Jugend der Herren zuschlägt, aber das ist ein anderes Thema.

Also, habe ich neulich zu einer Freundin gesagt, hör mal einen Moment auf, dich zu beklagen. Ich sehe ja auch, daß Mütter oft überlastet sind und viel zu wenig Unterstützung bekommen. Aber sieh doch mal, du zerreißt dich ja schon nach deiner Brut, wenn sie nur mal für fünf Tage mit dem Kinderladen auf Amrum ist. Dann machst du einen ganz runden Mund und seufzt: Ach, was tun sie jetzt wohl? Ich sag dir, denen geht es prima. Die sind mit lauter Knirpsen zusammen und können endlich mal tun, was sie wollen. Nach 'ner Woche sind sie wieder da und hängen dir am Rockzipfel, damit du dich ordentlich freuen kannst. Kinder sind schlau.

Ich muß mir jedes Stückchen Zuwendung, jede Wärme selbst schaffen. Nein, das macht mir nichts aus. Aber es ist auch nicht immer lustig. Und dann die Sinnfrage. Da lebt man vor sich hin, rackert den ganzen Tag, hat auch den einen oder anderen Erfolg. Aber irgendwann kommt immer die große Leere und man fragt sich: Warum das alles? Wozu? Ob ich das mache oder der Mann im Mond – völlig egal! Das ist doch manchmal wirklich deprimierend. Aber wenn dann so ein Knirps angekrabbelt kommt und mit seligem Lächeln „Mama, meine Mama" sagt, da sieht die Welt doch gleich nicht mehr so leer aus. Mit so einem Kind hinterläßt man doch wenigstens was.

Sicher, die Überbevölkerung ist ein Problem. Aber tröstet mich das, wenn ich gerade über das große schwarze Loch grübele? Natürlich machen Kinder oft Sorgen und Kummer. Aber wenn's so schrecklich wäre, wie alle tun, gäb's längst keine Kinder mehr. Oder glauben Sie, daß alle Frauen Masochistinnen sind? Das ist doch altbackenes Freudianer-Gewäsch. Und wenn ich mich so umgucke, dann freuen sich Eltern doch ziemlich viel und heftig an ihren Kindern, Belastung hin, Belastung her.

Wenn ich heute ein Kind oder eine Jugendliche wäre und mir ständig anhören oder in der Zeitung lesen müßte, daß ich meine Eltern um das letzte Hemd bringe, daß ich ihrem Glück im Wege stehe und auch sonst zum Unglück dieser doch so rettungsbedürftigen Welt beitrage – ich weiß nicht, was ich tun würde. Jedenfalls nichts Nettes. So hat jede von uns, die Mutter und die Nicht-Mutter, ihr Päcklein, über das sie klagen kann. Braucht ja offenbar auch jede.

Aber können wir nicht endlich mal aufhören aufzurechnen, wer nun das traurigere Schicksal zu beklagen hat? Wenn wir unser Schicksal in einen Topf werfen, dann ist das doch zusammen, in der Ergänzung, geradezu paradiesisch.

Ich bin leidenschaftlich gern Tante. Wirklich. Sie auch? Sie haben doch auch keine Kinder. Oder? Hab ich doch gleich gemerkt. Irgendwie merkt man das.

Auf Mütter muß man sich halt immer einstellen, wenn man den Kontakt nicht verlieren will: Wann haben die Männer Zeit für die Kinderbetreuung, wann kann der Babysitter kommen, wann sind sie zu müde oder wann hat ein Kind Masern, Keuchhusten, Mumps oder schlechte Träume? Einer hat ja ständig was, so ist das eben mit Kindern. Ich hab auch nichts gegen „Spazierenstehen", von „Gehen" kann ja bei Dreijährigen keine Rede sein. Und ich hör' mir gern an, wenn sie über die Knirpse erzählen, ist doch auch spannend, was da plötzlich wichtig wird. Die Welt aus einer ganz anderen Perspektive.

Obwohl ich es schon manchmal ein wenig ermüdend finde, daß andere Zwänge, meine zum Beispiel, dagegen gar nicht mehr ins Gewicht fallen. Ein verantwortungsvoller Job besteht ja auch nicht nur aus Freiräumen.

Irgendwie schon komisch. Also ich hab' mich oft als Babysitter angeboten, aber die so schrecklich belasteten Mütter, die brauchen mich kaum. Sie wolle mir das nicht zumuten, hat mir meine Cousine neulich gesagt. Vielleicht findet sie das unter meiner Würde, Memory zu spielen und vollgemachte Hosen zu wechseln. Aber, ehrlich gesagt, ich habe da einen ganz anderen Verdacht. Die Mütter rackern sich ab, weil das Kind immer die Mama ganz persönlich braucht. Dann komme ich, und stellen Sie sich mal vor, das Kind würde am nächsten Tag erzählen, ich sei aber toll! Den Ärger haben sie ja schon mit der Kindergartentante und den diversen Omas.

Eigentlich könnten die Mütter doch froh sein, wenn ihre Kinder, vor allem ihre Töchter, auch mal was anderes sehen – oder nicht? Wir lernen doch durchs Vorbild. Sollen die armen Würmer immer nur das eine haben – das ihrer Mütter? Meine Mutter hatte zwei Freundinnen, die waren ganz anders als sie.

Ich hab' das sehr genossen. Die eine war richtig schräge. Die kam nur, wenn mein Vater nicht zu Hause war, der fürchtete, glaube ich, damals, in den Sechzigern, ihren verderblichen Einfluß. Rot gefärbte Haare in der Kleinstadt, das war schon ordentlich anrüchig. Dabei war die Frau eine ganz tüchtige Bibliothekarin, war halt nur nicht verheiratet, und das war damals immer suspekt, vor allem, wenn eine attraktiv war, da konnte ja was nicht stimmen. Damals. Ganz ehrlich gesagt, ich glaube, den Ehefrauen ist so eine muntere unverheiratete Frau auch heute noch suspekt. Und die Ehemänner fürchten wohl, so eine könne ihre Frau auf dumme Gedanken bringen.

Das hört sich nach Mittelalter an? Ach, ich sage Ihnen, in manchen Bereichen ist das Mittelalter trotz aller Bemühungen einfach nicht totzukriegen!

Bei den Paaren, die jetzt Kinder haben, werde ich kaum noch eingeladen. Wenn man da zu Tische säße mit den anderen Paaren, und alle über Kinder redeten, das sei doch langweilig für mich. Gar nicht, habe ich gesagt. Aber irgendwie kam ich mir vor, als sei ich behindert, eine unerwünschte Tante. Oder so ähnlich.

Diese dummen Weiber. Wenn die wüßten, wie ich von den Freundinnen meiner Mutter profitiert habe, von diesen Frauen, die anders lebten, andere Gedanken hatten als meine Mutter. Meine Mutter fand das wirklich prima, obwohl sonst – ich könnte Ihnen Sachen von meiner Mutter erzählen – die wollen Sie sicher jetzt nicht hören ...

Vielleicht fürchten sich ja gerade davor viele Mütter, daß ihre Kinder, vor allem ihre Töchter, andere Frauen mit einem anderen Leben toll finden. Diese Mär, daß die Mutter die einzig Wahre sein muß, weil sie sonst nicht geliebt wird, ist ja nicht auszurotten. Muß doch schrecklich anstrengend sein. Das richtige Delegieren ist doch nicht nur im Beruf Teil des Erfolges. Oder sehen Sie das anders?

Ich hab' so Mitte zwanzig beschlossen, keine Kinder zu kriegen. Das war damals ganz üblich, in Uni-Kreisen jedenfalls. Damals galt der Verzicht auf Kinder als sehr verdienstvoll im Engagement gegen die Überbevölkerung. Und natürlich, weil wir wirklich fanden, in diese schreckliche mörderische Welt könne man keine Kinder setzen. Heute, aus lauter Angst um die Rente, sind wir Kinderlosen die Egoisten, die sich auf Kosten anderer ein feines Leben machen. Ich hab' den bösen Verdacht, dahinter steckt der blanke Neid auf eine Lebenssituation, von der sie glauben, sie sei nichts als rosig. Früher wären wir bemitleidete alte Jungfern gewesen, denen nichts blieb als trostlose, vertrocknende Berufstätigkeit, weil uns keiner geheiratet hatte. Jetzt sind wir die Absahnerinnen. Sollte doch endlich mal eine Regierung sich trauen, anstelle der Ehe nur Menschen mit Kindern zu begünstigen. Wozu müssen Ehepaare, die keine Kinder zu versorgen haben, meistens beide verdienen und im Doppelpack vom Schoko-Riegel über die Miete bis zum Hotelzimmer sowieso alles billiger haben, noch Steuervergünstigungen genießen? Ist doch lächerlich.

Aber das nur nebenbei. Unser Verzicht auf Kinder damals. Die meisten haben dann kurz nach dem Examen eben doch das erste angesetzt. Ist ja auch in Ordnung. Die meisten Entscheidungen vorher waren eben Theorie gewesen, und wenn dann die große Liebe ausbricht – oder gerade zu Ende geht... Denn in so einer Situation bekommen ja heute auch viele ihre Kinder. Ich sag immer: Wenn zwei nach einigen gemeinsam verbrachten Jahren eine Eigentumswohnung kaufen, ein Kind planen oder heiraten, dann wird's gefährlich. Wirklich, das müssen Sie sich mal ansehen! Die Wahrscheinlichkeit, daß dann die Liebe schon vorbei ist und das Kind als letzte Krücke das Desaster verhindern soll, es aber nur verschlimmert – diese Wahrscheinlichkeit ist enorm. Gott sei Dank, es ist nur 'ne Eigentumswohnung, sag ich dann, wenn es mal wieder so ist. Ein Kind kann man ja schließlich nicht wieder verkaufen.

Andererseits sind Kinder ja auch der reinste Kitt. Da trennt man sich nicht so schnell. Irgendwelche Statistiker behaupten zwar, daß die Trennung durch Kinder nur rausgezögert wird. Aber wie will man so was denn statistisch erheben? Was in zwei Menschen vorgeht, wie die sich miteinander verbunden fühlen, und was es ihnen leichter oder schwerer macht, sich zu trennen, das läuft doch meistens tief im Unbewußten ab. Das weiß man doch oft selber nicht. Das kann man doch nicht ‚erheben'. Ich halte die Männer wirklich nicht für die glänzende Krone der Schöpfung, aber ich glaube einfach nicht, daß sie Familie und Kinder einfach ablegen wie ein gebrauchtes Handtuch. Mal ganz abgesehen davon, daß eine getrennte Frau und kleine Kinder ja auch sehr teuer im Unterhalt sind.

Obwohl Männer sich sicher leichter von den Kindern trennen als Frauen. Schließlich hat der ganz normale Mann und Familienvater ja kaum Kontakt zu seinem Nachwuchs. Ach, erzählen Sie mir nichts von den neuen Vätern. Bißchen mehr spielen miteinander, ab und zu wickeln, aber den Eltern-Job überlassen sie doch nach wie vor den Müttern, egal, ob die auch noch nebenher berufstätig sind oder nicht. Vielleicht bin ich da ein bißchen ungerecht, aber ausnahmsweise sind da die Statistiker mal auf meiner Seite.

Aber ich wollte ja was ganz anderes erzählen. Natürlich haben wir den Verzicht auf Kinder damals auch mit der Selbstverwirklichung begründet. Das war auch überwiegend Theorie. Für die meisten jedenfalls.

Die Sache mit der Selbstverwirklichung klappt ja im Beruf auch nur minimal. Deshalb haben so viele von den erfolgreichen Kolleginnen so um die vierzig noch ein Kind kriegen müssen. Ich meine das gar nicht bissig. Warum soll eine Vierzigjährige kein Kind mehr bekommen? Hat alles Vor- und Nachteile. Komischerweise werden immer nur die Vor- und Nachteile für das Kind diskutiert. Was ist denn mit den Vor- und Nachteilen für die Frau, die da Mutter wird? Als würde irgendeine Frau nur ein Kind bekommen, weil sie was Gutes für die Gesellschaft tun oder einem neuen Menschen zum Leben verhelfen und ihm bestmögliche Ausgangsbedingungen liefern will. Seit es die Pille gibt, bekommen doch Menschen, zumindest Frauen, Kinder nicht als gottgegebenes biologisches Schicksal, sondern weil sie das als Teil ihres Lebensplanes sehen, weil sie das gut finden. Kinder bekommt man immer noch für sich selbst.

Natürlich hat die Gesellschaft trotzdem die Pflicht, die Lebensbedingungen der Familien und der Kinder zu verbessern.

Aber nicht wegen unserer Renten! Was daraus wird, weiß doch sowieso niemand. Ich will in einer Welt mit Kindern leben. Das ist doch Argument genug! Können Sie sich eine Welt ohne Kinder vorstellen? Ich meine das nicht wegen des Fortbestandes der Menschheit, über diese Fragwürdigkeit wollen wir jetzt nicht diskutieren. Nein. Ich meine einfach die Existenz, die Anwesenheit von Kindern. Besser kann ich das nicht erklären, aber ich glaube, Sie verstehen das schon.

Aber wir waren bei den sogenannten „alten" Eltern. Die seien nicht gut für die kindliche Entwicklung und so weiter. Ich verstehe davon natürlich nicht viel, aber ich denke, das mit den Eltern ist sowieso immer Glücksache. So ein neuer kleiner Erdenbürger kann mit einer 23jährigen Mutter genauso reinfallen wie mit einer 40jährigen. Und die Chance, daß ihm der Vater die nächsten Jahre erhalten bleibt, ist bei Kindern älterer Eltern wahrscheinlich viel größer. Es sei denn, es ist so eines von diesen Trennung-oder-Kind-Kindern. Da steht es meistens mit den Chancen auf eine vollständige Familie auf Dauer schlecht, zugegeben.

Aber dann hat das Kind wenigstens eine Mutter, die sich im Leben schon auskennt, einen vernünftigen Job und genug Organisationstalent hat, sich ihr Leben einzurichten.

Also, ich bin heute sehr zufrieden, so ohne Kinder, ohne diese unabänderliche Pflicht. Zwischendurch gab's auch mal Phasen, in denen ich litt, weil ich merkte, daß mir etwas Unersetzliches im Leben entgangen ist. Aber in welchem Leben gibt es schon alles? Vielleicht wär' ich eine hundsmiserable, unzufriedene Mutter geworden, und dann hätte ich die Familie am Hals gehabt und die Familie mich! Man kann Kinder ja schließlich nicht einfach abstellen oder ins Tierheim bringen. Doch, heute bin ich sehr zufrieden."

Der Zug war schon über die Elbbrücken gerollt und ratterte nun über die vielen Weichen in den Hauptbahnhof. Ich mußte aussteigen. Sie fuhr weiter bis Altona.

„Alles Gute für Ihr Buch", sagte sie und beobachtete, wie ich meine Mappe sorgfältig in meiner Tasche verstaute. „Irgendwie ist das ja auch ein Kind."

„Ja, aber wenn es fertig ist, stellt man es einfach ins Regal." Der Zug fuhr langsam in den Bahnhof ein, Neonlicht, kaum noch Leute. Es war schon spät, ich sah aus dem Fenster: niemand da. Ich würde ein Taxi nehmen, nach Hause fahren, mich in die Badewanne legen und die Gedanken wandern lassen. Morgen war das nächste Kapitel dran: berufstätige Mütter. „Vor zwanzig Jahren", sagte meine Mitfahrerin, „wäre ich tatsächlich eine von den alten Jungfern gewesen, gerade über vierzig, ohne Kind, ohne Ehemann. Und wahrscheinlich ganz schön zickig. Na, oder eine lustige Witwe. Aber alte Jungfern gibt es nicht mehr." Sie wickelte sich in ihr Kaschmir-Jackett, malte sich die Lippen kirschrot und zerstäubte einen kostbaren Duft. Kein Zweifel, in Altona würde der Bahnsteig nicht leer sein.

„Nein", sagte ich und war plötzlich sehr zufrieden, „alte Jungfern gibt es nicht mehr."

X. KAPITEL

Das Glas ist schon halb voll

Ein Blick auf die Gegenwart und ein kurzes Blinzeln in die Zukunft

„Aha", dachte Alice und fuhr fort: „Würdest du mir bitte sagen, wie ich von hier aus weitergehen soll?" „Das hängt zum großen Teil davon ab, wohin du möchtest", sagte die Katze.

LEWIS CARROLL
Alice im Wunderland (1865)

Frauenleben hat sich verändert. Die heutige Müttergeneration hat diesen Wandel vollzogen, hat ihn aktiv mit vorangebewegt. Die einen mehr, die anderen weniger. Was in den vorigen beiden Generationen einen scharfen Bruch bedeutete und eine Welle der Entfremdung und Konflikte zwischen Müttern und Töchtern hervorrief, bedeutet zwischen den jetzigen Mütter- und Töchter-Generationen nur einen weiteren Schritt in eine schon eingeschlagene Richtung. Die Töchter wollen ganz selbstverständlich für sich, was ihre Mütter noch gegen den Strom forderten und angeschoben haben.

Natürlich gibt es nach wie vor zahllose schwierige Mutter-Tochter-Beziehungen. Und es wird sie immer geben, weil Beziehungen, besonders wenn sie aus so starken gegenseitigen Abhängigkeiten wachsen, nun einmal nicht komplikationsfrei sind.

Es gibt für Frauen noch viele kleine Steine und große Felsen aus dem Weg zu räumen. Auch wenn Mädchen heute stärker sind – der Wind kommt immer noch heftig von vorn. In den Familien hat sich viel bewegt, trotzdem werden Jungen immer noch wichtiger genommen. Vor allem in den Schulen, dem ersten Übungsfeld für das gesellschaftliche Leben. Untersuchungen an Schulen in Baden-Württemberg und in Großbritannien bewiesen, daß Lehrer und auch Lehrerinnen Jungen im Unterricht weitaus mehr beachten als Mädchen. Jungen bekommen mehr Aufmerksamkeit, Zeit und Zuwendung. Nicht nur weil sie – bewußt oder unbewußt – für wichtiger gehalten werden, auch, weil sie sich die Aufmerksamkeit erzwingen.

„Wer ungestört und sinnvoll Unterricht machen will, muß sich auf die Jungen konzentrieren", schreibt Franziska Stalmann in ihrem Buch *Die Schule macht die Mädchen dumm.* „So entsteht ein positiver Verstärkerkreis für die Jungen: Mehr Zuwendung bedeutet mehr Selbstvertrauen, und mit mehr Selbstvertrauen bekommt man wieder mehr Zuwendung. Umgekehrt sitzen die Mädchen im Negativ-Zirkel: weniger Aufmerksamkeit – weniger Selbstvertrauen – noch weniger Aufmerksamkeit. Ein Teufelskreis vom Kindergarten bis zur Universität."[1)]

Die Diskussion um die Aufhebung der Koedukation, um den gemeinsamen Unterricht von Jungen und Mädchen, macht deshalb Sinn. Lehrer und Lehrerinnen müssen allerdings strikt dagegen sein. Denn Mädchen sorgen durch Ausgleich, Hilfestellung und Harmonisierung erst für eine konstruktive Lernatmosphäre. Sie verlieren dabei Energie, büßen Leistung ein, ohne etwas Entsprechendes zurückzubekommen. Wie schon gesagt: Es bleibt noch viel zu tun.

Was finden die Töchter der Mütter, die sich als erste Generation nahezu kollektiv praktisch und theoretisch gegen die Beschränkung auf die Familienfrau-Rolle gewehrt haben, nun wirklich vor? Was müssen sie sich noch erkämpfen, wenn sie ihre Ziele vom Leben mit Kind und Beruf, von einer gerechten Aufteilung der Eltern- und Hausarbeit durchsetzen wollen, wenn sie in gleichberechtigten Partnerschaften leben und beruflich erfolgreich sein wollen?

Daß die Gesellschaftstrukturen ins Trudeln geraten sind, ist in aller Munde. Auch die Familie ist ins Gerede gekommen. Mal ist sie im Niedergang begriffen, ein andermal erlebt sie gerade eine Renaissance, mal ist sie die letzte mögliche Rettung vor dem endgültigen Umkippen der Gesellschaft in Gewalt und Amoralität, mal die Ursache genau dieser düsteren Zukunft. Es gibt für alles plausible Belege.

Die Familie, die auch für die meisten der heute 20jährigen zum Lebensplan gehört, wird oft als Auslaufmodell bezeichnet. Das klingt gut, ist aber keine Realität. Wir träumen zwar gerne

1) Franziska Stalmann: Die Schule macht die Mädchen dumm, München 1991, S. 53 f.

von den guten alten Zeiten, als Familie noch was galt, noch Schutzwall gegen den Rest der Welt und ein sicheres festes Band war. Aber das tun wir wahrscheinlich, weil wir diese Träume in unserer Gegenwart nur so schwer verwirklichen können. Tatsächlich haben wir heute sehr viel Familienleben. Bis weit in das vorige Jahrhundert hinein war es ganzen Bevökerungsgruppen gar nicht möglich zu heiraten, entweder, weil sie als Leibeigene oder rechtloses Haus- und Hofpersonal kein Recht hatten, überhaupt zu heiraten, oder weil sie sich nicht leisten konnten, eine eigene Wohnung zu bezahlen und Kinder zu ernähren.

Wenn wir Familienleben kritisch betrachten, dienen in der Regel die „heilen" 50er Jahre als Maßstab. Aber historisch betrachtet waren *die* eine Ausnahme. „Die heutige Vielfalt der Familienformen, die Zahl der außerehelichen Schwangerschaften, die Zahl berufstätiger Frauen und das Vorkommen vermischter Familien, unterscheidet sich von der Situation im 19. Jahrhundert nicht wesentlich", schreibt die US-amerikanische Familienforscherin Stephanie Coontz. „Das Heiratsalter liegt heute nicht höher als 1870, und die Zahl lediger Menschen ist sogar niedriger als Ende des letzten Jahrhunderts. Obwohl die Geburtenrate insgesamt gesunken ist, liegt die Kinderlosigkeit heute niedriger als um 1900."[2)] Kinder wachsen heute auch trotz Scheidungen und Teilfamilien häufiger und länger bei Vater und Mutter auf, weil die Lebenserwartung gestiegen ist.

Die Familie lebt also. Und sie wird auch weiterleben. Gerade wegen der oft beklagten wachsenden Isolation in den Städten, wünschen und brauchen Menschen familiären Zusammenhalt. Und bei allen Problemen – es gibt bisher einfach nichts Besseres. Doch die Familie als Modell verändert sich. Ihre Zusammensetzung wird vielfältiger, ihre Ausgangskonstellation – Vater-Mutter-Kind(er) – hat nicht mehr lebenslang Bestand. Das muß nicht nur schlecht sein. Neue Familienformen, die sich mehr als Netzwerke denn als Blutsbande verstehen, bieten die größere Chance, Blutvergiftungen zu vermeiden.

---

2) Zitiert nach: Ursula Nuber: Der Traum von der Idealfamilie. In: *Psychologie heute,* 3/93, S. 24

Vielleicht sind die kriegerischen Auseinandersetzungen im Gefolge von Trennungen ja vor allem das Ergebnis der Erwartung an die Unendlichkeit der ehelichen Verbindung. Vielleicht werden diese Kriege ja zu vorübergehenden Scharmützeln und für alle Beteiligten weniger verletzend, wenn es als normaler angesehen wird, daß das Familien-Netzwerk lockerer geknüpft ist. Dann kann der einzelne auch trotz der Auflösung einer Ehe oder Liebesbeziehung weiterhin Teil des Netzwerkes bleiben. Das klingt gut, aber es wird schwer sein und noch einige Zeit dauern, bis Menschen, die mit dem Traum der alles ausgleichenden heilen Familie aufgewachsen sind, Alternativen leben können. Aber als Perspektive ist es gar nicht so schlecht – und wird inzwischen häufiger praktiziert, als das die Öffentlichkeit registriert.

Trotzdem – auf absehbare Zeit wird Familie noch bleiben, was sie heute ist, und ihre Organisation wird überwiegend Frauensache sein. Das ist zu beklagen, unbedingt zu verändern – aber ganz offensichtlich eine Tatsache.

Mit der Vorwärtsbewegung der neuen Männer hat es ja bisher noch nicht geklappt. Im Gegensatz zu den Frauen haben sie sich wenig (sehr wenig!) bewegt. Sie sind in ihrer Patriarchenposition ein wenig verunsichert, Macho zu sein ist trotz aller modischen Rückfälle doch nicht mehr so richtig chic, und der ganze normale Durchschnittsmann beteuert in vielen Umfragen, daß er für mehr Gleichberechtigung und Arbeitsteilung in der Familie ist. Aber haben sie einmal eine Frau im Haus, überlassen 97 Prozent der Männer ihr das Putzen, nur sechs Prozent kümmern sich um das Kochen und ganze drei Prozent übernehmen die Wäsche.[3)] Hausarbeit verstehen sie nicht als selbstverständliche Aufgabe im Familienteam, sondern als „Mithilfe", zu der sie in der Regel – wie die Kinder – angehalten und aufgefordert werden müssen.

Zwar kümmern sie sich mehr um die Kinder, als es ihre Väter taten, aber vor allem, wenn die Kinder noch neu und leicht zu wickeln sind und sich noch nicht mit Widerworten und Schul-

3) Repräsentativumfrage des FORSA-Instituts Dortmund. Zitiert nach Claudia Pinl: Das faule Geschlecht. In: *Die Woche* vom 03. 03. 1994

problemen in den Feierabend drängeln. Mit den Größeren teilen sie Spaß: „Sie lassen Drachen steigen, bauen Sandburgen und spielen Fußball mit ihnen, kurzum, genießen die Schokoladenseiten des Lebens mit Kindern. Die tägliche Arbeit an und mit den Kleinen bleibt den Müttern. Nur ein Prozent der Erziehungsurlauber sind Männer.“ 4)

Es bleibt noch viel zu kämpfen für die zukünftigen Mütter und Ehefrauen. Die deutsche Familienpolitik, eine der konservativsten innerhalb der europäischen Industriestaaten, hat bisher nicht viel dazu beigetragen, daß Familien durch die Gemeinschaft entlastet werden, und daß Frauen auch als Mütter die im Grundgesetz verbürgten gleichen Rechte leben können. Das „ungeborene Leben“ wird zwar verbissen verteidigt, das geborene Leben jedoch als elterliches Glück weitgehend allein der Verantwortung der Familie überlassen. Während in der DDR mehr als 80 Prozent der Kosten, die in einer Familie für Kinder entstehen, durch staatliche Einrichtungen und Zuschüsse gedeckt waren, waren es in in der alten Bundesrepublik nur 20 Prozent. Seit der Wiedervereinigung gelten die 20 Prozent im Prinzip für das gesamte Deutschland. Während es in der DDR für 80 Prozent der bis 3jährigen Krippenplätze gab, finden in der BRD nur zwei Prozent dort einen Platz. In den Kindergärten für die 3- bis 6jährigen waren in der DDR 94 Prozent der Kinder dieser Altersgruppe untergebracht, in der BRD 79 Prozent. Das größte Dilemma haben deutsche Mütter, wenn sie ihre 6- bis 10jährigen betreuen lassen wollen. In der DDR fanden 82 Prozent Platz in einem Kinderhort, in der BRD sind es nur ganze vier Prozent.

Eine solche gesellschaftliche Entlastung der Mütter fand aber nicht nur in der DDR statt, in der nach sozialistischem Prinzip die berufstätige Mutter das offizielle und allgemein akzeptierte Frauenideal war. In Frankreich gibt es für jedes Kind ab drei Jahren einen kostenlosen Kindergartenplatz. Auch die Ganztagsschule – meistens bis 17 Uhr – ist in Frankreich und anderen europäischen Ländern (zum Beispiel in Spanien und

4) *Die Woche vom 3.3.1994*

Belgien) seit vielen Jahren selbstverständlich. Daß es ausgerechnet in Deutschland nur am Geld hapert, ist eine mögliche Erklärung. Aber wahrscheinlich hapert es vor allem am Willen der Politiker und dem mangelnden gesellschaftlichen Druck. Deutsche Männer haben wegen ihrer eigenen Bequemlichkeit offenbar besonders wenig Interesse daran, Frauen mehr Freiraum für Berufstätigkeit zu ermöglichen. Die EG-Kommission *Men and Women in Europe* veröffentlichte 1988 die Ergebnisse einer Erhebung über die Erwartungen der Männer an die Rolle ihrer Frauen. Von sieben EG-Ländern zwischen Dänemark und Italien erwarteten in Deutschland mit weitem Abstand die wenigsten Männer, nämlich 31 Prozent (26 Prozent weniger als in Dänemark), von ihrer Frau Berufstätigkeit. Knapp 60 Prozent sprachen sich für ein ausschließliches Hausfrauendasein aus. Das taten in Dänemark nur 23, in Belgien 35 und im EG-Durchschnitt nur 43 Prozent der Männer.[5)]

Wenn diese Einstellung im Lande herrscht, dann ist es kein Wunder, daß für Betreuungseinrichtungen und Ganztagsschulen wenig investiert wird, dagegen viel in den alten Mythos von der Familienidylle und der alleinzuständigen Mutter mit ihrer immerwährenden Liebe und Hingabefähigkeit.

Die Mädchen und jungen Frauen heute sind besser ausgebildet als alle Frauengenerationen vor ihnen. Das ist eine Tatsache, und die gibt ihnen Kraft und die Chance zu mehr Unabhängigkeit. Aber ihr Terrain ist wackelig. Nach wie vor verdienen Frauen weniger, sie arbeiten in weniger angesehenen und entsprechend schlechter bezahlten Berufen, die deswegen „Frauenberufe" genannt werden.

Sie sind zunehmend stärker von der wachsenden Arbeitslosigkeit betroffen als die Männer. Die Verlockung, den Weg zurück in die Küche zu nehmen, ist da groß. Aber die jungen Frauen wollen diesen Weg nicht, jedenfalls noch nicht. Sie haben nicht nur andere Vorbilder als ihre Mütter, sie haben nicht nur eine bessere Ausbildung, sie sind auch besser informiert. Sie heiraten später und erleben deshalb eine längere Zeit der

5) Zitiert nach Frigga Haug (Hrsg.): Erziehung zur Weiblichkeit, Hamburg 1991, S. 65

Unabhängigkeit. Um so mehr werden sie sich dagegen wehren, die erlebten Freiräume ganz wieder herzugeben.

Aber können und wollen sie überhaupt kämpfen? Das wird auch in Zukunft nötig sein. Die gesellschaftlichen Verteilungskämpfe werden härter, und schon heute werden Arbeitsplätze für Männer zu erhalten versucht, indem Frauen aus der Arbeitswelt verdrängt werden.

Die Frauenbewegung, heißt es, liegt darnieder. Das Wort Emanze ist längst zum Schimpfwort geworden – auch unter Frauen. Das war es natürlich immer, aber es wäre doch zu schön gewesen, wenn es sich zum stolzen Wort entwickelt hätte, mit dem Frauen sich gerne selbst bezeichnen. Die neue Frauenbewegung entstand Ende der 60er Jahre, als Frauen noch sehr viel stärker als heute aus der Öffentlichkeit ausgegrenzt und auf ihre häuslichen Rollen festgelegt waren. Der Druck ist nicht mehr so groß. Viele junge Frauen glauben, sie könnten alles erreichen, wenn sie nur genug Qualifikation mitbringen. Erst wenn sie in der Berufswelt die ersten Erfahrungen mit den männlich dominierten Strukturen machen, merken sie, daß ihnen nicht ihr persönliches Versagen, sondern eine nach wie vor frauenfeindliche Welt Grenzen setzt und versucht, sie kleiner zu machen, als sie sind. Und sie werden auch merken, daß viele Frauen in diesem Spiel perfekt mitspielen und manche Geschlechtsgenossinnen auf dem Weg zu Erfolg und Anerkennung behindern, anstatt sie zu unterstützen.

Nun können wir wieder und weiter klagen. Und in der Tat wird oft vom Scheitern der Frauenbewegung geredet. Ich halte das für eine völlig unsinnige (Selbst-)Anklage. Das, was Frauen in den letzten zwanzig Jahren bewegt haben, ist ungeheuer. Natürlich ist noch sehr viel mehr zu bewegen, und es wird schwieriger sein, weil die Männer gemerkt haben, daß Frauen tatsächlich eine bedrohliche Konkurrenz sind und tatsächlich die Hälfte der Welt für sich beanspruchen, weil sie genauso gut, kompetent und tüchtig sein können. Aber gerade der berechtigte Stolz über das bisher Erreichte ist die beste Energiequelle für die nächsten Schritte.

Die einzige Revolution unseres Jahrhunderts, hat Max

Frisch gesagt, war der Aufbruch der Frauen. Suffragetten starben zu Anfang dieses Jahrhunderts noch im Hungerstreik für das Frauenwahlrecht. Die Mütter der heute Zwanzigjährigen kämpften für Gleichberechtigung in Arbeitswelt und Familie. Ihre Töchter werden ihre eigenen Wege finden.

„Wenn man sich die Geschichte der Frauenbewegung anschaut", so Rosmarie Welter-Enderlin, „hat es immer wieder, zum Beispiel in Kriegszeiten und Wirtschaftskrisen, Einbrüche gegeben. Aber immer wieder ist sie daraus wie der Phönix aus der Asche aufgestanden. Das, was wir bisher gewonnen haben, geht nicht verloren. Je mehr Frauen in der männlichen *und* weiblichen Welt zu Hause sind, um so stärker sind sie. Je loyaler sie mit Frauen sein können und je wohler sie sich in der weiblichen Welt fühlen, um so weniger Angst müssen sie auch vor Männern haben, weil die ihnen nicht mehr alles geben müssen. Wenn Frauen ein eigenes Bild von sich haben, das aus der Stärke der weiblichen, somit der mütterlichen Welt entsteht, und wenn sie ihre eigenen Netzwerke entwickeln, können sie auch ohne diese alte weibliche Anpassung und Unterordnung in der Männerwelt mit ihren Machtquellen ganz selbstverständlich leben und arbeiten."

Daß eine neue Bewegung ihren Anfang genommen hat, zeigen Frauen in den USA. Die jungen amerikanischen Feministinnen lehnen den „Opfer-Feminismus" ihrer Muttergeneration ab. Sie diagnostizieren, er stehe für weibliche Angst vor männlicher Macht und habe das Motto: „Wir Frauen haben zwar weder Geld noch Anerkennung, noch eine Vertretung im Kongreß, aber wir sind die ‚netteren' Menschen."[6)]

Sie wissen aber, daß sie ihre Stärke, ihr Selbstbewußtsein und ihre günstigeren Ausgangsbedingungen gerade diesen Frauen verdanken. Doch nun finden sie es an der Zeit, einen weiteren großen Schritt nach vorn zu tun. Sie wollen keine „separate Sphäre", keine abgetrennte Frauenwelt, in der sie vor männlichen Einflüssen sicher sein können. Sie wollen im Gegenteil von männlichen Strategien lernen und sich Machtposi-

6) Naomi Wolf: Die Stärke der Frauen. Gegen den falsch verstandenen Feminismus, München 1993, S. 233

tionen in Wirtschaft, Politik und Medien erobern und sie ausbauen. Sie wollen keine klagenden, sondern freche, lustvolle Powerfrauen sein, die sich ihre Hälfte vom Kuchen nehmen. Wo immer es geht, mit den Männern – aber im Zweifelsfall auch im gut vorbereiteten Frontalangriff.

In den USA haben Frauenverbände eine andere, stärkere Tradition als bei uns. Es gibt dort mehr Frauen mit Geld, Einfluß und Macht als anderswo und eine lange Tradition weiblicher Netzwerke. Deshalb haben die neuen amerikanischen Feministinnen in ihrem Land bessere Ausgangsbedingungen als die Frauen im konservativen Europa mit seinen braveren, hierarchischeren Strukturen und Spielregeln. Wir sollten die europäischen Töchter für ein Pflicht-Schuljahr zu ihren amerikanischen Schwestern in die Lehre schicken. Aber vielleicht ist das nicht nötig, vielleicht springt der Funke auch so über den Atlantik. Wie die amerikanischen Töchter haben auch die europäischen von ihren Müttern die bestmöglichen Voraussetzungen mitbekommen. Man kann ein Glas halb leer oder halb voll nennen. „Betrachten wir die Ressourcen, über die Frauen bereits verfügen", so Naomi Wolf in ihrem neuen Bestseller *Die Stärke der Frauen,*[7)] „so erkennen wir, daß wir uns mit einem halbvollen Glas getrost auf den Weg machen können."

---

7) Wolf, S. 381

Anhang

Fragebogen

Für dieses Buch habe ich viele Interviews mit Müttern und Töchtern gemacht. Um den langen Gesprächen Struktur zu geben, habe ich einen Fragebogen entwickelt. Es hat sich herausgestellt, daß diese Fragen auch meinen Interview-Partnerinnen eine Hilfe waren und ihnen viele Denkanstöße gegeben haben – auch über die Stunden der gemeinsamen Gespräche hinaus. Deshalb drucken wir den Fragenbogen hier in gestraffter Form ab.

Fragen an Mütter und Töchter

- Mußten Sie in Ihrer Familie für eine qualifizierte Berufsausbildung kämpfen?
- Wer hat Sie unterstützt oder gebremst?
- Was ist Ihre schönste/schrecklichste Erinnerung aus Ihrer Kindheit im Zusammenhang mit Ihrer Mutter?
- Welches Frauenideal hat sie Ihnen vermittelt?
- Hat sie sich selbst entsprechend verhalten? Wenn nein: warum nicht?
- War Ihre Mutter für Sie ein Vorbild? Wie lange?
- Hatten Sie das Gefühl, daß Ihre Mutter Sie versteht?
- Haben Sie sie früher verstanden? Und heute?
- Hat Ihre Mutter Ihnen von ihrem Leben, ihrer Jugend, von ihren Träumen und Enttäuschungen erzählt?
- Oder von ihrem Verhältnis zu ihrer eigenen Mutter, also Ihrer Großmutter?
- Fühlten Sie sich Ihrer Mutter oder Ihrem Vater näher? Warum?

- Hatten Sie als junges Mädchen das Gefühl, sich auf Ihre Mutter verlassen zu können? Warum/nicht?
- Konnten Sie mit ihr über alles reden? Wie lange?
- Was verdanken Sie Ihrer Mutter?
- Womit hat sie Ihnen das Leben schwergemacht (aktuell/langfristig)?
- Gibt es etwas, das Sie ihr nicht verzeihen können? Warum?
- Sind Sie ihr ähnlich? Wenn ja: worin? Und stört oder freut Sie das?
- Welche Ratschläge hat sie Ihnen fürs Frauenleben gegeben? Haben Sie die befolgt? Warum/nicht?
- Hatten Sie manchmal das Gefühl, Ihre Mutter zu hassen?
- Fühlen Sie manchmal eine (unerfüllte) Sehnsucht nach Mütterlichkeit, nach Wärme, Trost und Geborgenheit?
- Hat sich Ihre Einstellung zu Ihrer Mutter im Laufe der Jahre geändert? Wenn ja: wie und warum?
- Was ist für Sie eine gute Mutter?
- War Ihre Mutter eine gute Mutter? Warum/nicht?
- Glauben Sie, daß Berufstätigkeit der Mutter Kindern schadet? Warum/nicht?
- Charakterisieren Sie zusammenfassend Ihr Verhältnis zu Ihrer Mutter – 1.) während Ihrer Kindheit und Jugend, 2.) heute.

Zusatzfrage an die jungen Töchter

- Was werden Sie anders machen, wenn Sie einmal selbst eine Tochter/eine Familie haben?

Fragen an die Mütter zum Verhältnis zur Tochter

- Hatten Sie Angst davor, Mutter zu werden?
- Haben Sie sich Töchter oder Söhne gewünscht? Warum?
- Wie ist die Beziehung zu einer Tochter? Leichter, schwerer, einfach anders oder genauso wie zu einem Sohn?
- Erziehen Sie Ihre Tochter so, wie Sie erzogen worden sind? Warum/nicht?
- Sind Sie eine gute Mutter? Warum/nicht?

- Fast alle Mütter haben Phasen, in denen sie ihre Kinder verabscheuen und das Muttersein kaum ertragen. Haben Sie das auch erlebt?
- Hatten Sie jemanden, mit dem oder der Sie darüber reden konnten?
- Glauben Sie, daß es Ihrer Mutter ähnlich erging?
- Was schätzen Sie an Ihrer Tochter am meisten?
- Was ärgert/schmerzt Sie am meisten?
- Entdecken Sie in Ihrer Tochter eigene Anteile? Ist Ihnen das angenehm oder unangenehm? Warum?
- Reden Sie mit Ihrer Tochter anders, als Ihre Mutter mit Ihnen geredet hat? Inwiefern?
- Fällt es Ihnen schwer, Ihre Tochter erwachsen werden zu lassen? Warum/nicht?
- Glauben Sie, daß Sie ein Vorbild für Ihre Tochter sind? Warum/nicht?
- Möchten Sie ein Vorbild sein? Warum/nicht?
- Fühlen Sie Ihrer Tochter gegenüber manchmal so etwas wie Konkurrenz oder Neid? Warum/nicht?
- Glauben Sie, daß sich das Verhältnis zwischen Müttern und Töchtern seit Ihrer Jugend verändert hat? Wie oder warum/ nicht?
- Glauben Sie, daß Ihre Tochter ein leichteres/schwereres Leben haben wird als Sie? Warum/nicht?
- Was wünschen Sie ihr für die Zukunft? Warum?

Quellen

der Zitate an den Kapitel-Anfängen

Kapitel 1: Margaret Mead: Brombeerblüten im Winter, Rowohlt Verlag, Reinbek 1978, S. 207

Kapitel 2: Virginia Woolf: Augenblicke, S. Fischer Verlag, Frankfurt a. M. 1986, S. 111

Kapitel 3: Fay Weldon: Herzenswünsche, Frauenbuchverlag, München 1988, S. 79

Kapitel 4: Harriet Goldhor Lerner: Zärtliches Tempo, Fischer Verlag, Frankfurt a. M. 1992, S. 200

Kapitel 5: Alexander S. Neill: Theorie und Praxis der antiautoritären Erziehung – Das Beispiel Summerhill, Rowohlt Verlag, Reinbek 1993, S. 120

Kapitel 6: Marie Cardinal: Schattenmund, Rowohlt Verlag, Reinbek 1979, S. 215
Aldous Huxley: Eiland, Piper Verlag, München, 1973, S. 129

Kapitel 7: Verena Kast: Vatertöchter – Müttersöhne, Kreuz Verlag, Stuttgart 1994, S. 15

Kapitel 8: Friedrich Schiller: Das Lied von der Glocke. In: Deutsche Schillergesellschaft (Hrsg.): Schiller – Dramen und Gedichte, Stuttgart 1959, S. 1086 ff.

Kapitel 9: William Shakespeare: Der Kaufmann von Venedig, II, 2

Kapitel 10: Lewis Carroll: Alice im Wunderland, Insel Verlag, Frankfurt a. M. 1973, S. 67

Literatur

zum Weiterlesen

Badinter, Elisabeth
Die Mutterliebe. Geschichte eines Gefühls vom 17. Jahrhundert bis heute
Piper Verlag, München 1991

Badinter, Elisabeth
XY – Die Identität des Mannes
Piper Verlag, München 1993

Beal, Edward W./Hochmann, Gloria
Wenn Scheidungskinder erwachsen sind
Krüger Verlag, Frankfurt a. M. 1992

Beauvoir, Simone de
Ein sanfter Tod. *Rowohlt Verlag Reinbek 1972*

Beck-Gernsheim, Elisabeth
Vom Geburtenrückgang zur Neuen Mütterlichkeit?
Fischer Verlag, Frankfurt a. M. 1984

Brandt, Heike
Die Menschenrechte haben kein Geschlecht – Die Lebensgeschichte der Hedwig Dohm
Beltz & Gelberg, Weinheim 1989

Burger, Angelika / Seidenspinner, Gerlinde
Töchter und Mütter. Ablösung als Konflikt und Chance
Leske + Budrich Verlag, Opladen 1988

Caplan, Paula J.
So viel Liebe, so viel Haß –
Zur Verbesserung der Mutter-Tochter-Beziehung
dtv, München 1993

Carlson, Kathie
Nicht wie meine Mutter – Frauen auf der Suche
nach sich selbst. *Kösel Verlag, München 1992*

Caron, Ann F.
Töchter werden junge Frauen
Kreuz Verlag, Zürich 1992

Chesler, Phyllis
Frauen – das verrückte Geschlecht?
Rowohlt Verlag, Reinbek 1986

Chodorow, Nancy
Das Erbe der Mütter. Psychoanalyse und Soziologie
der Geschlechter. *Verlag Frauenoffensive, München 1985*

Debold, Elisabeth u.a.
Die Mutter-Tochter-Revolution
Rowohlt Verlag, Reinbek 1994

Deutsches Jugendinstitut
Familienalltag. Frauensichten – Männersichten
Rowohlt Verlag, Reinbek 1989

Dieckmann, Dorothea
Unter Müttern – Eine Schmähschrift
Rowohlt Verlag, Berlin 1993

Dolto, Francoise/Dolto-Tolitch, Catherine
Von den Schwierigkeiten, erwachsen zu werden
Klett-Cotta Verlag, Stuttgart 1991

Engel, Lewis/Ferguson, Tom
Unbewußte Schuldgefühle. *Kreuz Verlag, Zürich 1992*

Ericsson, Kjersti
Die Geschlechterfalle. *Kabel Verlag, Hamburg 1994*

Faludi, Susan
Die Männer schlagen zurück. *Rowohlt Verlag, Reinbek 1993*

Franck, Barbara
Ich schau in den Spiegel und sehe meine Mutter – Gesprächsprotokolle mit Töchtern
Verlag Hoffman und Campe, Hamburg 1979

Freud, Sophie
Meine drei Mütter und andere Leidenschaften
Claassen Verlag, Düsseldorf 1988

Friday, Nancy
Wie meine Mutter. *Fischer Verlag, Frankfurt a. M. 1982*

Gidion, Heidi
Und ich soll immer alles verstehen – Auf den Spuren von Müttern und Töchtern. *Herder Verlag, Freiburg 1988*

Gamberoff, Marina
Utopie der Treue. *Rowohlt Verlag, Reinbek 1984*

Goldhor Lerner, Harriet
Wohin mit meiner Wut? Neue Beziehungsmuster für Frauen. *Fischer Verlag, Frankfurt a. M.1993*

Goldhor Lerner, Harriet
Zärtliches Tempo – Wie Frauen ihre Beziehungen verändern, ohne sie zu zerstören
Fischer Verlag, Frankfurt a. M. 1992

Görden, Michael/Meiser, Hans Christian
Madonna trifft Herkules – Die alltägliche Macht der Mythen. *Krüger Verlag, Frankfurt a. M. 1994*

Hammer, Signe
Töchter und Mütter – Über die Schwierigkeiten einer Beziehung. *Fischer Verlag, Frankfurt a. M. 1978*

Haug, Frigga (Hrsg.)
Erziehung zur Weiblichkeit – Alltagsgeschichten und Entwurf einer Theorie weiblicher Sozialisation
Sonderband 45, Argument Verlag, Hamburg 1991

Heiliger, Anita
Alleinerziehen als Befreiung
Centaurus Verlag, Pfaffenweiler 1993

Helsper, Helga
Abenteuer auf See – Über Piratinnen und andere Seefrauen. *edition ebersbach, Dortmund 1991*

Helwig, Gisela/Nickel, Hildegard Maria (Hrsg.)
Frauen in Deutschland 1945 – 1992
Akademie Verlag, Berlin 1993

Huber, Michaela/Rehling, Inge
Dein ist mein halbes Herz – Was Freundinnen einander bedeuten. *Fischer Verlag, Frankfurt a. M. 1993*

Jopt, Uwe-Jörg
Im Namen des Kindes – Plädoyer für die Abschaffung des alleinigen Sorgerechts
Rasch und Röhring Verlag, Hamburg 1992

Kartte-Pfähler, Sabine
Die alleinerziehende Mutter und ihre Probleme im Alltag.
Mosaik Verlag, München 1991

Kast, Verena
Vatertöchter – Muttersöhne. *Kreuz Verlag, Stuttgart 1994*

Krähenbühl, Verena u. a.
Stieffamilien. Struktur, Entwicklung, Therapie
Lambertus Verlag, Freiburg 1991

Leyrer, Katja
Weiberkram. *Konkret Literatur Verlag, Hamburg 1990*

Meißner, Julia
Mehr Stolz, ihr Frauen! Hedwig Dohm – eine Biographie
Schwann Verlag, Düsseldorf 1987

Mulack, Christa
... und wieder fühle ich mich schuldig –
Ursachen und Lösung eines weiblichen Problems
Kreuz Verlag, Stuttgart 1993

Muraro, Luisa
Die symbolische Ordnung der Mutter
Campus Verlag, Frankfurt a. M. 1993

Neill, Alexander S.
Theorie und Praxis der antiautoritären Erziehung –
Das Beispiel Summerhill. *Rowohlt Verlag, Reinbek 1993*

Olivier, Christiane
Jokastes Kinder – Die Psyche der Frau im Schatten
der Mutter. *Claassen Verlag, Düsseldorf 1987*

Onken, Julia
Vatermänner – Ein Bericht über die Vater-Tochter-
Beziehung und ihren Einfluß auf die Partnerschaft
Verlag H. C. Beck, München 1993

Pinl, Claudia
Das faule Geschlecht. Wie Männer es schaffen,
Frauen für sich arbeiten zu lassen
Eichborn Verlag, Frankfurt a. M. 1994

Psychologie heute (Hrsg.)
Frauenleben heute. *Beltz Verlag, Weinheim 1990*

Reichel, Sabine
Frustriert, halbiert und atemlos – Die Emanzipation
entläßt ihre Frauen. *Piper Verlag, Frankfurt a. M. 1993*

Richter, Dieter
Das fremde Kind – Zur Entstehung
der Kindheitsbilder des bürgerlichen Zeitalters
S. Fischer Verlag, Frankfurt a. M. 1987

Schilling, Erika
Manchmal hasse ich meine Mutter
Fischer Verlag, Frankfurt a. M. 1984

Schlüter, Anne (Hrsg.)
Pionierinnen, Feministinnen, Karrierefrauen? –
Zur Geschichte des Frauenstudiums in Deutschland
Centaurus Verlag, Pfaffenweiler 1992

Schütze, Yvonne
Die gute Mutter. Zur Geschichte
des normativen Musters „Mutterliebe“
B. Kleine Verlag, Bielefeld 1986

Schwarzer, Alice
Der kleine Unterschied und seine großen Folgen
S. Fischer Verlag, Frankfurt a. M. 1975

Stefan, Verena
Es ist reich gewesen – Bericht vom Sterben meiner Mutter
Fischer Verlag. Frankfurt a. M. 1993

Swigart, Jane
Von wegen Rabenmutter –
Die harte Realität der Mutterliebe
Knaur Verlag. München 1991

Tölke, Angelika (Deutsches Jugendinstitut)
Lebensverläufe von Frauen. *Juventa Verlag, München 1989*

Vollmer-Heitmann, Hanna
Wir sind von Kopf bis Fuß auf Liebe eingestellt
Kabel Verlag, Hamburg 1993

Wallerstein, Judith/Blakeslee, Sandra
Gewinner und Verlierer – Frauen, Männer, Kinder nach der Scheidung. *Droemer Knaur Verlag, München 1989*

Weidenbach-Janositz, Suse
Die berufstätige Mutter. *Mosaik Verlag, München 1990*

Welter-Enderlin, Rosmarie
Paare. Leidenschaft und lange Weile
Piper Verlag, München 1992

Wilson, James Q.
Das moralische Empfinden –
Warum die Natur des Menschen besser ist als ihr Ruf
Kabel Verlag. Hamburg 1994

Wolf, Naomi
Die Stärke der Frauen – Gegen den falsch verstandenen Feminismus. *Droemer Knaur Verlag, München 1993*